LES GRANDS MENSONGES DE L'HISTOIRE

DU MÊME AUTEUR

Romans

Une semaine en enfance, Robert Laffont.
Le voleur de mémoire, Mercure de France.
L'ami d'Édouard, Mazarine.
La malédiction des Médicis, Éditions1.
Tome 1 : Le prince sans couronne
Tome 2 : Les lys de sang
Tome 3 : L'ange de Florence
Le Régent, Nouveau Monde.
Tome 1 : Le guerrier libertin
Tome 2 : Le règne du Sphinx

Sous le pseudonyme de Georges Patrick :
Lorfou, Gallimard, « Série noire ».
Folies de flic, Gallimard, « Série noire ».

En collaboration avec Philippe Alfonsi :
Les chemins d'orgueil, Plon.

Documents

Les détectives de l'impossible, Denoël.
Les mémoires de Monsieur X, deux tomes, Denoël.
Journal secret de Monsieur X, Denoël.
Les dossiers inédits de Monsieur X, L'Archipel.
Morts suspectes sous la Ve République, Nouveau Monde.
Le terrorisme islamique, Nouveau Monde.
Les espions russes de Staline à Poutine, Nouveau Monde.
Les dessous de la Françafrique, Nouveau Monde.
Les grands espions du XXe, Nouveau Monde.
La face cachée des États-Unis, Nouveau Monde.
Inconnus célèbres, Albin Michel.

En collaboration avec Philippe Alfonsi :
Les enfants de la drogue (*Satan qui vous aime beaucoup*), Robert Laffont.
L'Église contestée, Calmann-Lévy.
L'œil du sorcier, Robert Laffont et Éditions de Borée.
Vivre à gauche, Albin Michel.

Ouvrage dirigé par Franck Spengler

38, rue La Condamine
75017 Paris
www.hugoetcie.fr

Dépôt légal : mai 2013 - N° d'impression : 13-0375
ISBN : 9782755611809
Imprimé en France (Darantiere)

PATRICK PESNOT

MONSIEUR X

LES GRANDS MENSONGES DE L'HISTOIRE

Hugo Doc

france inter

1.

Clovis : le miracle de la sainte ampoule

« France, qu'as-tu fait des promesses de ton baptême ? » Ainsi Jean-Paul II, lors de sa première visite en France, questionne les fidèles, soupçonnés d'avoir oublié que leur pays était la « fille aînée de l'Église », comme l'avait nommée plusieurs souverains pontifes avant lui.

En interpellant les Français, le pape se réfère directement à ce qui serait l'événement fondateur de leur histoire : le baptême de Clovis, en 496 ! Une cérémonie symbolique qui aurait tout autant contribué à convertir le royaume franc à la chrétienté qu'à donner naissance à la nation française. Au fil des siècles, transcendant cette vision monarchique et religieuse, le mythe est devenu quasi-réalité et la République des « hussards noirs » a même appris à ses petits écoliers en blouse grise que telle était la vérité historique.

Clovis serait donc devenu par la grâce du baptême le premier roi de France, après avoir reçu à Reims l'onction de l'évêque Rémi. C'est faire fi de quelques vérités historiques et même géographiques. À commencer par celle-ci : Clovis le Franc, et donc d'ascendance germaine, est né à Tournai en 466. Par conséquent, selon nos frontières d'aujourd'hui, il serait belge. Mais la construction de la fable doit s'accommoder de quelques approximations et céder le pas à la légende. D'autant que les sources sur la véritable histoire de Clovis sont rares et tiennent essentiellement dans *L'histoire des Francs*, ouvrage d'un autre évêque, Grégoire de Tours, mais écrit soixante ans après la mort du premier des Mérovingiens[1].

Point d'orgue de cette hagiographie, souvent confuse et même parfois contradictoire, le baptême.

Fin du VIe de notre ère. À la mort de son père, Childéric, Chlodowig, son premier et vrai nom[2], est devenu roi à seize ans d'une tribu de Francs installée au nord de la France actuelle, les Francs saliens. Comme les siens, il est probablement encore païen alors qu'une large partie de la Gaule a épousé depuis fort longtemps la foi chrétienne. Cependant, à une époque où les dogmes n'ont pas encore été tous fixés, la doctrine arianiste[3] s'est largement répandue parmi les grands de ce monde et même quelques évêques. Les Burgondes, les Vandales, les Alamans ont ainsi choisi l'arianisme pour la plus grande désolation de la majorité gallo-romaine des évêques chalcédonniens, c'est-à-dire, catholiques. Clovis, à sa façon, très vigoureuse, va arbitrer cette querelle et même la trancher. D'où l'importance de son baptême qui sera glorifié, mis en scène par l'Église et, en réalité, très politique !

1. Mérovée, roi franc peut-être légendaire, aurait été l'un des ancêtres de Clovis.
2. Après son baptême, Chlodovecchus devient Ludovicus (Louis). Un prénom qui ouvrira la longue lignée des rois « Louis », qui seront ainsi symboliquement liés au premier roi chrétien, le baptême devenant l'archétype du futur sacre des rois. Cette filiation sera particulièrement exaltée lorsque, plus tard, le Clovis légendaire sera assimilé à saint Louis, le roi bon et juste.
3. Cette hérésie, professée par Arius et condamnée au concile de Nicée en 325, niait l'unité de substance entre Dieu et Jésus, reléguant ce dernier au rang de prophète.

Clovis, qui a déjà eu un fils hors mariage, épouse la très fervente catholique Clotilde, fille de Gondebaud, roi des Burgondes. Toutefois, jusqu'ici, la belle n'a pas réussi à convaincre son farouche guerrier de se convertir et d'abandonner, comme elle le lui lance d'un ton méprisant, ses Jupiter, Neptune et autres dieux païens ! Mais le chef chevelu – chez les Francs, la longueur des cheveux tient lieu d'insigne royal – résiste. Il est d'autant moins enclin à renoncer à son panthéon que le destin s'acharne sur sa descendance : le premier fils de Clotilde, Ingomer, qu'il a pourtant consenti à faire baptiser, meurt peu après sa naissance. Et le deuxième, Clodomir, échappe de peu au même sort. Bref, pense-t-il, à quoi sert le Dieu de Clotilde s'il est impuissant à protéger ceux qui croient en Lui.

En réalité, Clovis ne songe qu'à élargir les frontières de son petit royaume. En 486, toujours d'après son flatteur historiographe Grégoire, il défait le Romain Syagrius à Soissons. Ce rejeton de la grandeur impériale prétendait être le roi des Gaulois. Inacceptable pour Clovis. Syagrius, battu, a réussi à s'enfuir. Le Franc le retrouvera plus tard et ordonnera qu'il soit proprement occis.

Entre-temps, Clovis, qui ne dédaignait pas de piller les biens de l'Église lors de ses expéditions, se fait un nom dans les futurs manuels d'Histoire avec le vase de la ville qu'il vient d'arracher à Syagrius. Au milieu du tribut acquis par ses guerriers, se trouve un magnifique vase liturgique que Clovis verrait bien installé dans sa demeure, à la meilleure place. Mais l'un de ses hommes proteste. Seul le tirage au sort traditionnel peut établir le partage entre tous les pillards. Et il revendique à son tour l'attribution de cet objet d'orfèvrerie. Pour montrer son mécontentement, il frappe l'objet de sa hache[4]. Clovis feint de s'incliner mais n'oublie pas. Un an plus tard, à l'occasion d'une revue, sous le

4. Contrairement à la légende, il ne le casse pas car le vase est en métal. Tout au plus le cabosse-t-il.

prétexte que ses armes étaient mal entretenues, il fendra le crâne de l'impudent d'un coup de sa hache en proclamant : « *Ainsi as-tu fait avec le vase de Soissons !* »

On l'aura compris, l'époux de la pieuse Clotilde n'était pas un tendre. Mais sa violence lui valait au moins d'être craint par les siens. L'efficacité primait.

Cependant, le bouillant Clovis, toujours épris de conquêtes territoriales, envisage d'avancer vers l'Est où règnent les redoutables Alamans. C'est un gros morceau à avaler. Pour la première fois de sa jeune vie de Barbare, il doute. D'autant qu'en cette année 496, la bataille s'engage mal pour l'armée franque. Pascalien avant l'heure, Clovis parie sur le Dieu de son épouse. « *Si je vaincs, je me convertis !* »

Dieu ne laisse pas passer une telle occasion de catholiciser une belle part d'Europe. Clovis remporte la bataille de Tolbiac (aujourd'hui Zulpich, près de Cologne). Les Alamans détalent et leur roi est tué. Il lui reste maintenant à tenir sa promesse. Sous les yeux enamourés de Clotilde, l'évêque de Reims, Rémi, va baptiser le roi des Francs le jour de Noël.

La cérémonie ne passe pas inaperçue. Un grand bassin a été mis en eau, des tentures multicolores sont accrochées dans les églises où l'on a répandu de délicieux parfums qui, selon Grégoire, donnent un avant-goût du paradis.

Clovis, à qui Rémi a préalablement inculqué quelques bribes de la vraie foi, paraît en chemise blanche devant l'évêque en l'église Saint-Nicaise. Avant qu'il n'entre dans la piscine, le pontife, qui a préparé une exhortation destinée à passer à l'Histoire, tonne : « *Fier Sicambre, dépose humblement tes colliers*[5] *! Adore ce que tu as brûlé. Brûle ce que tu as adoré !* »

Clovis obéit et se débarrasse de la bimbeloterie qui ornait ses bras et son cou, symbole de ses anciennes croyances païennes

5. Trop longtemps, cette formule latine a été incorrectement traduite par : « Fier Sicambre, courbe doucement la tête ! »

inspirées par le démon. Dans le bassin, le roi, lavé désormais de toute barbarie, est baptisé : Rémi lui administre trois fois de l'eau sur le front, « *au nom du Père, du Fils et du Saint-Esprit* ». Puis, se saisissant d'une petite fiole contenant le chrême, un mélange d'huile d'olive et de résine aromatique, il oint du bout du pouce le converti en différents endroits de son corps. Enfin, pour faire bonne mesure, l'évêque baptise aussi les trois mille guerriers qui ont accompagné leur chef. Ce qui, assurément, est une sorte d'exploit physique et permettra d'affirmer ensuite qu'avec Clovis, c'est toute la nation franque qui est devenue chrétienne.

Armé du bras du Seigneur, Ludovicus semble invincible. Il va de conquête en conquête, remet à leur place les Burgondes qui persistent à professer l'hérésie arianiste. En 507, il marche vers le Sud où il entend affronter les Wisigoths. Passant par Tours, il s'assure de la protection de saint Martin. Bien lui en a pris. Alors qu'il doit traverser la Vienne pour rencontrer l'armée ennemie qui campe à Vouillé, une biche se présente à lui. Clovis ne doute pas qu'elle lui a été envoyée par le saint tourangeau. Il suit donc l'animal. Au bord de la rivière, un parterre de lys dissimule un gué. Fort de ce miracle, Clovis ordonne à son armée de franchir la Vienne, triomphe des Wisigoths à Vouillé, près de Poitiers, et les repousse vers l'Espagne. Il reste de cet épisode que le lys sera désormais attaché à la couronne de France dont il deviendra l'emblème. Au XIVe siècle, le théologien et grand humaniste Raoul de Presles écrira : « *Le roi de France porte les armes de trois fleurs de lys en signe de la benoîte Trinité. Par l'ange de Dieu, elles furent envoyées à Clovis, premier roi chrestien.* »

Lorsqu'il meurt en 511, l'ancien petit chef barbare lègue à ses fils un immense royaume acquis grâce au catholicisme qui, à l'exception de l'Armorique, de la Bourgogne et des confins méditerranéens, épouse à peu près les frontières actuelles de la France. Il comprend même une large excroissance vers la Flandre et les territoires rhénans.

La légende de Clovis peut maintenant galoper. Le baptême de Clovis est devenu celui de la France tout entière. Mais l'événement peut encore être enjolivé. À Reims, Rémi, sanctifié, devient l'objet d'un véritable culte tandis qu'on vénère comme une relique la petite ampoule contenant le chrême dont il a usé pour oindre le premier roi chrétien.

Au VIIe siècle, un certain Frédégaire fixe le baptême non plus à Noël mais à Pâques, jour de la résurrection du Christ, la plus grande fête des chrétiens. Et, comme le chiffre de trois mille guerriers baptisés en même temps que Clovis lui paraît mesquin, il le porte à six mille !

Mais au IXe siècle, c'est un lointain successeur de Rémi qui donne une dimension miraculeuse au baptême. L'évêque Hincmar écrit une vie de saint Rémi, l'apôtre des Francs, ainsi qu'il le nomme. Sous sa plume, la cérémonie est magnifiée, transfigurée : une lumière surnaturelle envahit Saint-Nicaise tandis que Rémi, tenant par la main un Clovis qui multiplie les signe de déférence à l'endroit du pontife, avance dans les travées jusqu'au baptistère. Ils sont entourés d'une foule enthousiaste si dense que le clerc qui portait le chrême fut empêché d'arriver jusqu'à l'évêque. Alors celui-ci, en larmes, pria. Et soudain, au plus haut du transept, une colombe blanche apparut… Tenant dans son bec une ampoule de chrême au parfum incomparable, elle vint jusqu'à Rémi. Et dès que celui-ci s'empara de la sainte fiole, la forme de la colombe s'effaça. Chacun comprit que c'était l'Esprit Saint qui venait de délivrer ce chrême.

Le baptême devenait sacre. Les rois de France viendraient désormais à Reims recevoir cette miraculeuse onction. En conséquence, il était évident que ces monarques tenaient leur pouvoir de la main même de Dieu !

2.

La grand-peur de l'An Mil

« Malheur sur malheur, ruine sur ruine. Il fallait bien qu'il vînt autre chose, et l'on attendait. Le captif attendait dans le noir donjon, dans le sépulcral in pace ; le serf attendait sur son sillon, à l'ombre de l'odieuse tour ; le moine attendait dans les abstinences du cloître, dans les tumultes solitaires du cœur, au milieu des tentations et des chutes, des remords et des visions étranges, misérable jouet du diable qui folâtrait cruellement autour de lui et qui, le soir, tirant sa couverture lui disait gaiement à l'oreille : **"Tu es damné !"** *Tous souhaitaient sortir de peine, et à n'importe quel prix ! Il leur valait mieux tomber une fois entre les mains de Dieu et reposer à jamais, fût-ce dans une couche ardente. [...] Cet effroyable espoir du jugement dernier s'accrut dans les calamités qui précédèrent l'An Mil ou le suivirent de près... »*

Et Jules Michelet[6], d'une plume littéralement possédée, de décrire ces catastrophes qui s'abattirent sur les peuples. L'ordre des saisons semblant inverti, les éléments obéirent

6. *Histoire de France*, tome II.

à des lois nouvelles. Une peste terrible désola l'Aquitaine. La chair des malades se détachait de leurs os et pourrissait. Ces malheureux assiégeaient les églises, s'étouffaient aux portes et s'y entassaient. La puanteur ne pouvait les rebuter. La plupart des évêques du Midi s'y rendirent et y firent porter les reliques de leurs églises. La foule augmentait, l'infection aussi... Ils mouraient sur les reliques. Et ce fut pis quelques années plus tard. La famine ravagea tout le monde depuis l'Orient, la Grèce, l'Italie, la France, l'Angleterre. Les riches maigrirent et pâlirent. Les pauvres rongèrent les racines des forêts ; plusieurs, chose horrible, se laissaient aller à dévorer des chairs humaines... Et de citer cet horrible fait-divers : dans la forêt de Mâcon, près de l'église de Saint-Jean, un misérable attirait dans sa chaumière et égorgeait tous ceux qui lui demandaient l'hospitalité !

Mais, écrit encore le grand Michelet, ces excessives misères, brisant les cœurs, rendirent un peu de douceur et de pitié. Ce n'était plus la peine de se battre ni de faire la guerre pour cette terre maudite qu'on allait quitter. C'est ce qu'on appela *la paix*, puis *la trêve de Dieu*, deux mouvements à la fois politiques et religieux qui ont vu le jour autour de l'An Mil et prêchaient que pendant les jours saints de chaque semaine, du mercredi soir au lundi matin, toute guerre serait désormais interdite.

Il ne fut jusqu'aux Grands pour se repentir. L'empereur Henri II du Saint-Empire annonça son intention de se faire moine et, le jour de Saint-Hippolyte, Robert, roi de France, quitta le siège d'un château qu'il voulait prendre et préféra rejoindre l'église de Saint-Denis où il dirigea le chœur pendant la messe. Tandis qu'il chantait, les murs du château tombèrent subitement et l'armée royale en prit possession sans coup férir. Après le temps des terreurs venait donc celui des merveilles. La parenthèse de la grand-peur de l'An Mil se refermait au son des trompettes des anges.

S'il fut grand historien, Michelet n'en était pas moins poète. Et, dans ce cas précis, il est évident que l'imagination l'a emporté sur la rigueur du savant.

Mais Michelet, transporté par le romantisme de son siècle, n'a pas été le seul à évoquer cette grande terreur, directement inspirée par le texte de l'Apocalypse de Saint-Jean qui annonce le retour de Satan mille ans après que Jésus se fut incarné. *« Je vis un Ange descendre du ciel ayant en main la clé de l'Abîme ainsi qu'une énorme chaîne. Il maîtrisa le Dragon et l'antique Serpent*[7] *et l'enchaîna pour mille années. Il le jeta dans l'Abîme, tira sur lui les verrous, apposa les scellés afin qu'il cessât de fourvoyer les nations jusqu'à l'achèvement de mille années. Après quoi il doit être relâché pour un peu de temps. »*

C'est pendant cette période où Satan recouvre la liberté qu'il accable les hommes d'une pluie de calamités avant qu'ils ne comparaissent devant Dieu lors du jugement dernier.

Quelles sont les sources dont dispose l'historien ? Il faut d'abord remarquer qu'elles sont essentiellement ecclésiastiques. Si, dès le ve siècle, saint Augustin émet des doutes sur le millénarisme, arguant que le nombre « mille » utilisé par l'évangéliste n'est qu'une figure de style pour signifier une période de longue durée. De la même façon, en 431, le concile d'Éphèse condamne la conception trop littérale du millénium. Il n'empêche que, l'An Mil arrivant, des clercs prédisent la fin du monde. Ce que d'autres, tels Abbon de Fleury, dénoncent : *« On m'a appris que, dans l'année 994, des prêtres dans Paris annonçaient la fin du monde. Ce sont des fous. Il n'y a qu'à ouvrir le texte sacré, la Bible, pour voir qu'on ne saura ni le jour ni l'heure*[8]*. »*

Au reste, il faut remarquer qu'à l'époque seule l'élite ecclésiastique était capable de calculer la date. D'ailleurs, même si l'Église avait déterminé le début de l'ère chrétienne, son emploi

7. Satan.
8. *Plaidoyer aux rois Hugues et Robert*, 998.

ne fut vraiment adopté qu'au cours du XIe siècle. Le temps se calculait plutôt à partir de la durée de vie des souverains. Ainsi, on pouvait dire qu'on était dans la quatrième année du règne du roi Hugues. Bref, même vivant en l'An Mil, bien peu étaient capables d'affirmer qu'ils étaient effectivement en 1000.

La première source écrite dont s'est servi Michelet, et avec lui tous ceux qui ont propagé le mythe de la peur de l'An Mil, a été rédigée par un moine bourguignon, Raoul Glaber[9] en 1048. Donc presqu'un demi-siècle plus tard. Le clerc relève un certain nombre de signes (prodiges) confortant la prophétie de saint-Jean, témoignant de la colère divine et invitant les hommes à faire pénitence. Ainsi note-t-il d'abord l'existence de plusieurs incendies d'importance (Sainte-Croix d'Orléans en 989, les faubourgs de Tours en 997, Notre-Dame de Chartres en 1020 et l'abbaye de Fleury en 1026). Mais il observe ensuite des dérèglements de la nature : séismes, sécheresses, famines, apparition de comètes. Enfin, preuve supplémentaire et irréfutable de l'intervention diabolique, les Sarrazins ont vaincu l'empereur germanique Otton II en 982 et l'on a vu proliférer des hordes d'hérétiques menées par des femmes ou des paysans, comme à Orléans en 1022 et à Milan en 1027.

Selon d'autres sources, des personnages tels que le fils naturel d'Hugues Capet, Gauzlin de Fleury, ou l'évêque de Chartres, Fulbert, auraient vu des pluies de sang en 1028. Hallucinations ou averses de sables rouges provenant du Sahara ?

Au XIIe siècle, Sigebert de Gembloux, moine bénédictin et chroniqueur, popularisa dans sa *Chronica* (une ambitieuse relation des événements de 381 à 1111) la légende de la grande terreur, accréditant, comme Michelet lui-même, que le Moyen Âge plongea les hommes dans d'interminables ténèbres. Apothéose ou illustration, cet extrait terrifiant où le diable lui-même

9. *Histoires.*

apparaît aux hommes : *« La millième année de l'incarnation du Christ, selon le calcul de Denys, on vit de nombreux prodiges. Il se produisit le plus grand tremblement de terre jamais vu et une comète apparut. Le 19 des calendes de janvier, aux environs de la neuvième heure, à travers une ouverture du ciel, quelque chose de semblable à une torche enflammée tomba sur la terre avec une longue traînée de foudre. Son éclat était tel que non seulement ceux qui étaient dans les champs mais aussi ceux qui étaient à l'abri sous les toits périrent lors de l'irruption de la lueur. Peu après, cette trouée dans le ciel s'évanouit et ensuite on vit comme la forme d'un serpent dont la tête ne cessait de grandir et aux pieds rougeoyants. »*

Mais il faut observer, a contrario, que la *Chronique de Saint-Maixent*, qui raconte l'histoire du monde depuis sa création jusqu'en 1141, si elle prédit la déchéance progressive de l'humanité jusqu'au Jugement dernier, ne fait aucune allusion à la peur qui aurait saisi les hommes en l'An Mil.

Au XVIe siècle, le mythe revit. L'abbé Jean Trithème reprend dans les *Annales d'Hirsau* les visions apocalyptiques de Sigebert de Gembloux. Mais le cardinal Baronius prend ses distances[10] : *« Le nouveau siècle commence. Débute la première année après le millenium. On devait arriver selon les affirmations vaines à la fin du monde. Ces affirmations furent professées en Gaule et premièrement prêchées à Paris et, de là, accréditées par beaucoup ; acceptées par les hommes simples avec peur, par les doctes comme improbables. »*

Mais il faut attendre le siècle des romantiques, et donc Michelet, pour voir resurgir la légende de la grand-peur et les fantasmagories qui l'accompagnent. Autant de fables qui sont dénoncées par les positivistes de la fin du même XIXe siècle mais qui trouvent une oreille plus conciliante chez Georges Duby[11]. Le médiéviste, sans ajouter foi aux terreurs de l'An Mil, relève un certain nombre de signes (missions d'évangélisation, mouvement

10. *Annales ecclésiastiques*, XIe volume.
11. *L'An Mil*, 1980.

de la Paix de Dieu) qui indiquent « une inquiétude diffuse » et la montée des angoisses dans les populations de l'époque. *« Dans les années qui avoisinent l'An Mil, la chrétienté sent qu'elle va tout entière franchir le passage. Elle s'y prépare donc en appliquant les pénitences que s'imposent les mourants. C'est pourquoi l'on voit tous les rites de purgation, non seulement se multiplier, mais devenir collectifs. »* Pour lui, les pogromes, les excommunications, les bûchers d'hérétiques, comme ceux d'Orléans en 1022 ou Monforte en 1028, sont les preuves d'une volonté purificatrice qui s'explique par le prochain avènement du Christ, revenu sur Terre pour juger les vivants et les morts. *« Ce fut bien à cet instant, dans l'attente de la fin du monde, que s'opéra la conversion radicale des valeurs du christianisme »* écrit encore Duby.

Enfin, s'il semble que la peur de l'An Mil a bien été fantasmée, il faut remarquer que le terreau de l'époque était propre à susciter les plus grandes craintes. Les invasions normandes, hongroises et sarrasines pouvaient légitimement engendrer les plus grandes inquiétudes. Mais les hommes du XXe siècle finissant ne sont-ils pas tombés dans le même travers lorsqu'ils ont cru au « bug » de l'an 2000 qui allait en un seul « clic » ruiner le système informatique mondial ?

3.

La papesse imaginaire

A-t-elle seulement existé ? Et pourquoi la légende de la papesse Jeanne a-t-elle connu un tel succès à travers les âges ? Il n'est jusqu'à cette (fausse) tradition pour avoir excité les imaginations : depuis la mésaventure de la papesse, le souverain pontife, sitôt élu par le conclave, devrait subir un examen manuel destiné à s'assurer de sa virilité grâce à une chaise percée conçue pour cet usage. *« Duos habet et bene pendentes[12] ! »* s'exclamerait alors le clerc préposé à cette palpation, tandis que les cardinaux répondraient en chœur : « *Deo gratias* ».

Le mythe, développé et propagé par des ecclésiastiques médiévaux, a pris maintes formes. Même le prénom de la papesse varie selon les versions, tantôt Jeanne, tantôt Agnès, Marguerite ou Gilberte. Il en va de même pour son pays d'origine qui serait l'Allemagne. À moins que ce ne fût l'Angleterre.

Mais il ne fait pas de doutes que la fable repose sur quelques évidences religieuses et historiques.

12. « Il en a deux et bien pendantes. »

Selon le récit le plus communément transmis, Jeanne naît à Mayence, quitte sa famille vers 850. Déguisée en homme, accompagnée d'un « escholier » (son amant ?), elle voyage jusqu'en Angleterre, gagne une université où, étudiant la philosophie et la science, elle est récompensée par un baccalauréat.

Puis, toujours flanquée de son compagnon, « Johannes Anglicus » (Jean l'Anglais), elle se rend à Athènes pour approfondir ses études. Son amant y meurt. Jeanne, toujours vêtue en homme, passe en Italie. À Rome, sa formation universitaire lui vaut d'obtenir un poste de lecteur des Écritures saintes. Commence alors une carrière ecclésiastique fulgurante. Notaire de la Curie, elle coiffe bientôt le chapeau de cardinal. Puis, consécration suprême, elle est élue pape sous les acclamations du peuple de Rome, subjugué par sa piété. Mais la roche Tarpéienne[13] est proche du Capitole : deux ans plus tard, alors que, chevauchant une haquenée, elle conduit la procession de la Fête-Dieu, elle est prise par les douleurs de l'enfantement entre Saint-Jean de Latran et la basilique Saint-Pierre. Le scandale est épouvantable.

Ici, la chronique propose plusieurs fins. Le dominicain Jean de Mailly raconte que la papesse fut attachée à la queue d'un cheval, traînée dans les rues de Rome, avant d'être lapidée par une foule ivre de colère. Tandis que Martin d'Opava relate qu'elle est morte en couches. Mais d'autres, mieux disposés à son égard, indiquent qu'elle a simplement été déposée, après avoir accouché.

Tout au long du Moyen Âge et jusqu'au milieu du XVIe siècle, l'histoire de la papesse Jeanne est colportée par la plume de plusieurs chroniqueurs. Aux alentours de 1250, le premier d'entre eux, le moine bourguignon Jean de Mailly,

---

13. Promontoire rocheux situé à l'extrémité du Capitole et qui servait de lieu d'exécution capitale durant l'Antiquité.

fait état de l'anecdote. Marianus Scot, Sigebert de Gembloux, Othon de Freising, Richard de Poitiers, Geoffroy de Viterbe et bien d'autres contribueront à la populariser et y ajouteront des détails de leur cru ou même des sentences de morale, tels Jacques de Voragine, dominicain et archevêque de Gênes qui conclut ainsi son récit : *« Telle est la nature de la femme : dans une entreprise, elle fait preuve de présomption et d'audace au début, de stupidité au cours de l'action, pour encourir la honte à la fin. »*

Un autre auteur, Martin le Polonais, lui aussi dominicain et évêque, précise[14] que la papesse Jeanne a régné deux ans, sept mois et quatre jours. Il en profite pour asséner une leçon de droit canon : *« Jean ne se trouve pas dans le catalogue des saints papes à cause de la non-conformité que le sexe féminin entraîne en cette matière. »* Ainsi, écrit-il, un individu inéligible, même élu légalement, ne bénéficie d'aucune légitimité. Bref, l'honneur de l'Église est sauf : Jean-Jeanne est un « non-pape » !

C'est aussi à cette époque (fin du XIIIe siècle) qu'un chroniqueur mentionne pour la première fois la mesure préventive destinée à empêcher toute tromperie dont pourrait être victime l'Église, c'est-à-dire l'usage de la chaise percée.

Très étrangement, la hiérarchie vaticane s'accommode d'une fable pourtant susceptible de la ridiculiser. Platine qui, à la demande de Sixte IV, rédige à la fin du XVe siècle une *Vie des papes*, accrédite l'existence de Jeanne. On trouvera même son buste parmi les effigies des papes de la cathédrale de Sienne. Mais un peu plus tôt, le facétieux Boccace[15] a donné sa propre version de l'histoire de la papesse, à la fois gouvernée par Vénus et par son goût pour le savoir. Élevée jusqu'au trône papal, grâce à sa sainte conduite et à son honnêteté, elle s'adonne ensuite au stupre dès son accession au pontificat.

14. *Chronique des pontifes romains et des empereurs*, 1280.
15. *Les femmes illustres*, 1360.

Mais c'est le Grand Schisme (fin du XIVe et début du XVe siècle, qui verra cohabiter papes et antipapes, puis la Réforme qui vont sceller l'histoire de la papesse Jeanne. Elle devient d'abord le symbole de la faillibilité de la Curie et de l'assemblée des cardinaux trompée par une femme enceinte. D'où l'ardente nécessité de déposer les papes qui ont fauté. Puis le schismatique Jean Huss et les luthériens y trouveront argument pour critiquer la monarchie vaticane et la Curie. Jeanne devenant même pour les Réformés la « Prostituée de Babylone ».

Ces coups de boutoir conduiront des érudits du XVIe siècle à instruire le procès en réfutation de la papesse. La légende mourra d'elle-même. L'Église, jugeant sans doute contre-productive la perpétuation du mythe, cessera de le propager.

Au reste, face à une critique historique de plus en plus rigoureuse, il devenait bien difficile de continuer à croire en l'existence de Jeanne. Car au-delà des anachronismes du récit (au IXe siècle, il n'existait nulle université en Angleterre et encore moins à Athènes soumise alors à la loi des Barbares), il était impossible de trouver une place à Jeanne dans la longue litanie des papes. Martin le Polonais, le plus disert, situe son règne en 855. Mais si Léon IV meurt le 17 juillet, dès le 29 septembre, Benoît III est couronné. Et si Jean de Mailly situe l'accession de Jeanne au trône pontifical un peu avant 1100, on doit observer qu'il ne s'écoule que quelques mois entre le décès de Victor III et l'élection d'Urbain II ; et seulement quelques jours entre le trépas de ce dernier et la montée sur le trône de Pascal II !

Néanmoins, comment est née la légende ?

Une première piste conduit au pape Jean VIII, un souverain pontife du IXe siècle. Réputé pour la faiblesse dont il faisait preuve face à l'Église rivale de Constantinople, les rieurs l'auraient affublé du titre de « Papesse Jeanne ».

Mais, plus certainement, le mythe a pu s'incarner dans la figure d'une redoutable créature féminine qui a vécu au xe siècle, Marozie de Tusculum. Née en 890, elle était fille d'un consul romain, Théophylacte, comte de Tusculani, et d'une certaine Théodora qui, malgré ou grâce à ses mœurs très galantes, exerçait un grand pouvoir sur la gent masculine de la ville éternelle. Marozie décida très tôt de marcher sur les brisées de sa mère. À peine pubère, elle se glissa dans la couche du pape Serge III, cousin de son père. De cette union, selon deux sources contemporaines, naquit un enfant, Jean. Fils de pape, il deviendra lui-même souverain pontife sous le nom de Jean XI.

Cela ne l'empêcha point, en 909, de se choisir un époux, Albéric Ier, qui lui donna un deuxième fils prénommé comme son géniteur avant de mourir à la guerre. Eut-elle alors une liaison avec Jean X, successeur de son amant Serge III ? En tout cas, elle fut brève car la belle se maria avec l'un des meilleurs adversaires du pape, Guy de Toscane. Ensemble, les deux époux attaquèrent Rome en 928, se saisirent de Jean X qu'ils enfermèrent au château Saint-Ange avant de l'occire proprement en l'étouffant sous un oreiller. Désormais, Marozie pouvait régner sur Rome comme sa mère avant elle. Entre ses mains, les papes Léon VI et Étienne VII ne furent que des pantins. Enfin vint le jour où, en 931, elle put faire couronner son fils Jean. Il n'avait alors que vingt et un ans.

Entre-temps, veuve pour la deuxième fois, elle jeta son dévolu sur Hugues d'Arles, roi d'Italie et par ailleurs cousin de son précédent époux. Il était déjà marié. Qu'importe ! Son union fut annulée. Les deux amants convolèrent. Mais les épousailles furent tout juste célébrées en 932 qu'Albéric II, le propre fils de Marozie, se révolta contre sa mère dont le despotisme et la vie dissolue insupportaient maintes grandes familles romaines. Jetée en prison, elle y mourut peu d'années plus tard.

Marozie ne fut donc jamais papesse, même si elle en exerça l'autorité. Mais au-delà de la mort, elle a continué à exercer un pouvoir diffus sur l'Église. Le félon Albéric II eut un fils, Octavien, qui fut pape sous le nom de Jean XII… Et les souverains pontifes Benoît VIII, Jean XIX et Benoît IX, membres de la famille Tusculani, furent tous des descendants de cette femme hors du commun. Qui a peut-être donné corps à la légende de la papesse Jeanne.

4.

Les assassins d'Henri IV

Vendredi 14 mai 1610. Un franc soleil illumine Paris. Un peu après 4h de l'après-midi, le carrosse du roi sort du Louvre. Le duc d'Épernon est assis à la droite d'Henri IV, vêtu d'un simple habit noir. Six autres gentilshommes ont pris place dans la voiture, dont l'écuyer du roi, Liancourt. Enfin certains, à cheval, accompagnent le carrosse. Mais le roi a refusé à Praslin, le capitaine de ses gardes, qu'il lui soit fourni une escorte.

Depuis le matin, Henri IV est morose. Les tracas l'assaillent : il sait que sa bonne fortune s'en est allée. Le peuple, accablé d'impôts, menace de se révolter. Les Grands du royaume qu'il avait cru domptés relèvent la tête. Ne profiteront-ils pas de son imminent départ à la guerre pour fronder ? Certes, la veille, il s'est résigné, avant de rejoindre ses armées, à faire couronner son épouse, Marie de Médicis, afin que, régente, elle assure la continuité de l'État, le temps de son absence. Et puis il y a l'image de la petite Charlotte de

Montmorency qui ne le quitte guère. Fou amoureux, il avait imaginé de la marier à son cousin Condé dont le goût pour les jouvenceaux était bien connu. Mais voilà que cet énergumène, fâché d'être cocu, s'est enfui à Bruxelles avec sa jeune épouse et s'obstine à ne pas revenir !

Le carrosse a à peine franchi l'enceinte du palais que le roi ordonne un arrêt. Il demande aux valets de relever les mantelets de cuir qui obstruent les portières. Henri IV veut pouvoir jouir du spectacle de la rue. Même s'il sait que le petit peuple de Paris s'est dépris de lui.

La voiture a repris sa route ; le roi a décidé de se rendre chez Sully en son hôtel de l'Arsenal afin de parler de quelque sujet financier et des préparatifs de l'entrée solennelle de la reine dans Paris. Mais c'est lui qui décide du trajet. Après la rue de l'Autruche, le carrosse s'engage dans la rue de l'Arbre-Sec et roule vers le cimetière des Saints-Innocents. En face s'ouvre la ruelle très étroite de la Ferronnerie. Mais deux carrioles, accrochées l'une dans l'autre, bloquent le passage. Les valets, qui couraient à côté de la voiture royale, s'empressent pour dégager la ruelle. Le carrosse repart lentement. C'est alors qu'un géant roux vêtu de vert, à la flamande, bondit, pose un pied sur le rayon de la roue arrière, s'agrippe au montant de la portière. Il a sorti de dessous son manteau un couteau dont il frappe le roi à deux reprises, un peu au-dessus du cœur. Henri IV vomit un flot de sang. Il est mortellement atteint.

L'assassin, comme hébété, et peut-être sous l'emprise de l'alcool, est aussitôt entouré, désarmé, maîtrisé, frappé. Des épées, des poignards sont sortis de leurs fourreaux. Le régicide va être dépêché à son tour quand une voix tonne : *«Ne le tuez pas, il y va de votre tête !»* C'est le duc d'Épernon qui vient de crier ainsi. Un instant plus tôt, tandis que le roi avait familièrement passé un bras autour de son cou, il lui lisait à haute voix une lettre.

C'est encore le duc qui recouvre le corps du roi d'un manteau, commande que les mantelets soient descendus et que le carrosse regagne le Louvre au galop. Épernon, toujours, qui ordonne que l'assassin soit escorté jusqu'à l'hôtel de Retz, demeure de l'évêque de Paris, et qu'il y soit tenu prisonnier.

Détail qui donnera lieu plus tard à bien des supputations, un gentilhomme de l'entourage du roi remarque un groupe armé de huit à dix hommes à pied et à cheval stationnant rue Saint-Denis, au bout de la rue de la Ferronnerie. Se trouvaient-ils là pour tuer le roi si Ravaillac venait à échouer ? Ou bien encore pour faire taire à jamais l'assassin ? Plus tard, on essaiera d'identifier ces hommes. En vain.

Le roi moribond est conduit dans le cabinet de la reine. Il ne tarde pas à trépasser. Marie hurle : « *L'hanno ammazzato*[16] *!* »

À l'hôtel de Retz[17], l'assassin, qui dit se nommer François Ravaillac et être âgé de trente-deux ans, est d'abord fouillé. On trouve peu de choses sur lui tant il semble pauvre[18]. Mais ces menus objets (un cœur de coton – dont il pense qu'il contient un morceau de la vraie Croix[19] –, un chapelet, un papier sur lequel « Jésus » est écrit par trois fois) indiquent que l'individu est obsédé par l'idée religieuse. Plus troublante est la découverte d'un autre écrit : les prières que doit réciter un criminel que l'on conduit à la mort. Preuve que l'assassin avait prémédité son geste et qu'il doit donc être condamné à la peine capitale.

Au reste, il apparaît très vite que cet homme, bâti en athlète, est un illuminé. Interrogé dès le soir du 14 mai par trois hauts magistrats et dans les jours suivants par Achille Harlay, premier

16. « Ils l'ont tué ! »

17. Ravaillac sera plus tard conduit dans l'hôtel du duc d'Épernon, rue Saint-Thomas du Louvre, où il restera deux jours avant d'être transféré à la Conciergerie où il subira la question.

18. Il dira plus tard que s'il n'avait pas agi ce jour-là, il serait revenu chez lui en Angoumois tant il était désargenté.

19. Ouvert devant lui, il se révélera vide.

président du Parlement qui prendra l'enquête en main, il affirme être célibataire et vivre à Angoulême, où il a tour à tour travaillé comme domestique, maître d'école et solliciteur de procès. Ultra-catholique, il reproche à Henri IV d'avoir changé plusieurs fois de religion et surtout de ne pas s'être employé à convertir de force les protestants hérétiques. D'ailleurs le « Béarnais » ne voulait-il pas s'attaquer au pape qu'il avait l'intention de détrôner ? Le roi, oint de Dieu, n'était donc pas un authentique chrétien et trompait ses sujets. Il ajoute que ce sont les sermons qu'il a ouïs qui l'ont convaincu d'attenter à la vie du roi. Le pauvre fou divague, régurgite des philippiques qu'il a entendues sous les cieux des églises ou dans le secret de ces monastères qu'il affectionnait tant. Car Ravaillac reconnaît aussi être entré comme frère convers chez les Feuillants de Paris, mais en avoir été chassé au bout de six semaines car les moines ne supportaient plus ses incessantes visions.

Plusieurs fois, il a essayé de pénétrer au Louvre afin d'approcher le roi et de le convaincre de porter le fer chez les Huguenots. Mais il a toujours été repoussé. Enfin, à dix-sept reprises, et même sous l'horrible torture des brodequins, Ravaillac répète qu'il ne connaît personne à Paris, qu'il a agi seul et que nul n'a armé son bras. Quant à son couteau, il l'a volé dans une hostellerie et a fait renforcer le manche pour mieux en frapper Henri IV.

Le 27 mai, en place de Grève, soit moins de deux semaines après son geste, Ravaillac est conduit au supplice. L'arrêt de la Cour du Parlement prononcé ce même 27 mai a détaillé les châtiments qu'il doit subir : « *Sur l'échafaud, il sera tenaillé aux mamelles, bras, cuisses et gras des jambes. Sa main droite tenant le couteau, duquel il a commis le parricide, sera ardée et brûlée de soufre et sur les endroits où il sera tenaillé, on jettera du plomb fondu, de l'huile bouillante, de la poix, résine brûlante, cire et soufre fondus ensemble. Ce fait, son corps sera tué et démembré à quatre chevaux, ses membres et corps consumés au feu, réduits en cendres et jetés au vent.* »

Le régicide subit ces horribles tourments avec courage, grognant quand la souffrance le submerge. Toutefois, voyant que, dans la foule hurlante qui se presse autour du bourreau et de ses aides, un homme propose sa monture pour remplacer l'un des quatre chevaux prévus pour démembrer le condamné qui donne des signes de fatigue, il échappe au supplicié une étrange lamentation : *« On m'a bien abusé quand on m'a voulu persuader que le coup que je ferais serait bien reçu du peuple, puisqu'il fournit lui-même des chevaux pour me déchirer. »*

Qui est ce « on » ? Un complice ? Un commanditaire ? L'âme d'un complot visant à supprimer Henri IV ? Il n'est plus temps de le savoir. Déjà Ravaillac, auquel un cheval vient d'arracher une jambe, agonise. Il emporte dans la mort ses secrets. Mais, désormais, les murmures ne cesseront plus. Et les braves gens, ceux qui aimaient leur bon roi, en dépit de ses fredaines et de la vie dispendieuse de la cour et de ses proches, de s'étonner tout de go... Pourquoi le procès de Ravaillac a-t-il été si bref ? Ne voulait-on pas savoir qui avait propagé dans son esprit embrumé cette funeste idée de régicide ? Et qui protégeait-on pour avoir conclu si rapidement en empêchant à tout jamais Ravaillac de parler ?

C'est le début d'un long mystère qui va chevaucher les décennies et les siècles et aiguiser les capacités de déduction des historiens les plus talentueux.

Alors, procédons comme les meilleurs détectives et essayons d'abord de savoir à qui profitait le crime.

Mais constatons d'abord qu'Henri IV a déjà échappé à une quinzaine d'attentats et de projets d'assassinat. Si la Ligue a perdu en vigueur depuis qu'Henri III a fait trucider les Guise, pour nombre de curés et de prêcheurs, son successeur n'est qu'un faux catholique qui soutient les nations protestantes et ne manque jamais une occasion d'embarrasser le pape. Certains théologiens soulignant que le cinquième commandement

(« Tu ne tueras point ») pouvait souffrir des exceptions, avaient même osé écrire que le tyrannicide devenait légitime dès lors que le monarque était un usurpateur. D'autres, ou parfois les mêmes, professaient que l'assassin d'Henri III, Jacques Clément, avait droit à la reconnaissance éternelle de la France. Et si leurs livres étaient interdits et brûlés, on pouvait entendre dans quelques églises des homélies qui reprenaient ces thèses malsaines développées par les Jésuites qu'Henri avait chassés de France. On ne manquera pas d'observer que, peu de jours avant de commettre son forfait, Ravaillac s'était confié à l'un d'eux, le père d'Aubigny.

En août 1593, un ancien serviteur du duc de Guise avait été arrêté : il dissimulait un long couteau dans ses chausses. Un an plus tard, un certain Jean Chastel avait attaqué le roi et l'avait blessé au visage. Ce qui n'avait pas empêché le curé parisien de Saint-Benoît d'écrire et publier une *Apologie pour Jean Chastel.*

Henri IV ne l'ignorait point : coupable d'avoir institué la liberté religieuse dans son royaume, il courait à tout moment le risque de périr empoisonné ou assassiné. Mais l'alarme la plus sérieuse vint en 1602. Avec la bénédiction de l'Espagne, Charles de Gontaut, maréchal et duc de Biron, ourdit une vaste conspiration contre le roi bien qu'il fût couvert d'honneurs et de bienfaits par celui-ci. Le complot fut découvert à temps et Biron finit sa vie sur le billot, décapité par le bourreau.

Autre machination, celle qui fut menée en 1604 par le comte d'Auvergne et sa sœur utérine, Henriette d'Entragues, maîtresse d'Henri IV. La belle ambitieuse voulait-elle évincer la reine et se faire épouser afin de légitimer comme héritier au trône de France son fils, Henri-Gaston de Verneuil ? En tout cas, elle intrigua avec tant de malignité que son frère et son père furent condamnés à mort et exécutés. Tandis qu'elle-même dut s'exiler dans son château de Verneuil avant de reconquérir provisoirement le cœur du roi, tout en ayant perdu à jamais l'espoir de devenir reine.

Le nouvel emballement d'Henri pour la jeune Charlotte aurait-il pu réveiller les esprits revanchards de l'impétueuse Henriette, toujours prompte à conspirer ? On ne le crut point même si, on le verra plus loin, la capricieuse fut à nouveau soupçonnée.

Henri avait par conséquent beaucoup d'ennemis acharnés à sa perte. C'était même si patent que, régulièrement, des individus plus ou bien mal intentionnés prédisaient sa mort. Il en fut ainsi le 14 mai, le jour même de son assassinat. À plusieurs dizaines de lieues de Paris, le prévôt de Pluviers (aujourd'hui Pithiviers), Thomas Robert, alors qu'il joue aux boules avec des amis, annonce soudain le trépas d'Henri IV. Cela paraît si étrange que le prévôt est arrêté sur-le-champ, conduit à Paris et enfermé à la Conciergerie. Avait-il eu connaissance du complot ? Que savait-il exactement ? Robert ne le dit jamais car on le découvrit, quelques jours plus tard, étranglé dans son cachot avec les cordons de son caleçon !

En ce mois de mai 1610, Henri IV s'apprête donc à entrer en guerre contre les Habsbourg. Son armée, forte de trente mille hommes, est déjà rassemblée à Châlons où elle attend son roi.

Le roi de France entend garantir l'autonomie de deux petits duchés protestants, ceux de Clèves et de Juliers, que l'empereur Rodolphe II de Habsbourg a mis sous séquestre. La campagne conduira le roi à traverser les Pays-Bas, avec ou sans la permission de leur maître, l'archiduc Albert, frère de Rodolphe. Puis il pénétrera dans la basse région rhénane.

L'Espagnol a bien sûr pris le parti de ses cousins Habsbourg. L'Europe entière s'inquiète : *« La guerre de Clèves porte en croupe la guerre d'Espagne »* dit-on alors dans les chancelleries.

Henri IV n'en a cure. Pour lui, la guerre a les beaux yeux de Charlotte de Montmorency. En passant par Bruxelles, il compte bien l'arracher à ce Condé, auquel il l'a si imprudemment mariée, en pariant sur les mœurs de bougre de ce béjaune.

Ce jeune prince aurait-il envisagé de se débarrasser du royal amant de son épouse ? Personne n'y accorde crédit tant il paraît peu entreprenant et même un peu fol.

Plus sérieuse dans la liste des suspects est la « candidature » du duc d'Épernon, Jean-Louis de Nogaret. Cet ancien « mignon » d'Henri III, comblé de titres et de prébendes, a toujours joué un rôle éminent dans la vie politique du royaume. Catholique, mais opposé aux Ligueurs qu'il a même affrontés les armes à la main dans sa bonne ville d'Angoulême, le duc s'est rallié dès 1596 au Béarnais. S'il compte aujourd'hui parmi ses familiers, c'est que le roi préfère le voir près de lui plutôt qu'éloigné dans ses terres où il pourrait être pris de la tentation de comploter. Henri IV se méfie donc de lui. Il en a donné des preuves qui ont ulcéré cet orgueilleux. Ainsi, Épernon a difficilement supporté que le roi, après avoir ordonné la saisie de plusieurs de ses domaines, ait aussi requis le remplacement de ses lieutenants à Metz par des officiers dévoués à la monarchie. Enfin, ultime humiliation, alors qu'une formidable guerre se prépare, il a été « oublié » de confier un commandement à Épernon qui porte pourtant le titre de colonel général de l'Infanterie ! Tout juste Henri IV vient-il de le nommer membre du Conseil de régence. Une récompense flatteuse qui a surtout pour effet de le consigner à Paris !

Il faut attendre plusieurs mois après l'assassinat du roi pour que le duc d'Épernon figure sur la liste des suspects capables d'avoir manipulé ce demi-fou de Ravaillac. Lorsqu'en janvier 1611, Jacqueline d'Escoman, une demoiselle de compagnie attachée à Henriette d'Entragues, marquise de Verneuil, s'en vint accuser Épernon d'avoir comploté avec sa maîtresse pour occire Henri IV, on se rappela opportunément que Ravaillac était originaire d'Angoulême. Là-même où le duc possède son château. Assurément, les deux hommes avaient des accointances.

Dès qu'il apprend cette terrible mise en cause, Épernon se récrie et tempête. N'a-t-il pas empêché que Ravaillac fût mis à mort aussitôt après avoir frappé le roi ? Si l'assassin avait été l'une de ses créatures, il aurait au contraire laissé les vengeurs agir afin de ne pas courir le risque d'être dénoncé. Ce à quoi des esprits malins rétorquent que s'il a sauvé Ravaillac, c'est justement pour ne pas être placé au rang des suspects.

Le président Harlay reprend du service, interroge les uns et les autres. Faut-il ajouter foi au propos de cette Escoman, une petite nobliaute qui a trop de goût pour l'intrigue et dont la vertu est douteuse ? Et ce prétendu complot ne serait-il qu'une simple resucée de la conspiration déjà ourdie par Henriette d'Entragues ? Le vieux magistrat, sur le point de prendre sa retraite, rend vite son tablier. Mais évoquant les preuves que la demoiselle de compagnie lui présente et qui sont susceptibles de compromettre les plus grands noms du royaume, il se lamente et lâche de façon sibylline : *« Il n'y en a que trop ! Il n'y en a que trop ! »*

Le président Harlay passe la main. Épernon[20] et Henriette d'Entragues sont disculpés, mais la calomniatrice est condamnée à l'emprisonnement perpétuel. La cour respire. Car, au-delà du duc et de son amie, la marquise de Verneuil, c'était aussi la reine, partie prenante de la conjuration, qui était visée. Marie de Médicis, si proche de l'Espagne et du parti catholique ! Marie que les foucades amoureuses d'Henri ne cessaient d'humilier et à laquelle son entourage ne cessait de souffler que le roi finirait par la répudier pour se marier avec sa jouvencelle. Cependant, le sacre célébré la veille réduisait à quia les soupçons portés contre la reine. Marie échappait au danger de la répudiation. Mais n'y avait-il pas dans son entourage des Florentins, familiers du poison et du poignard ? C'étaient les Concini, Leonora dite la Galigaï, et son mari Concino, qui furent ainsi désignés. Arrivé dans les bagages de la « banquière », le couple, avide d'honneurs

20. Le duc sera encore accusé, en 1615, par un capitaine de fortune, La Garde, d'avoir fomenté un complot pour tuer le roi.

et d'or, a pris une telle influence sur la reine qu'Henri IV a pensé à les expulser. En outre, il était notoire que Concini était un agent de l'Espagne qui transmettait outre-Pyrénées des secrets d'État obtenus de sa femme, confidente de la reine.

L'hypothèse de la culpabilité des Concini est séduisante. Mais nulle preuve ne viendra jamais l'attester. Affabulation ou pas ? Toutefois, le jeune Louis XIII, sans trancher cette question, mettra en 1617 un point final à l'histoire des Concini, faisant assassiner l'un et brûler l'autre comme sorcière. Avait-il alors conscience de venger son père ?

Les rumeurs concernant Marie de Médicis auront pourtant la vie dure, en dépit du fait que la reine, fraîchement nommée régente du royaume, n'avait aucun intérêt à souhaiter la mort de son époux. Le grand Michelet lui-même verra dans la Florentine l'âme du complot qui a ourdi l'assassinat d'Henri IV.

Cependant, et plus sérieusement, c'est une autre piste qui retient l'attention : développée par l'historien Jean-Christian Petitfils, elle regarde en direction des Flandres et de l'archiduc Albert qui gouverne les Pays-Bas espagnols.

Au début, il y une lettre conservée dans les archives d'État de la république et canton de Genève. Écrite par l'ambassadeur huguenot de Genève à Paris, Jacob Anjorrant, seigneur de Souilly, elle révèle qu'un complot contre Henri IV a été ourdi à Bruxelles avec le consentement de l'archiduc, sinon sur son instigation.

Ce Habsbourg ne manque pas de mobiles pour souhaiter la mort du roi de France. Et d'abord parce qu'Henri IV lui a annoncé, non sans une certaine outrecuidance, que ses troupes, marchant vers Clèves, traverseraient ses États, qu'il le voulût ou pas.

La lettre d'Anjorrant est extraordinairement précise. Elle fournit surtout des noms. À Paris, le coordinateur de la machination est un certain Lalowe, l'un des agents à Paris du duc Charles de Croÿ et d'Arschot, grand chambellan et sénéchal héréditaire de Brabant. Il serait assisté par le comte de Sallenove et par un homme de main, La Motte. Pour réaliser son projet, l'archiduc a largement ouvert sa bourse : en 1610, il a octroyé une somme élevée, quinze mille livres, aux gens envoyés en mission en France.

Quelles preuves viennent conforter cette thèse de la piste flamande ? Un fait troublant d'abord : l'absence, dans les archives de la maison de Habsbourg, de lettres ou de courriers diplomatiques dans les semaines précédant la mort du roi. Exactement comme si elles avaient été expurgées. Ensuite, il faut s'interroger sur le « délai » qu'a observé Ravaillac avant d'occire le roi. Pourquoi le 14 mai alors qu'il se trouvait à Paris depuis de longues semaines ? Qu'attendait-il ? Ou plutôt qu'attendaient les instigateurs ? À l'évidence, le forfait ne devait être accompli qu'après le couronnement de la reine et donc la désignation à la Régence d'une reine fort bien disposée à l'égard du parti espagnol. Ce qui fut fait le 13 mai. Le 14, Ravaillac pouvait par conséquent passer à l'action. Mais un tel raisonnement politique aurait-il pu être conçu par le cerveau délirant d'un Ravaillac ? Cela semble improbable et indique qu'un mentor guidait son action.

Enfin pourquoi ce Lalowe, cet agent flamand présent à Paris, a-t-il pu visiter Ravaillac en l'hôtel de Retz au lendemain de l'assassinat ? Et qu'est-il venu lui confier ? L'a-t-il pressé de ne prononcer aucun nom et de garder par-devers lui l'entière gloire d'avoir dépêché le roi ?

Il existe donc plus de questions que de réponses. Plus de mobiles qu'il n'en est besoin. Et sans doute autant d'assassins en puissance. Henri IV n'en ignorait rien, qui disait à son cher Sully quelques jours avant d'être frappé : *« Je mourrai en cette ville, et n'en sortirai jamais. Ils me tueront, car je vois bien qu'ils n'ont d'autre remède en leurs dangers que ma mort. »*

5.

Les époux Mazarin ?

Onze lettres, scellées à la cire, ornées de rubans de soie rose, recèlent sans doute l'un des secrets d'État les mieux gardés du XVIIe siècle. Onze lettres qui, parmi des centaines d'autres, ont échappé au naufrage du temps.

Toutes – c'est aujourd'hui établi – sont de la main de la reine Anne d'Autriche et sont adressées au cardinal Mazarin. Il n'y figure aucun nom propre, aucune signature. Mais elles empruntent un curieux langage codé afin de masquer l'identité du scripteur et celle du destinataire. Le cardinal est ainsi parfois nommé « 16 » ou « 26 ». Ou bien encore « Ciel » ou « Mer ». La reine s'appelle « 15 » ou « 22 ». Et aussi « Séraphin » ou « Zabaot ». Quant au jeune Louis XIV, il est toujours le « Confident ». Anne termine sa lettre en dessinant, en guise de signature, une barre verticale hachurée de trois traits. Et à plusieurs reprises, elle utilise un $, c'est-à-dire un « S » fermé qui, à l'époque, est un signe d'amour.

En usant de tels procédés graphiques, Anne d'Autriche voulait-elle dissimuler sa liaison avec Jules Mazarin, sur laquelle pourtant la Cour et le peuple ne cessaient de jaser ? À moins qu'il ne se fût agi de garder le secret sur son mariage avec le cardinal ? En tout cas n'est-il pas étonnant, sinon émouvant, de voir une reine, dans sa maturité de femme, se conduire telle une adolescente qui écrit en cachette de ses parents à son amoureux ?

Anne, arrière-petite-fille de Charles-Quint et fille du roi d'Espagne Philippe III, est née en 1601. Dix ans plus tard, au nom de la réconciliation entre Madrid et Paris, elle est promise en mariage au jeune Louis XIII à l'initiative de la Régente, la très catholique Marie de Médicis, qui entend ainsi satisfaire le parti des dévots. Toutefois, le mariage n'est célébré par procuration qu'en octobre 1615. Un mois plus tard, les deux adolescents (quatorze ans tous les deux) se retrouvent à Bordeaux. Afin que ces épousailles ne soient pas remises en question, Marie de Médicis presse les jeunes mariés de consommer au plus tôt. Tout aussi inexpérimentés que maladroits, ils s'y prennent si mal et la déconvenue est si grande que le jeune Louis XIII ne reprendra pas le chemin de la couche d'Anne avant plusieurs années.

À vrai dire, au contraire de son père Henri IV, le jeune homme ne semble guère avoir d'appétence pour les plaisirs. Le souci dynastique impose cependant que le roi fréquente parfois le lit conjugal. Ses efforts ne sont guère récompensés : Anne perd son fruit à plusieurs reprises. Pour le plus grand déplaisir de Louis XIII qui en fait reproche à son épouse.

En 1625, c'est un incident tout à fait différent qui creuse la brouille dans le couple. Le beau duc de Buckingham vient en France où il doit préparer le départ en Angleterre d'Henriette, la jeune sœur de Louis XIII, qui doit se marier avec le roi Charles Ier. Séduit par la beauté de la reine, il lui fait une cour pressante. Au cours du voyage vers la côte boulonnaise, le cortège s'arrête à Amiens. L'intrigante Mme de Chevreuse, surintendante de la maison de la reine, s'arrange pour que le duc puisse s'isoler avec Anne. Est-il trop entreprenant ? La reine pousse un cri. On accourt aussitôt. Le scandale est tout juste évité, mais l'anecdote fait le tour de toutes les cours d'Europe. Louis XIII en conçoit un fort ressentiment à l'égard d'Anne, tandis que Buckingham se voit signifier l'interdiction de revenir en France.

Autre sujet de mécontentement pour la reine : Richelieu, principal ministre du roi, engage une politique très hostile à la maison d'Autriche dont elle est issue et à laquelle elle demeure attachée. C'est le début d'une inimitié qui ne fera que croître et sera attisée par l'infernale duchesse de Chevreuse qui l'entraînera à se compromettre dans maintes tentatives de complot contre le cardinal.

En 1635, la France déclare la guerre à l'Espagne. La position d'Anne d'Autriche devient encore plus délicate. D'autant que le ton de la correspondance secrète qu'elle entretient avec Philippe IV, nouveau maître de Madrid, va bien au-delà de l'affection qui lie une sœur à son frère. Les agents du roi diligentent une enquête, perquisitionnent le monastère du Val-de-Grâce où Anne aime à se retirer. Louis l'oblige à signer une pièce où elle reconnaît que sa correspondance avec Philippe est inappropriée. La reine, soumise à une incessante surveillance, est humiliée et la Chevreuse doit s'enfuir en Espagne.

La suite appartient à la légende. Surpris fin novembre 1637 alors qu'il se dirigeait vers Saint-Maur, le roi se serait réfugié au Louvre où Anne lui ouvrit généreusement son lit. En réalité, le couple royal se trouvait au château de Saint-Germain lors de la semaine où le futur Louis XIV fut conçu. Mais il fallait magnifier et même diviniser cette naissance tant attendue. C'était la Providence qui avait provoqué cet orage et donc offert au royaume cet enfançon qu'on n'appela plus que Louis Dieudonné.

Anne a trente-sept ans et donnera encore naissance à un autre garçon, Philippe, le futur Monsieur qui épousera en deuxième noces la célèbre et scandaleuse Palatine.

Le cardinal Richelieu meurt en décembre 1642. Louis XIII le suivra dans la tombe six mois plus tard. Avant de trépasser, le roi, qui n'a pas plus confiance en son épouse qu'en son frère Gaston, a institué par testament auprès de la reine un conseil de Régence comprenant quelques princes du sang et des ministres de Richelieu. Parmi eux, se trouve un Italien de belle allure, Jules Mazarin, qui, parti de très peu, a connu une ascendance éblouissante. D'abord capitaine dans l'armée pontificale, il est vite remarqué pour sa vive intelligence et devient un acteur éminent de la diplomatie vaticane. Lors de l'une de ses missions en France, il attire l'attention du cardinal Richelieu qui devient son protecteur. Naturalisé français en 1640 (il a alors trente-huit ans), Mazarin coiffe le chapeau de cardinal l'année suivante. Déjà Richelieu voit en lui son successeur. Se sentant mourir, il propose à son maître Louis XIII que son protégé soit nommé Principal ministre de l'État, dès son décès.

Au lendemain de la mort du roi, les Grands, toujours prompts à comploter, redressent la tête et demandent le renvoi de Mazarin, incarnation de l'absolutisme royal qui les a abaissés sous Richelieu. Anne, régente, se ligue avec eux pour obtenir du Parlement qu'il casse le testament de Louis XIII. Mais, dès que cette satisfaction lui est donnée, Anne d'Autriche, à la surprise générale, élève le cardinal Mazarin sur la plus haute marche. Il sera le ministre principal de la Régence !

Autre sujet d'étonnement, Mazarin affirme d'emblée qu'il prolongera la politique anti-espagnole de son prédécesseur. Anne accepte donc avec Mazarin ce qu'elle a toujours condamné sous Richelieu ! Est-ce le signe qu'il existait préalablement une entente secrète entre la Régente et le cardinal ? Et quelle était la véritable nature de cette relation privilégiée ?

Anne ne pouvait pas être insensible au charme de Jules, être raffiné aux manières suaves et au troublant parfum d'Italie qui émanait de toute sa personne. Ne veillait-il pas à lui offrir quelques délicats objets, gants ou éventails, qu'il tenait de son pays natal ? Plus certainement, la reine approuvait et admirait même l'onctueuse énergie de cet homme qui se dépensait sans compter et voyageait par monts et par vaux pour assurer la paix du royaume[21]. Négociateur habile, il savait mieux que personne diviser ses adversaires pour les amener à résipiscence. En outre, Anne devait-elle oublier que son défunt époux l'avait désigné comme parrain du petit Louis, cet enfant qu'elle chérissait au plus haut point et avait décidé, bec et ongles, de protéger ?

Enfin, les liens entre la Régente et son ministre ne peuvent que s'approfondir au fil des épreuves qu'ils vont affronter de conserve. Dès 1643, il leur faut réduire la « Cabale des Importants », un complot des Grands visant à éloigner la reine du cardinal et à signer un traité de paix avec l'Espagne. L'âme de la conspiration est François de Vendôme, duc de Beaufort. Les ducs d'Épernon et de Guise en sont. Mais aussi l'ancienne confidente d'Anne, l'incorrigible duchesse de Chevreuse. Mazarin frappe fort, ordonne l'arrestation de Beaufort. La cabale est mise à bas. Toutefois, les orages continuent à gronder.

La Fronde éclate en 1648. Ce sont d'abord les parlementaires qui ouvrent les hostilités. Vent debout contre la pression fiscale qu'engendre la guerre contre l'Espagne, ils refusent d'enregistrer un édit royal et rédigent une charte exigeant d'importantes réformes. Cette impertinence est vite châtiée : trois parlementaires sont arrêtés. Il n'en faut pas plus pour que la population parisienne se soulève et élève des barricades. Anne

21. En 1648, après les victoires de Turenne et Condé sur les troupes impériales, Mazarin signe avec Vienne le traité de Westphalie aux termes duquel la France s'assure la possession des trois évêchés (Toul, Verdun, Metz) et de l'Alsace. Mais les Espagnols ne se sont pas associés à ce traité de paix.

opte pour la force, Mazarin prône la modération. D'autant qu'il n'ignore point qu'il est au centre de la contestation. Lui, l'intrus, l'Italien ! Des « mazarinades » courent les rues de Paris. Ces philippiques, parfois fort grossières, le mettent en cause mais aussi les liens qu'il aurait osé nouer avec la reine.

« Peuple, n'en doutez plus,
Il est vrai qu'il la fout
Et que c'est par ce trou
Que Jules nous canarde ! »

L'auteur de ce pamphlet, un certain Morlot, est interpellé, condamné à la pendaison pour crime de lèse-majesté. Mais la foule le libère alors qu'il marche vers l'échafaud. Le Parlement, en dépit du fait que Mazarin a ordonné que ses trois membres arrêtés soient élargis, n'agira pas pour reprendre le condamné.

D'ailleurs, l'agitation populaire, exacerbée par quelques grands personnages, ne cesse pas. En pleine nuit, Anne, ses fils et Mazarin s'enfuient de Paris et se réfugient à Saint-Germain. Louis XIV en gardera longtemps le souvenir et sa décision de s'installer plus tard à Versailles n'est pas étrangère à l'humiliation que le garçonnet a alors ressentie au cours de cette nuit tragique.

Le Fronde parlementaire prend fin avec la négociation de Rueil en mars 1649. Les magistrats abandonnent leurs prétentions politiques tandis que la Régente leur pardonne. Mais les Princes prennent le relais après que le cardinal a commandé l'arrestation de Condé qui, installé à Paris, entend gouverner le royaume. La province, aiguillonnée par l'Espagnol, se soulève à son tour. Turenne, à la tête de l'armée royale, vient provisoirement à bout des rebelles. Cela ne suffit point à recouvrer la paix. Anne d'Autriche, qui mène avec son fils devenu majeur[22] une vie errante sur les routes de France, doit se résoudre à accepter l'exil de Mazarin.

22. Selon la tradition, la majorité du roi est fixée à 13 ans.

Commence alors un incessant échange épistolaire secret entre le cardinal et la reine qui a regagné Paris en 1652. Parfois, ce sont deux ou trois lettres par jour qu'ils s'écrivent. La politique n'est jamais absente de ce courrier car Mazarin veille à distance sur les affaires du royaume que ses proches, en parfait accord avec Anne, continuent à conduire. Mais il s'y glisse toujours des considérations personnelles et même sentimentales qui donnent à penser qu'il existe une réelle relation amoureuse entre eux. Et d'abord parce que tous les deux s'attachent à crypter leurs missives afin de mieux dissimuler leurs penchants respectifs. Et si les mots « tendresse » et « caresse », « passion », émaillent les lettres du temps, on ne peut simplement les imputer aux mièvreries amoureuses de Mlle de Scudéry qui vient de publier sa célèbre *Carte du Tendre*.

Le 11 mai 1651, visiblement enamouré, le cardinal écrit de son exil : *« Mon Dieu ! que je serais heureux et vous satisfaite si vous pouviez voir mon cœur, ou si je pouvais écrire ce qu'il en est, et seulement la moitié des choses que je me suis proposées. Vous n'auriez pas grand peine en ce cas, à tomber d'accord que jamais il n'y a eu une amitié approchante à celle que j'ai pour vous. Je vous avoue que je me fusse pas pu imaginer qu'elle allât jusqu'à m'ôter toute sorte de contentement lorsque j'emploie le temps à autre chose qu'à songer à vous. »*

Le 26 janvier 1653, alors que l'exil du cardinal est sur le point de se terminer, Anne écrit :

« Je ne sais plus quand je dois attendre votre retour, puisqu'il se présente tous les jours des obstacles pour l'empêcher. Tout ce que je vous puis dire est que je m'en ennuie fort et supporte ce retardement avec beaucoup d'impatience et si 16 (Mazarin) *savait tout ce que 15* (elle) *souffre sur ce sujet, je suis assurée qu'il en serait touché. Je le suis si fort en ce moment que je n'ai pas la force d'écrire longtemps ni ne sais pas très bien ce que je dis. J'ai reçu vos lettres tous les jours presque et, sans cela, je ne sais ce qui arrivera. Continuez à m'en écrire aussi souvent, puisque vous me donnez du soulagement en l'état où je suis. […] Adieu, je n'en puis plus, et lui sait bien de quoi. »*

Le 3 février 1653, la Fronde des Princes a définitivement rendu l'âme. Mazarin revient dans un Paris qui, las des guerres et des confrontations, lui réserve un triomphe aussi grand que les outrages dont il avait l'accablé quatre ans plus tôt.

Anne a quitté le Louvre et réside dorénavant au Palais-Royal, autrefois Palais-Cardinal, légué au roi par Richelieu. Mazarin, lui rejoint son Palais qui se trouve à proximité. Le protocole pesant et la horde de courtisans et de suivantes qui les environnent l'un et l'autre empêchent les deux amoureux d'exprimer leur tendre sentiment. Aussi certains ont-ils imaginé qu'il existait un passage secret qui reliait les deux demeures et permettait au cardinal de gagner clandestinement la chambre de la reine.

Mais comment la pieuse Anne pouvait-elle concilier cette liaison avec une foi catholique qui ne connut jamais aucune défaillance si l'on en juge par le fait que la reine ne s'est jamais écartée des sacrements de l'Église ? Pour résoudre ce cas de conscience, s'est-elle secrètement mariée avec Mazarin ? Et lui-même le pouvait-il ? Non ordonné prêtre, le droit canon le permettait. Mais il aurait dû renoncer à son chapeau de cardinal. Sans doute faut-il penser que la piété de l'Italien était moins vétilleuse que celle de la reine.

En tout cas, pour la Palatine, qui excellait à recueillir potins et confidences, le doute n'est pas permis : le mariage était assuré. Elle assure en avoir reçu la confidence de Mme de Brégis qui avait eu elle-même autrefois quelque complaisance pour le cardinal.

Il reste que, mariage ou pas, liaison charnelle ou pas, Anne d'Autriche et Jules Mazarin ont donné l'exemple d'un exceptionnel compagnonnage politique qui a permis, le jour venu, de remettre au jeune Louis XIV un royaume fort et bien administré. Et si le cardinal, maître de l'ambiguïté, s'est servi parfois des sentiments qu'il inspirait à la reine (et qu'il partageait sans nul doute) afin de satisfaire ses desseins, il s'abstint toujours de lui manquer.

6.

Fouquet : la lutte de l'écureuil et de la couleuvre

Rien ne fut trop beau pour satisfaire le maître des lieux ! Une multitude de chariots apporta des monceaux de tapisseries, de linges, de vaisselle d'argent et de victuailles. Monsieur Molière lui-même offrit une pièce de théâtre, *Les Fâcheux*. Enfin un feu d'artifice comme jamais on n'en vit fut l'apothéose de la fête.

Mais l'aspect le plus somptueux de ce divertissement fut l'écrin dans lequel il se déroula : le château de Vaux ! Un chef-d'œuvre de classicisme dû au crayon de Louis Le Vau, sis dans un magnifique parc jonché de miroirs d'eau et de statues. Ici tout n'est qu'harmonie et élégance. L'imposante et blanche demeure est surmontée d'une gigantesque coupole et sertie de profondes douves. Dans l'avant-cour, des pavillons de briques rouges et de pierres de taille, à toit d'ardoises, offrent par contraste une perspective de douceur. Quant à l'intérieur, baigné de lumière,

il a bénéficié de l'attention de Charles Le Brun qui y a multiplié décors et peintures.

Louis XIV, invité d'honneur de la réjouissance du 17 août 1661, aurait conçu un vif dépit en constatant que Nicolas Fouquet faisait étalage d'un luxe auquel sa modeste cassette royale lui interdisait d'accéder. Aurait-il dès lors conçu le dessein d'abaisser son superintendant aux Finances ? Et même de le conduire en prison, puis de lui faire rendre gorge devant sa justice ?

Cette explication a longtemps fait florès, car l'arrestation du grand argentier a eu lieu le 5 septembre, soit moins de trois semaines après la grandiose fête du château de Vaux. Mais n'est-elle pas trop facile et peut-être mensongère ? L'humiliation ressentie par un jeune roi, qui ne s'était pas encore métamorphosé en « soleil » de son royaume, ne saurait à elle seule justifier la disgrâce de Fouquet.

L'ascension de Nicolas Fouquet a été fulgurante. Mais, issu d'une riche famille bourgeoise, il était né avec une cuiller d'argent dans la bouche. Fils de François Fouquet, riche magistrat dévot, proche conseiller de Richelieu et de l'héritière d'une lignée non moins dévote[23] de la noblesse de robe, Marie de Maupéou, Nicolas reçoit une solide formation classique chez les Jésuites de Clermont. Il est, dès l'âge de seize ans, conseiller au parlement de Metz. Son père, engagé à l'initiative du cardinal dans des affaires maritimes, n'a-t-il pas ajouté aux armoiries de la famille – d'argent à l'écureuil rampant de gueules – une devise : *Quo non ascendet*[24]. L'ambitieux jeune homme est bien décidé à lui être fidèle.

En Lorraine, il manifeste un goût certain pour le luxe et l'ostentation. À vingt ans, grâce à sa vive intelligence mais aussi

23. Les six sœurs de Nicolas seront religieuses et quatre de ses frères seront ecclésiastiques.
24. Jusqu'où ne montera-t-il pas ?

à la protection de Richelieu, il obtient la charge de maître des requêtes du Parlement de Paris. C'est un homme aussi charmant que brillant qui use avec discernement de son pouvoir de séduction[25].

Cinq ans plus tard, il se marie sur les conseils de son père avec une jouvencelle bretonne. Louise Fourché n'est pas très belle mais lui apporte une dot confortable, cent soixante mille livres et des terres.

En 1640, à la mort de son père, il prend sa place dans les affaires de celui-ci et entre dans la compagnie nouvellement créée des Indes orientales. En même temps, il achète la terre seigneuriale de Vaux, située près de Paris, à l'orée de la Brie. Mais un an plus tard, nouveau deuil, son épouse décède après avoir donné naissance à une fille. Peu après, la mort de Richelieu en 1642 lui procure les plus grandes craintes : le cardinal a toujours été le protecteur de sa famille.

Heureusement pour lui, les ministres restent en place. Et quand le roi Louis XIII meurt à son tour, la Régente Anne d'Autriche accorde sa confiance à un disciple de Richelieu, le cardinal Mazarin. Les plus grandes espérances lui sont promises : sur intervention personnelle de la reine, Fouquet est nommé intendant de justice, police et finances du Dauphiné. Cette promotion a pourtant failli lui être fatale. Au cours de l'été 1644, alors que le mécontentement monte dans le peuple accablé d'impôts, il s'absente sans autorisation de Grenoble pour assister à l'intronisation de son frère François, nouvel évêque d'Agde. Insouciance ou manque d'expérience ? Il n'est toujours pas revenu quand l'émeute éclate. Mazarin le révoque. Mais, alors qu'il prend le chemin du retour, il est arrêté à Valence par

25. Jean-Christian Petitfils, le décrit ainsi : *« Le visage d'un bel ovale s'encadre de longs cheveux châtains, assez pauvres, qui se partagent en mèches sur le haut du front. L'œil fendu en amande laisse filtrer la douceur veloutée du regard, un regard plein d'intelligence. Le long nez aquilin domine une bouche charnue qui révèle toute la sensualité du personnage. »* *Fouquet*, Éditions Perrin.

un soulèvement de femmes. Devant ces paysannes déchaînées, il fait face. Ses talents oratoires autant que son sang-froid lui permettent de venir à bout de l'agitation sans violence. Son mérite est reconnu à Paris. Le cardinal, après lui avoir confié une mission d'observation lors du siège de la place espagnole de Lérida, le nomme intendant à l'armée de Picardie. La bévue de Grenoble est bien oubliée. Fouquet franchit une nouvelle marche en accédant en 1648 à l'intendance de la généralité de Paris. Un poste de première importance alors que la capitale du royaume bascule dans la Fronde.

D'emblée, Fouquet choisit le camp de la Régente et de Mazarin. La faveur d'Anne d'Autriche ne se démentira plus. Pendant le siège de Paris par l'armée de Condé, il est préposé au service des subsistances, une fonction qui lui donne la possibilité d'arrondir sa cassette personnelle.

En 1650, il achète pour quatre cent cinquante mille livres la charge de procureur général du Parlement de Paris, ce qui lui vaut de rejoindre l'élite de la robe. Une position qu'il conforte en épousant la jeune pousse d'une influente famille de magistrats anoblis, Madeleine de Castille-Villemareuil.

Lorsque le Parlement vote l'expulsion de Mazarin[26] en 1651, le procureur Fouquet doit instruire contre le ministre principal de la Régente. En réalité, par l'intermédiaire de son frère Basile, chef de la police secrète du cardinal, il tient celui-ci informé de l'avancement de la procédure. Mazarin saura s'en souvenir lors de son retour en grâce. Quand le duc de La Vieuville, surintendant des Finances, trépasse soudainement, Fouquet propose sa candidature. Il l'emporte face à de puissants rivaux dont Michel Le Tellier, père de Louvois et protecteur du jeune Jean-Baptiste Colbert. Autant de personnages qui n'oublieront pas l'affront fait à leur clan.

---

26. Le cardinal a précédé cet arrêt et pris le chemin de l'exil en Allemagne.

Surintendant des Finances, Fouquet a rang de ministre et siège au Conseil d'en-haut. Mais sa tâche est accablante : les finances du royaume vont à vau-l'eau. Les impôts ne rentrent plus alors que les dépenses ne cessent d'augmenter. Fouquet pare au plus pressé pour restaurer le crédit de l'État. Pour recouvrer la confiance des traitants et des fermiers, il leur consent des taux avantageux. Il use aussi d'expédients. Par exemple, en assignant sur de nouveaux fonds de vieux billets d'épargne ou en créant et vendant des charges. L'embellie est de courte durée. Dès 1654, la crise est de retour. Le surintendant engage sa fortune personnelle et même celle de ses proches. Mais il se sert un intérêt de 20%.

Il s'enrichit, certes. Et dans des proportions fabuleuses. Mais Fouquet n'est-il pas à l'école de son maître, Mazarin, qui accumule les richesses ? En outre, fort de ses relations dans la robe et de l'amitié des grands seigneurs qui, grâce à l'octroi de quelques complaisances financières, deviennent ses obligés, le surintendant élargit l'influence de sa famille et consolide sa position. Tandis qu'il reconstruit à grands frais et dans un temps record le modeste manoir de sa propriété de Vaux, il achète Belle-Ile où il entreprend des travaux de fortification. Envisage-t-il déjà de se créer un solide fief breton qui abriterait ses nombreuses affaires commerciales et maritimes ? Et le mettrait surtout à l'abri d'un revers de fortune à Paris.

Car Fouquet ne peut ignorer que ses ennemis sont nombreux. Colbert, qui se pose en rival, a déjà demandé en vain sa destitution. Non sans hypocrisie – intendant de la fortune personnelle de Mazarin, il est bien placé pour savoir comment son maître s'enrichit et lui aussi par la même occasion –, il organise de longue date la cabale contre le surintendant. Ne prétend-il pas que seule la moitié des impôts perçus tombe dans les caisses du roi ? Et ne doit-on pas s'étonner que le Trésor dépérisse[27] à mesure que la fortune de Fouquet s'accroît ?

Les coups sont de moins en moins mouchetés. La couleuvre (blason de la famille Colbert) est plus que jamais décidée à avaler l'écureuil !

Fouquet, ivre de puissance, n'en a cure. Boulimique, il se lance dans de nouvelles affaires commerciales (parfois en usant de prête-nom), achète de nouvelles demeures, agrandit et embellit Vaux en faisant appel aux meilleurs artistes du temps, se constitue une bibliothèque riche de vingt-sept mille ouvrages, rassemble autour de lui une cour d'écrivains que fréquentent Molière, La Fontaine, Mlle de Scudéry, Perrault ou encore Mme de Sévigné. Mécène, il protège Poussin, pensionne Corneille ou Scarron. Curieux et éclectique, il attire auprès de lui des scientifiques ou des philosophes. Enfin, séducteur, il papillonne parmi les « filles » de la reine. Mais il commet une terrible erreur en essayant de circonvenir une jeune beauté de la cour, Mlle de La Vallière ? Aurait-il oublié que Louis XIV avait avant lui porté ses regards sur la belle ?

En mars 1661, Mazarin agonise. Sur son lit de mort, il laisse échapper une terrible confidence devant son confesseur, l'évêque de Fréjus, et Colbert : *« Avant de passer, ne devrais-je pas en conscience de conseiller au roi de chasser Fouquet ? »* Un peu plus tard, recevant Louis XIV dans sa chambre, il modère quelque peu son propos : *« Sire, soyez circonspect. Si on pouvait lui ôter les bâtiments et les femmes de la tête, le surintendant serait capable de grandes choses. »* Puis, après cet avertissement, il lâche : *« Je vous dois tout, Sire. Mais je crois m'acquitter en manière en vous donnant Colbert. Il est modeste, moins hautain que le surintendant et règlera l'État comme une maison particulière. »*

Même si Colbert lui-même a enjolivé à son profit ce « testament » de Mazarin, le jeune Louis XIV, qui a décidé de

27. En 1661, les impôts de 1662 et 1663 sont déjà consommés.

prendre en main le gouvernement du royaume, prouve qu'il a bien entendu le cardinal. Le jour-même de la mort de ce dernier, il nomme Colbert intendant des finances, sous la tutelle de Fouquet.

L'ennemi est donc maintenant dans la place et il a l'oreille du souverain qui lui accorde une audience chaque semaine. Fouquet ne s'en inquiète pas encore : il est au faîte de son pouvoir et, grâce à son réseau clientéliste d'affidés et de la confiance d'Anne d'Autriche qui ne lui a jamais fait défaut, il semble hors d'atteinte de ses adversaires. C'est oublier trop vite la malignité des manœuvres de la couleuvre. Colbert ne manque jamais une occasion de le desservir auprès du roi : Fouquet, tout en ayant promis de réformer la gestion des Finances, n'est-il pas retombé dans ses anciens travers ? Toutefois, la critique est prudente : Colbert, également coupable de maintes malversations, doit se garder en attaquant le surintendant, de mettre en cause son propre maître et inspirateur, le cardinal Mazarin lui-même à qui Fouquet prêtait sans jamais barguigner. Plus grave encore, il insinue que son ennemi a peut-être été du complot des dévots qui auraient tenté d'empoisonner le roi, le 29 juin 1661. Enfin Colbert ne cesse de relancer Louis XIV à propos des fortifications et de l'armement de la citadelle de Belle-Ile. Par le truchement de ses espions, il a même appris que Fouquet a commandé en secret la construction de quatre navires de guerre. Autant d'entreprises qui sont une marque de défiance vis-à-vis de l'autorité royale et même l'amorce d'un mouvement séditieux, au moment où justement le jeune souverain doit affirmer sa volonté et consolider son trône.

Louis XIV n'a certainement pas été insensible au discours de son intendant des Finances. Dès le début du mois de mai, il aurait décidé de châtier ce trop grand ambitieux qui tond la laine du royaume. Mais il n'en a encore rien montré. Et si la grandiose fête de Vaux l'a exaspéré, elle n'a pas modifié son jugement. Tout au plus a-t-elle hâté l'arrestation de Fouquet. L'affaire a en tout cas été minutieusement préparée. Pour éviter que le procureur du Parlement ne soit jugé par ses pairs, on lui fait miroiter le poste encore plus prestigieux de chancelier. Sans méfiance, Fouquet remet sa charge entre les mains du roi. Reste encore à convaincre Anne d'Autriche qui a toujours été son plus fidèle soutien. Louis XIV craint d'affliger sa mère. Colbert se rapproche de Mme de Chevreuse, confidente de la reine-mère et perpétuelle intrigante. À elle de délacer les liens qui unissent Fouquet et Anne d'Autriche.

Le 5 septembre, alors que la cour s'est déplacée à Nantes pour la réunion des États de Bretagne, Louis XIV ordonne au capitaine de ses mousquetaires, d'Artagnan, de procéder à l'arrestation de Fouquet. Pris au dépourvu, le surintendant offre de remettre au roi sa place de Belle-Ile. Il est à peine écouté[28] et aussitôt conduit au château d'Angers où il est incarcéré. Tandis que des scellés sont posés sur toutes ses résidences et que Louis XIV met en place une juridiction spéciale pour juger Fouquet. Colbert a pris soin de n'y nommer que des ennemis de son rival et jouera souvent le rôle de procureur invisible et officieux de cette chambre de justice.

Commence alors un procès qui va durer trois ans, en dépit de la volonté du roi qui aurait voulu que cette affaire fût jugée plus prestement. Car il est à craindre que des questions embarrassantes pour le pouvoir ne viennent à surgir. Et d'abord celle-ci : c'était Mazarin qui avait nommé Fouquet. Mazarin aussi qui l'avait soutenu en toutes circonstances jusqu'à la veille de sa mort. Mazarin enfin qui avait amassé une extravagante fortune dont d'aucuns auraient bien voulu démêler les tortueuses origines et les prodigieux ressorts. Mais Louis XIV, par ailleurs filleul du cardinal, n'entendait point qu'en déchiffrant les livres

28. Peu après, la citadelle de Belle-Ile se rend aux troupes royales sans opposer de résistance.

de comptes de Fouquet, on en vînt à se mêler des affaires de feu Mazarin. Il y allait des plus hauts intérêts de l'État.

Colbert, tout au long de cet interminable procès, navigue donc dans des eaux périlleuses. D'autant que Fouquet se défend pied à pied avec une grande habileté et rejette les deux accusations dont il est l'objet : péculat[29] et crime de lèse-majesté pour avoir fortifié et armé Belle-Ile.

Guillaume de Lamoignon, premier président du Parlement, magistrat rigide et honnête, estime que l'instruction, uniquement menée à charge, souligne de nombreuses irrégularités dans la procédure. Il doit être écarté. Le vieux chancelier Pierre Séguier lui succède. Son zèle pour le pouvoir le dispute à l'aversion qu'il éprouve pour Fouquet. Le procès se poursuit. La Chambre étant transférée à l'Arsenal, Fouquet lui-même quitte le château de Vincennes pour la prison de la Bastille.

À l'extérieur, les amis du surintendant s'agitent, publient des libelles en sa faveur. La Fontaine a lui-même écrit un poème, *Élégie aux nymphes de Vaux*, qui est un appel à la clémence du roi. Colbert, furieux, lui supprime sa pension. Même la rue, d'abord très hostile à l'accusé, semble désormais épouser sa cause. Au Louvre, Louis XIV s'impatiente. Il faut en finir. Le Tellier commente, ironique : *« Au début, une cordelette eût suffi pour pendre Fouquet. Mais on a fait la corde si grosse qu'on ne peut plus la serrer. »*

Colbert exerce toujours plus de pressions sur les magistrats. L'un est révoqué, un autre est récompensé pour avoir truqué des procès-verbaux. Mais l'affaire n'est toujours pas terminée. Le 14 novembre 1664, dès l'ouverture des débats, les procureurs Talon et Chamillard requièrent la peine de mort. Mais quinze jours tard, le rapporteur, Olivier Lefèvre d'Ormesson, considérant la légèreté des preuves et constatant de nombreuses lacunes dans le dossier d'instruction, se prononce pour le bannissement

29. Détournement de fonds publics par un comptable public.

à perpétuité. Dès lors, le débat fait rage entre les magistrats. Les plus acharnés sont les partisans de la peine de mort car ils savent que Colbert la réclame.

Le 20 décembre, les magistrats votent. Par treize voix contre neuf, Fouquet sauve sa tête. Il est condamné au bannissement. Colbert n'est pas moins irrité que Louis XIV qui commue aussitôt la peine en détention à vie.

Le 27 décembre 1664, le capitaine d'Artagnan, encore lui, escorté de cent mousquetaires, conduit Fouquet à la forteresse de Pignerol, une enclave française en terre italienne. L'ancien surintendant doit y être gardé au secret. Il lui est interdit de recevoir des visites, d'envoyer des lettres et il n'est autorisé à posséder qu'un livre à la fois. Il dispose toutefois dans la donjon d'une pièce double et du service de deux domestiques. M. de Saint-Mars, médiocre militaire mais geôlier consciencieux, exerce son autorité avec rigueur, mais sans plus. Toutes les trois semaines, il doit donner sur ordre à Louvois des nouvelles de son prisonnier. Colbert continue donc à distance à exercer son ressentiment et veiller sur son ennemi. Même après que la couleuvre a définitivement triomphé de l'écureuil !

Le régime du prisonnier, si sévère, s'assouplira au fil du temps. La rumeur veut même qu'il soit mort d'une crise d'apoplexie en 1680 alors qu'il venait d'être élargi. Mais c'est une autre légende qui reste attachée à son nom. Car Pignerol, du temps où Fouquet y était détenu, a aussi accueilli en ses murs un autre prisonnier, le mystérieux porteur du « Masque de fer » !

7.

Elle aurait dû s'appeler « Louison »

***« Tout condamné à mort aura la tête tranchée. »* Le 25 septembre 1791, la Constituante vote cet article 3 du code pénal. L'initiateur de ce texte fondamental qui ne sera abandonné qu'en 1981 est un élu humaniste, le Dr Joseph Ignace Guillotin. Le bon médecin voulait que la France en finît avec les procédés barbares qui dépêchaient les condamnés dans un autre monde : pendaison, bûcher ou supplice de la roue. Mais il y avait aussi, chez ce démocrate, une volonté égalitaire : seuls les aristocrates avaient le privilège d'être décapités. La Révolution avait donc le devoir de mettre fin à cette discrimination, tout en procurant aux condamnés la mort la plus rapide et la plus douce.**

Restait à inventer la méthode qui permettrait d'accéder à cet incontestable progrès pour l'humanité. Dans son discours devant les députés, le Dr Guillotin a évoqué un « simple mécanisme ».

Et non sans un certain lyrisme, il a conclu : *«Messieurs, avec ma machine, je vous fais sauter la tête en un clin d'œil et sans que vous éprouviez la moindre douleur*[30]*.»*

Des députés ont ri. D'autres se sont gaussés. Une machine à exécuter, quelle curieuse idée ? Et il faudra attendre 1792 pour que se matérialise l'étrange projet du Dr Guillotin.

Avait-il déjà une idée du futur instrument qui portera son nom ? Sans nul doute. Mais médecin, il n'était pas mécanicien. Lorsque le moment fut venu, il dut par conséquent s'en remettre à d'habiles artisans et à l'un de ses confrères, le Dr Louis, un éminent anatomiste qui est le véritable inventeur de la guillotine. Une machine qui aurait donc pu s'appeler la «Louison» ou la «Louisette» !

Avant de prononcer ce discours qui allait faire date dans l'histoire de la justice française, Joseph Guillotin n'était pas sans mérites. Originaire de Saintes, médecin et professeur d'anatomie à la Faculté de Paris, il est déjà l'auteur de plusieurs traités politiques antérieurs à la Révolution. L'un d'eux qui préconise que le nombre des députés du tiers état représenté aux États Généraux soit au moins égal à ceux des deux autres ordres se voit infliger des poursuites judiciaires. Acquitté, il est presque naturellement élu député de Paris et des faubourgs lorsque vient 1789. Il se signale d'emblée en proposant à ses collègues de se réunir dans l'enceinte du Jeu de Paume après que le roi a fermé leur salle.

Mais c'est bien sûr son initiative sur l'usage égalitaire de la décapitation, qu'il présente dès 1789, qui accroît sa notoriété et lui attire de nombreuses critiques ou quolibets : comment, s'insurge l'abbé Maury, un parricide ou pis, un régicide, seraient traités comme des assassins ordinaires ! Sans même souffrir !

30. *Le Moniteur* du 2 décembre 1791.

L'injustice lui semble flagrante. Pourtant, c'est un journal satirique, *Les Actes des Apôtres*, qui contribue à sa célébrité et à la fortune (ou l'infortune) de son nom.

« Le Romain
Guillotin
Qui s'apprête
Consulte gens du métier,
Barnave et Chapelier[31]*,*
Même le coupe-tête,
Et sa main
Fait soudain
La machine
Qui simplement nous tuera
Et que l'on nommera
Guillotine… »

Le mot est lancé. Il fera florès, même si en réalité la machine devra peu aux spéculations du Dr Guillotin.

Mais en attendant que cette invention voie le jour et soit définitivement baptisée, les rieurs font assaut d'humour macabre. Si « machine à décapiter » ou « à décoller » paraissent trivial, on lui préfère « bécane », « rasoir national », « l'abbaye de monte-à-regret », « raccourcissement patriotique » ou la « Veuve », comme on nommait autrefois la potence[32].

Dès lors que la Constituante a voté en septembre 1791, il faut maintenant passer aux travaux pratiques. D'autant qu'un condamné à mort, Nicolas-Jacques Pelletier, voleur de grand chemin, est en attente d'exécution. Est-il humain de le laisser s'impatienter dans sa geôle, s'exclament les bonnes âmes ?

Le Peletier de Saint-Fargeau, ancien président à mortier au Parlement de Paris, est chargé de présenter un rapport.

31. Deux membres du Club des Jacobins.
32. Plus tard, après l'exécution de Louis XVI, on parlera aussi de « cravate à Capet ».

Il commence par consulter un homme de l'art, le célèbre Samson, exécuteur en titre et fort d'une longue expérience dans la manière de faire passer ses contemporains de vie à trépas.

Le bourreau est circonspect. Sa conscience professionnelle lui dicte un mémoire qu'il remet à son patron, le ministre de la Justice, Duport-Dutertre : *Mémoire d'observation sur l'exécution de la peine de tête tranchée avec la nature des différents inconvénients qu'elle présente.*

Alors que la machine imaginée par Guillotin n'existe pas encore et que son mécanisme n'a même pas été conçu, Charles-Henri Samson évoque ce qu'il connaît, c'est-à-dire la traditionnelle décollation au moyen d'une épée. Et il commente : *« Pour que l'exécution puisse se terminer selon l'intention de la loi, il faut que, sans aucun obstacle de la part du condamné, l'exécuteur se trouve encore être très adroit, le condamné très ferme, sans quoi l'on ne parviendra jamais à terminer cette exécution avec l'épée, sans qu'il arrive des scènes dangereuses. À chaque exécution, l'épée n'est plus en état d'en faire une autre ; étant sujette à s'ébrécher, il est absolument nécessaire qu'elle soit repassée et affilée de nouveau, s'il se trouve plusieurs condamnés à exécuter au même instant ; il faudra donc avoir un nombre d'épées suffisant et toutes prêtes. Cela prépare des difficultés très grandes et presque insurmontables*[33]. »

Et Samson de se plaindre : il ne possède que deux épées !

Enfin, le bourreau, plein de mansuétude pour ses « patients » expose que *« lorsqu'il y aura plusieurs condamnés à exécuter, la terreur que présente cette exécution, par l'immensité du sang qu'elle produit et se trouve répandu, portera l'effroi et la faiblesse dans l'âme du plus intrépide de ceux qui resteront à exécuter. Le sujet ne pouvant plus se soutenir, si l'on veut passer outre, l'exécution deviendra une lutte et un massacre. »*

Ces observations perspicaces débouchent sur une recommandation que les concepteurs de la guillotine retiendront : *« Il est donc indispensable, pour remplir les vues d'humanité que l'Assemblée*

33. Samson anticipe-t-il la Terreur et les exécutions à la chaîne qu'il devra effectuer ?

nationale s'est proposées, de trouver un moyen qui puisse fixer le condamné, au point que l'exécution ne puisse devenir douteuse, et par ces moyens, éviter les longueurs et en fixer la certitude. Par là, on remplira l'intention du législateur et on se mettra à couvert de l'effervescence publique.»

On l'aura compris, Samson, qui a décidément une âme sensible, ne veut guère jouer de l'épée. À la fois pour épargner des souffrances au condamné et pour se protéger lui-même des fureurs de la foule au cas où son arme viendrait à faillir et seulement à blesser le supplicié.

En ce début de l'année 1792, les dirigeants révolutionnaires se trouvent donc dans une impasse ; certains se souviennent alors opportunément de ce singulier «mécanisme» évoqué par le Dr Guillotin en 1789 qui avait alors tant amusé les députés. Se pourrait-il que le médecin possédât quelques plans de sa machine à couper en deux les hommes, selon la célèbre expression de Robert Badinter ?

Il revint au procureur général Roederer d'explorer cette question. Guillotin, que les moqueries de ses collègues parlementaires n'avaient guère contrarié, fut ravi qu'on lui rappelât son ancienne et trop brève célébrité. Il remit ses notes au magistrat. Roederer en prit connaissance, les jugea par trop succinctes et s'en ouvrit à un autre médecin réputé, Antoine Louis, qui était de surcroît un compatriote, né comme lui à Metz.

Septuagénaire, chirurgien aux armées puis professeur de physiologie et d'anatomie à la Salpêtrière, le Dr Louis, secrétaire perpétuel de l'Académie de chirurgie, faisait autorité. Il avait formé des générations de praticiens et toujours donné l'exemple d'un expérimentateur inventif et audacieux. L'illustre médecin s'empara du problème qui lui était posé avec une sorte de gourmandise. Une semaine seulement après avoir rencontré Roederer, il lui remit un rapport intitulé *Avis motivé sur le mode de décollation* qui était un modèle de raisonnement et de réflexion scientifiques.

Louis, à qui l'on avait communiqué le mémoire de Samson, remarquait d'abord que les observations du bourreau étaient fort pertinentes. Il en donnait pour preuve la malheureuse exécution de M. de Lally-Tolendal. Ce condamné, agenouillé sur l'échafaud, les yeux bandés, avait été frappé à la nuque par ce même Samson qui était déjà l'exécuteur en titre. Mais la tête n'avait pas été séparée du corps : cela ne se pouvait en raison de la position verticale du supplicié[34]. D'où cette première conclusion : pour éviter que l'exécution n'expose un criminel à un sort plus affreux que la simple privation de la vie, il faut qu'elle soit effectuée en un instant et d'un seul coup.

Le Dr Louis s'attela donc ensuite à l'étude du mode d'action des instruments tranchants qui, constatait-il, n'ont que peu d'effets lorsque le coup est porté perpendiculairement. Un examen microscopique des lames montre qu'elles ne sont que des scies plus ou moins fines qui, pour être efficaces, doivent glisser sur le corps à diviser. Par conséquent, le tranchant ne doit pas être droit mais convexe, à l'image des anciennes haches d'arme.

L'observateur laisse ensuite la place au médecin féru d'anatomie. La colonne vertébrale étant dure et ne comportant aucun joint au niveau du cou, on ne peut faire confiance pour opérer une prompte division du corps à un agent humain dont l'adresse et la force sont forcément changeantes. Il faut donc recourir à un procédé mécanique, invariable par nature. Et Louis se référant à ce qui est pratiqué en Angleterre, de proposer sa solution : *« Le corps du criminel est couché sur le ventre entre deux poteaux barrés par le haut par une traverse d'où l'on fait tomber sur le cou la hache convexe au moyen d'un déclic. Le dos de l'instrument doit être assez fort et assez lourd pour agir efficacement comme le mouton qui sert à enfoncer*

34. Sous le coup, le corps avait basculé en avant. Et c'est en donnant trois ou quatre nouveaux coups d'épée que le bourreau put enfin achever son œuvre.

des pilotis : on sait que sa force augmente en raison de la hauteur d'où il tombe. Il est aisé de faire construire une pareille machine, dont l'effet est immanquable ; la décapitation sera faite en un instant, suivant l'esprit et le vœu de la nouvelle loi.»

En quelques phrases, le Dr Louis a donc inventé la guillotine. Les députés, soulagés, ont accueilli avec faveur cet avis autorisé. Le pouvoir exécutif est autorisé à engager les frais nécessaires pour la construction de la machine.

Il fut encore demandé au médecin, dont les connaissances mécaniques étaient décidément étonnantes, d'établir le cahier des charges destiné au charpentier Guidon, fournisseur habituel des bois de justice. Sa description de la machine et de ses différentes pièces est d'une extrême précision et mérite d'être citée *in extenso* :

«Elle comportera deux montants parallèles en bois de chêne de la hauteur de dix pieds, joints en haut par une traverse et montés solidement sur une sole, avec des contrefiches de côté et par-derrière. Ces deux montants seront, à un pied de distance, et auront six pouces d'épaisseur ; à la face interne de ces montants sera une cannelure longitudinale, carrée, d'un pouce de profondeur, pour recevoir les oreillons d'un tranchoir. À la partie supérieure de chacun de ces montants, au-dessous de la traverse et dans leur épaisseur, sera placée une poulie de cuivre.

«Le tranchoir de bonne trempe, de la solidité des meilleurs couperets, fait par un habile taillandier, coupera par sa convexité. Cette lame tranchante aura huit pouces d'étendue transversale et six de hauteur. Le dos de cette lame coupante sera épais comme celui d'une hache ; sous ce dos seront par le forgeron pratiquées des ouvertures pour pouvoir, avec des cerceaux de fer, fixer sur ce dos un poids de trente livres ou plus ; si dans les essais on trouvait convenable de rendre plus lourde la masse de cette espèce de mouton, ce poids sera garni d'un anneau de fer dans son milieu. Le tranchoir devant glisser de haut dans les rainures des deux montants, son dos aura un pied en travers plus deux oreillons carrés d'un pouce de saillie, pour entrer dans ces rainures.

«Une corde assez forte et d'une longueur suffisante, passera dans l'anneau et soutiendra le tranchoir sous la traverse supérieure : chaque bout

de cette corde sera engagé de dedans en dehors sur la poulie correspondante, et sera arrêté extérieurement vers le bas de chaque montant.

« Le billot de bois sur lequel doit être posé le col du patient aura huit pouces de haut et quatre pouces d'épaisseur. Sa base aura un pied de largeur, mesure de la distance des deux montants ; une cheville amovible traversera chaque montant et fixera de chaque côté ledit billot par sa base. La partie supérieure de ce billot n'aura que huit pouces de largeur. Elle sera creusée supérieurement d'une gouttière, pour recevoir le bord tranchant du couperet convexe. Ainsi les rainures latérales internes des deux montants ne doivent pas s'étendre plus bas que cette gouttière par le tranchoir. La partie supérieure du billot sera légèrement échancrée pour loger à l'aise le col du patient.

« Mais pour assujettir la tête et qu'il ne puisse la relever au moment de l'exécution, il faut qu'un croissant de fer, en manière de fer à cheval, bien arrondi par ses bords, embrasse le col du patient au haut de la nuque, là où finit le cuir chevelu, et que les extrémités de ce croissant assez prolongées soient percées pour être assujetties par un boulon qui traversera la base de la partie supérieure du billot dont l'épaisseur est de quatre pouces. Le patient couché sur le ventre, aura la poitrine soulevée par ses coudes, et son col sera placé sans gêne dans l'échancrure du billot. Toutes choses bien disposées, l'exécuteur placé derrière la machine pourra réunir les deux bouts de la corde qui soutient le tranchoir, et les lâchant en même temps, cet instrument tombant de haut par son poids et l'accélération de la vitesse, séparera la tête du tronc, en un clin d'œil. »

Exactement, comme l'avait prédit plaisamment Guillotin devant ses collègues.

Muni de toutes ces instructions, Guidon établit son devis. L'addition est salée : cinq mille six cent soixante livres. Même si le charpentier, qui a l'esprit commerçant, fait valoir que les futures machines[35] construites sur ce modèle coûteront beaucoup moins cher. Il n'empêche que Clavière, ministre des Contributions publiques, pousse les hauts cris. Pas question d'engager une somme aussi faramineuse !

35. L'ambition des députés est de doter chaque département d'une machine.

L'ingénieux Samson sauve la situation. Ne compte-t-il pas parmi ses amis un excellent homme, un facteur de clavecins allemand, qui s'offre à construire la machine à décapiter pour un prix défiant toute concurrence ? Ce Schmidt étudie le descriptif du Dr Louis, calcule et propose son prix : neuf cent soixante livres ! Il emporte le marché.

Le facteur de clavecins se met aussitôt à l'ouvrage. Le temps presse : le condamné à mort Pelletier se morfond dans sa prison !

Déjà, Louis se préoccupe de pratiquer des essais. Il fait appel à l'un de ses bons confrères, Michel Cullerier, chirurgien de l'hôpital général de Bicêtre. Ce dernier est enchanté et même enthousiaste. Il se fera un devoir de mettre à sa disposition, au moment où il plaira au Dr Louis, quelques cadavres de malheureux morts dans son établissement. Il précise que si la hauteur de la machine ne permet pas de l'installer dans l'amphithéâtre, il a l'usage d'une petite cour fermée où l'expérimentation pourra s'effectuer en toute discrétion. Enfin, cet estimable chirurgien ajoute qu'à cette occasion, il lui serait agréable d'offrir une collation à son « invité » et à ceux qui l'accompagneront.

Schmidt fit diligence. En accord avec Louis, il procéda à quelques modifications : la hauteur des montants fut ainsi portée à quatorze pieds[36]. Montée dans la cour du facteur de clavecins, la machine trancha quelques bottes de paille et fit la démonstration de son efficacité en coupant le cou d'un mouton vivant.

Le 17 avril 1792, l'étape suivante conduisit le Dr Louis à Bicêtre. S'y rendirent avec lui Samson, Roederer, Schmidt et une brillante et nombreuse compagnie parmi laquelle figuraient le philosophe Cabani, l'aliéniste Pinel et Guillotin que son confrère avait eu la délicatesse d'inviter.

36. Quatre mètres cinquante.

Cullerier fournit trois cadavres dont celui d'une fille publique. La machine fonctionna à merveille et trancha net. Le verre à la main, on se congratula. Seul Samson, qui serait le premier opérateur de la guillotine sur des vivants, se risqua à murmurer : *« Belle invention ! Pourvu qu'on n'abuse pas de la facilité ! »*

L'heure de Pelletier était enfin venue. Son exécution fut fixée au 25 avril. Samson disposa donc de quelques jours pour faire connaissance avec cette machine qui allait bientôt être sa compagne de tous les jours quand viendrait la Terreur. Malgré l'absence de notoriété du condamné, les Parisiens se précipitèrent en masse place de Grève. Charles-Henri Samson, aidé de son fils et de son valet, procéda avec méthode et célérité, en dépit du trac qui le saisit au moment de donner sa première représentation publique. Pelletier fut ligoté sur la planche à bascule placée en position horizontale et sa tête fut engagée sous la lunette. Le bourreau tira sur la cordelette qui retenait le couperet. En une fraction de seconde, celui-ci tomba de toute sa hauteur. Et la tête de Pelletier chut dans le panier.

« Comment ! C'est déjà fini ! » La foule n'avait pas eu son comptant de spectacle. Elle se rattraperait plus tard avec le nombre d'exécutions.

Le Dr Louis, le véritable concepteur de la machine à décapiter, ne survécut que quelques jours à son invention : il s'éteignit le 20 mai 1792.

Par la suite, quelques modifications mineures furent apportées à la guillotine dont plusieurs exemplaires rejoignirent les tribunaux départementaux. Le consciencieux Samson tint à familiariser lui-même ses collègues de province à l'utilisation de la machine. Mais sa célébrité dépassa les limites de la France et devint européenne puisque des bourreaux de toutes les nations demandèrent qu'il leur prodiguât des conseils avisés.

Quant à Joseph Guillotin, qui donna presque malgré lui son nom à la funeste machine, il paraît que sa vieillesse en fut affligée.

Non seulement sa carrière politique avait été affectée du fait de porter ce redoutable patronyme mais il se rendait compte que son désir de soulager l'humanité avait en fait contribué à ôter la vie à un nombre considérable de ses concitoyens.

Notons enfin que le dernier d'entre eux fut exécuté en septembre 1977, sous la présidence de Valéry Giscard d'Estaing qui avait refusé de le gracier. Quatre ans plus tard, la guillotine, dont il existe encore trois exemplaires en France, fut conduite au rebut.

8.

Le petit tambour d'Arcole

Le héros n'était pas celui qu'on pensait. Mais qu'importe ! La propagande a pris le relais. L'épisode a été magnifié, quitte à prendre quelques libertés avec la vérité. Il reste après coup cette image superbe[37] qui a enthousiasmé l'opinion et s'est affichée dans toutes les écoles de France : le général républicain Bonaparte, cheveux au vent, ceinturé de soie tricolore, drapeau dans une main, sabre dans l'autre, lance un regard farouche à l'intention des soldats que l'on devine derrière lui et, déterminé, avance sur un frêle pont de bois... Et il nous semble entendre son adresse à la troupe qui hésite devant l'ennemi :

« *N'êtes-vous pas les soldats de Lodi ?* »

La légende était née. La République devait la victoire d'Arcole à ce fier général qui précédait ses hommes et leur insufflait son propre courage.

---

37. Peinture du baron Antoine-Jean Gros.

Les images, pourtant, ne mentaient pas totalement. Sur un autre tableau[38], c'est un second général, Augereau, qui s'est emparé du drapeau. Derrière lui, se tient un minuscule gamin, visage de chérubin aux longs cheveux blonds, tambour accroché dans le dos : André Estienne, le véritable héros du pont d'Arcole !

En novembre 1796, la campagne d'Italie en est déjà à son huitième mois. Au printemps, Bonaparte, général en chef et jeune marié de vingt-six ans, lance ses troupes dans les Alpes ligures et vainc définitivement en quelques semaines les armées piémontaises à l'issue de la bataille de Lodi. La riche plaine du Pô s'ouvre à ses troupes. Bientôt, le futur empereur établit le pouvoir de la République sur la capitale lombarde, Milan. Reste à se débarrasser des Autrichiens qui campent devant la citadelle de Mantoue, une ville qui commande l'accès vers le sud et l'est. Dix-neuf mille Français vont devoir s'opposer à vingt-cinq mille ennemis sous les ordres du général Alvinszy.

Le terrain des futures batailles est malaisé. Entre les rivières Adige et Alpone qui descendent des Alpes, strié de multiples canaux d'irrigation, il est aussi semé de nombreux marais. Les soldats sont donc obligés d'avancer sur les digues et d'emporter les ponts, seuls points de passage pour aller affronter l'Autrichien.

Le 11 novembre, le généralissime adresse une brûlante harangue aux hommes de son armée :

« *Quand le tambour aura battu et qu'il faudra marcher droit à l'ennemi, la baïonnette en avant, et dans ce morne silence garant de la victoire, soldats ! songez à être dignes de vous ! Je ne vous dis que deux mots, ils suffisent à des Français : Italie, Mantoue ! Faisons encore une fois ce que nous avons fait si souvent, et l'Empire*[39] *ne nous contestera pas le titre de la plus brave et de la plus puissante nation du monde !* »

38. Tableau de Charles Thévenin..
39. L'Empire autrichien.

Au premier jour de la bataille, Augereau, adjoint de Bonaparte, conduit ses troupes vers le pont d'Arcole. Il lui faut s'emparer de ce modeste ouvrage d'art afin de passer sur la rive gauche de l'Alpone où ont pris position les Autrichiens dans le petit village d'Arcole, déserté par ses habitants. Mais Augereau échoue. Le fougueux Bonaparte décide de prendre personnellement la responsabilité de l'assaut. S'emparant du drapeau d'un bataillon de grenadiers, il s'engage sur le pont, plante la hampe sur le tablier en bois du pont. Cependant, lorsqu'il se retourne, il ne peut que constater que la troupe ne l'a point suivi. Bonaparte, seul, cible de la mitraille de l'ennemi, doit battre en retraite. Il court, trébuche et choit dans la boue d'un chenal. Des soldats se précipitent enfin et extraient de la vase un général en chef aussi fangeux que furieux. Maîtrisant à peine sa déconvenue et son humiliation, Bonaparte saute sur un cheval qu'il éperonne et galope vers Ronco où il a établi son état-major.

Bravant le froid et l'humidité, les soldats de la République ne renoncent pas à prendre le pont d'Arcole. Le 16 novembre, André Estienne entre en scène.

Le petit tambour provençal a tout juste 18 ans. Un cousin lui a appris le jeu des baguettes pendant la fête des vendanges de 1788. Quatre ans plus tard, un terrible hiver s'abat sur le Vaucluse : oliviers et vignes ont gelé. André Estienne, pour soulager sa modeste famille, tente de s'engager dans l'armée. Son jeune âge et sa petite taille le désignent plutôt pour la Garde nationale. À l'École militaire, il perfectionnera son art, non point pour orner les défilés de sa musique mais pour battre la charge devant l'ennemi.

1792, la patrie est en danger. L'ennemi est aux portes de la France. La jeune République lève une armée de sans-culottes ! Cadenet, la bourgade natale d'Estienne, doit envoyer neuf volontaires. Le petit tambour est le dernier de la liste. Mais à Aix-en-Provence, la commission d'incorporation fait la moue en observant l'adolescent : André ne mesure que 4 pieds, 5 pouces (1,45 m) alors que la taille minimum requise est de 5 pieds (1,65 m). Son tambour le sauve. Il sera soldat.

Il participe à un premier engagement en Sardaigne. Les jeunes recrues, mal entraînées et commandées, se font sévèrement étriller et laissent des centaines de morts sur le terrain. Estienne est sauf. La campagne d'Italie l'attend. Le général Biron, qui a entrepris de former une compagnie d'élite de grenadiers, l'incorpore en tant que tambour.

Le 15 novembre, près du pont d'Arcole, le jeune homme assiste à la baignade improvisée du général Bonaparte. Les Autrichiens essaient d'en profiter pour occuper le pont. Mais les grenadiers de l'unité du petit tambour ripostent. On se mitraille de part et d'autre jusqu'à 11h du soir sans obtenir de résultat.

Le lendemain, Bonaparte est de retour. Il faut en finir avec ce maudit pont d'Arcole. Puisqu'on ne peut s'en emparer en marchant dessus, le général ordonne à ses grenadiers de se mettre à l'eau afin de gagner l'autre rive à la nage. Harnaché de son tambour attaché dans son dos, André Estienne est parmi les premiers à se jeter dans les flots tourmentés de la rivière. Lorsqu'il prend pied de l'autre côté, il se saisit de son instrument et, précédant son chef, le sous-lieutenant Ramaud, il avance vers l'ennemi en battant la charge, malgré les balles qui sifflent à ses oreilles. Bientôt, l'Autrichien, croyant que l'intrépidité du jeune tambour signifie l'arrivée d'un nouveau bataillon, prend peur, rompt les rangs et fuit. Derrière, le pont d'Arcole est pris sans coup férir. Les troupes françaises peuvent déferler sur la rive opposée de la rivière et emporter la bataille en laissant sur le terrain huit mille ennemis tués ou blessés.

Sans attendre bien longtemps, Bonaparte décida que cette bataille du pont d'Arcole ajouterait à sa gloire. Il convoqua le peintre Antoine Gros qui suivait l'armée d'Italie et que lui avait récemment présenté sa jeune épouse, Joséphine de Beauharnais. D'un pinceau habile et flagorneur et après quelques brèves séances de pose, le futur baron immortalisa la scène hagiographique que nous connaissons, où figure le seul Bonaparte, et qui à l'époque, communication oblige, fut reproduite à des centaines d'exemplaires sur des assiettes, des porcelaines et maintes gravures.

Cependant, le petit tambour eut aussi son heure de gloire picturale : Charles Thévenin le représente derrière le général Augereau sur le célèbre pont et Horace Vernet, dans sa *Bataille du pont d'Arcole*, le fait suivre directement le futur Empereur. De la même façon, le sculpteur David d'Angers lui rend hommage au fronton du Panthéon où André Estienne se trouve derrière le grenadier Trompe-la-mort qui veille sur le général Bonaparte.

Au reste, bien que Napoléon lui ait dérobé une part de sa gloire, le petit tambour n'a jamais été oublié par son grand homme. En 1804, lors du sacre, il fut le seul tambour à pénétrer dans l'enceinte de Notre-Dame et il eut le privilège de jouer *Aux Champs* pour le nouveau souverain. Peu après, aux Invalides, il reçut la Légion d'honneur devant mille huit cents soldats et officiers des armées impériales. Mais c'est sans doute sa petite patrie natale qui lui a rendu le plus bel hommage : sur une place de Cadenet, la statue en bronze d'Estienne[40] franchit pour l'éternité le pont d'Arcole en courant et battant la charge.

40. Œuvre de Jean Barbabé.

9.

Une catastrophe opportune : l'explosion du cuirassé Maine

15 février 1898, port de La Havane. La nuit est tombée depuis longtemps. Il est 21h40. Soudain, une violente explosion secoue toute la rade. Les fenêtres des maisons de la ville sont soufflées. Dans le port, le cuirassé américain *Maine* est en flammes. Touché à mort, il coule rapidement. Deux cent cinquante-deux marins, prisonniers des tôles calcinées, périssent, brûlés ou noyés. Huit autres, secourus mais grièvement blessés, mourront un peu plus tard.

Aux États-Unis, l'émotion est intense. Les journaux de la grande presse réclament vengeance. Car, pour eux, il ne peut y avoir de doutes : c'est l'Espagne, puissance coloniale régnant férocement sur Cuba, qui a commis cet acte barbare ! Afin de punir les Américains qui manifestent leur sympathie pour les insurgés cubains et menacent d'intervenir au nom des droits de l'homme.

Deux mois plus tard, ce sera la guerre !

La question était pendante depuis plusieurs années. La répression aveugle de la rébellion cubaine par les autorités coloniales espagnoles et la misère des opprimés révulsaient une partie de l'opinion états-unienne. Pour venir à bout des révolutionnaires qui réclamaient l'indépendance de leur île, le général Valeriano Weyler avait inauguré un système qui allait malheureusement faire florès tout au long du siècle qui allait suivre : le regroupement forcé de la population derrière des fils de fer barbelés. Dans ces « camps de concentration », les conditions de vie étaient si terribles qu'on estime que deux cent mille Cubains y succombèrent, soit le huitième des habitants de l'île.

L'horreur suscitée par les atrocités espagnoles était exploitée à l'envi par deux journaux en mal de sensationnalisme, le *New York World* de Joseph Pulitzer et le *New York Journal* de William Randolph Hearst. Ce dernier n'hésitait pas à en rajouter sur la réalité de la cruauté espagnole, quitte à inventer par exemple des cas d'anthropophagie. À l'un de ses journalistes-illustrateurs, qui considérait que les événements de La Havane ne méritaient pas une intervention armée et demandait à être rappelé, le magnat de la « presse jaune » a répliqué : *« Fournissez les images et moi je vous fournirai la guerre ! »*

La guerre, en effet. Que réclamaient de façon de plus en plus pressante ces deux quotidiens rejoints par nombre de périodiques protestants qui voyaient dans un conflit ouvert avec l'Espagne l'occasion de donner une leçon à ces colonisateurs catholiques et à leur prêtres si proches des côtes de la Floride.

Les milieux économiques et financiers étaient beaucoup plus partagés. Si certains banquiers redoutaient qu'une guerre éventuelle compromît la reprise amorcée depuis l'année précédente et menaçât la stabilité monétaire, d'autres hommes d'affaires, qui avaient déjà investi des sommes considérables à Cuba, souhaitaient que fussent chassés les Espagnols afin de les remplacer et de gagner de nouvelles parts de marché.

Enfin, dans son ensemble, le monde politique était plutôt attentiste. Comme son prédécesseur Cleveland, le président McKinley, élu en 1896, campait sur des positions extrêmement prudentes. S'il regretta que Madrid ne donnât pas suite à sa proposition d'acheter l'île pour trois cent millions de dollars, il ne manqua pas d'afficher sa satisfaction lorsque le gouvernement espagnol annonça en 1897 un programme de réformes à Cuba : renvoi du « boucher » Weyler, obtention par les autochtones des mêmes droits que les Espagnols, éventuelle autonomie de l'île. Autant de promesses qui ne suffirent pas à calmer les indépendantistes mais confortèrent le pacifisme de la Maison Blanche.

Toutefois, la situation n'allait pas tarder à s'envenimer. Il y eut d'abord, en janvier 1898, une émeute à La Havane qui mit en danger des citoyens états-uniens. À la suite de ces incidents, en accord avec le gouvernement espagnol, Washington décida d'envoyer à Cuba le fleuron de sa marine, le cuirassé *Maine*, mis en service seulement trois ans plus tôt. Cette visite de courtoisie, qui devait connaître une fin tragique, visait tout autant à rassurer les résidents états-uniens de Cuba qu'à opérer une démonstration de force.

Puis, début février, le *New York Journal* publia une lettre privée de l'ambassadeur d'Espagne à Washington, sans doute interceptée par des partisans de l'indépendance cubaine, dans laquelle ce diplomate, Enrique Dupuy de Lôme, traitait le président américain de *« faible et de médiocre »*. C'était pourtant le même homme qui, quelques jours plus tôt, avait assuré McKinley de son estime et de son dévouement à la cause de l'amitié hispano-américaine.

Une nouvelle fois, la presse populaire s'enflamma. L'insulte était patente. Elle méritait une réponse énergique. Seule une intervention militaire permettrait de laver l'offense. Déjà, les politiciens les plus déterminés, tel Théodore Roosevelt, sous-secrétaire à la Marine, prônaient le blocus de Cuba et la préparation d'une offensive aux Philippines, l'une des dernières colonies de l'empire espagnol.

Dupuy de Lôme démissionna avant même que Washington ne l'exigeât, tandis que Madrid présenta ses excuses. Mais la fracture était désormais bien réelle entre les deux puissances.

C'est dans ce climat de tension que, huit jours après la publication de la lettre de l'ambassadeur, les Américains apprirent l'explosion du *Maine* et son cortège de morts. À la stupeur succède la colère – le drame ne peut avoir été causé que par un acte belliqueux des Espagnols – tandis que le gouvernement ordonne un deuil national de plusieurs jours. Chaque jour, la presse jaune consacre plusieurs pages à l'événement, exige la guerre et clame : *«Remember the* Maine. *In Hell with Spain*[41] *!»*

La réaction officielle est pourtant mesurée. McKinley, très éprouvé, déclare qu'il a déjà vu une guerre (la guerre de Sécession) et ses entassements de morts. Il ne veut pas en voir une autre. Il faut d'abord trouver la vérité et éviter de se venger avant de la connaître. À cet effet, une commission d'enquête est envoyée à Cuba.

Pour sa part, Madrid nie toute responsabilité dans la catastrophe du *Maine*. Les autorités espagnoles rappellent, non sans raison, que ces nouveaux cuirassés ne sont pas encore des bâtiments fiables mais de véritables bombes flottantes. C'est donc un accident qui a provoqué la perte du navire.

Mais aux États-Unis la fièvre ne retombe pas. Le 25 févier, profitant d'une absence momentanée de son secrétaire à la Marine, épuisé, Théodore Roosevelt prend sur lui d'ordonner un certain nombre de mesures bellicistes. Il commande au Commodore Dewey, responsable de l'escadre du Pacifique, de

---

41. *«Souvenez-vous du* Maine. *L'Espagne en enfer !»*

faire route vers les Philippines dans la perspective d'une guerre avec l'Espagne. Puis il passe commande de quantités énormes de munitions et demande au Congrès l'autorisation de recruter des marins. Enfin, pour prouver son propre engagement, il annonce son intention d'être mobilisé en cas de guerre.

Quand John Long regagne le lendemain son bureau et découvre les initiatives de Roosevelt, il est fou furieux. Mais il lui est impossible de faire machine arrière. McKinley lui-même se résout à approuver les décisions de son impétueux sous-secrétaire, tant il subit la pression de plus en plus forte du parti de la guerre. À cela s'ajoute des raisons purement politiciennes : en cette année d'élections de mi-mandat, le président républicain ne peut faire preuve de faiblesse face à une opposition démocrate qui a pris parti pour l'indépendance de Cuba.

Cependant, toujours désireux d'éviter un conflit armé, il obtient de nouvelles concessions du gouvernement espagnol. Sauf la plus importante : Madrid se refuse toujours à se séparer de sa colonie caribéenne.

Le 8 mars, sans même que le président le lui demandât, le Congrès vote à une très large majorité un crédit de cinquante millions de dollars destiné aux forces armées. La construction de trois cuirassés, de seize torpilleurs et destroyers est immédiatement ordonnée.

Un nouveau pas est franchi le 17 mars lorsque le sénateur Proctor, un proche de McKinley, se prononce en faveur d'une intervention rapide au nom du million et demi de Cubains qui subissent le joug espagnol et se battent pour leur liberté. « *Remember the* Maine » répètent jour après jour les manchettes de la presse Hearst. Lors des réunions de cabinet, le bouillant Roosevelt ne cesse de mettre en avant les futurs acquis d'une guerre avec l'Espagne : non seulement Cuba mais les Philippines pourraient tomber dans l'escarcelle des États-Unis. La possession de cet archipel du Pacifique, à mi-chemin du Japon, permettrait d'y installer une base américaine permanente. Le président est ébranlé. Peut-il encore tergiverser ?

Il n'est jusqu'aux conclusions de la commission d'enquête pour emporter la conviction de McKinley : c'était une mine sous-marine qui a provoqué le naufrage du *Maine*. Une expertise aussitôt contredite par les Espagnols qui en tenaient toujours pour une avarie d'origine interne.

Si le parti de la guerre avait fini par l'emporter à la Maison Blanche, il restait pourtant à peaufiner les arguments justifiant l'intervention américaine. Hypocritement, la morale vint au secours du droit : la cause des indépendantistes cubains était juste puisqu'en se rebellant ils ne faisaient que reproduire ce qu'avaient accompli les insurgés américains de 1776 désireux d'échapper à la tutelle britannique. En les soutenant, les États-Unis ne violeraient donc aucune loi internationale ni même divine.

Convaincu de la détermination américaine, le gouvernement espagnol en appela aux pays européens. Si certains demandèrent à Washington de choisir la négociation plutôt que la force, aucun n'accepta de soutenir Madrid de peur de fâcher la grande puissance émergente d'outre-Atlantique.

Le 11 avril, les États-Unis lancèrent en vain un ultimatum à l'Espagne, exigeant qu'« *au nom de la protection des droits humanitaires de la population cubaine réprimée de façon cruelle et barbare* », l'indépendance de l'île fût reconnue. Huit jours plus tard, saisi par le président McKinley, le Congrès approuva à une très forte majorité la déclaration de guerre. Toutefois, la résolution adoptée écartait la possibilité de toute intention américaine d'exercer la souveraineté sur l'île[42].

42. La réalité fut tout autre. Après la guerre hispano-américaine de 1898, les troupes des États-Unis occupèrent l'île jusqu'en 1902, date à laquelle l'indépendance fut accordée. Mais, en vertu de l'amendement Platt, les Américains gardaient la possibilité d'intervenir militairement à Cuba si sa stabilité était menacée. En outre, ils obtenaient la possibilité d'y établir deux bases, dont celle de Guantanamo, toujours contrôlée par Washington. L'île demeura sous stricte influence américaine jusqu'à la prise du pouvoir par Fidel Castro en 1959.

Le 21 avril, les relations diplomatiques entre les deux pays furent rompues. Dès le lendemain, McKinley lança un appel à la mobilisation de cent vingt-cinq mille volontaires, chargés de renforcer l'armée de métier qui ne regroupait que vingt-huit mille hommes, tandis que Roosevelt obtint enfin l'autorisation de s'engager.

Paradoxalement, le premier acte de guerre n'eut pas lieu à Cuba, qui était pourtant le prétexte de l'ouverture du conflit. Le 1er mai, l'escadre commandée par Dewey attaqua par surprise la flotte espagnole du Pacifique amarrée dans la baie de Manille. Presque tous les bâtiments furent coulés et des centaines de marins périrent. Le *Maine* était vengé !

Le combat pour Cuba demanda une longue préparation et fut effectué dans des conditions souvent brouillonnes : soldats peu entraînés, fusils démodés, uniformes de laine mal adaptés au climat tropical. Seul fit exception un régiment de mille hommes commandés par Théodore Roosevelt, les *Rough Riders* (les rudes cavaliers), soumis à une formation intensive. Le corps expéditionnaire américain débarqua enfin le 20 juin 1898. Les dix-sept mille soldats qui le composaient allaient avoir affaire à forte partie. L'Espagne disposait sur l'île de deux cent mille hommes.

Malgré leur infériorité numérique, les Américains, appuyés par leur marine qui, dès le début des combats, coula par le fond les vaisseaux de l'ennemi, se battirent avec héroïsme malgré une issue qui demeura longtemps incertaine. Les *Rough Riders*, en particulier, remportèrent une victoire décisive à San Juan. Au total, les forces américaines perdirent plus de cinq mille hommes, mais les victimes espagnoles furent dix fois plus nombreuses.

Le 12 août, Madrid accepta la signature d'un accord de paix préliminaire, à l'heure même où Manille se rendait aux Américains. Les hostilités cessèrent aussitôt. Mais quelques mois plus tard, en décembre, ce fut le traité de Paris qui consacra la paix. Les conditions imposées à l'Espagne étaient draconiennes : le royaume ibérique, tout en reconnaissant l'indépendance de Cuba, cédait aux États-Unis les Philippines, Porto-Rico, Guam. Seule compensation : Washington s'engageait à verser vingt millions de dollars à Madrid. Le prix du véritable dépeçage d'un empire ! Mais le vrai scandale était ailleurs : aucun représentant des insurgés cubains ou philippins ne fut associé à la négociation. Et une seule phrase dans la rédaction finale du traité mentionnait que leurs droits civiques et leur statut politique seraient déterminés par le Congrès des États-Unis ! Bientôt, les libérateurs seraient considérés comme de nouveaux oppresseurs.

Le cuirassé *Maine*, dont l'épave reposant dans la rade de La Havane constituait un danger pour la navigation maritime, fut renfloué en 1910 par les ingénieurs de la Navy, puis remorqué au large et définitivement coulé. L'occasion de percer le mystère de l'explosion qui causa sa perte fut donc manquée ou négligée.

Il fallut attendre 1976 pour qu'un expert, l'amiral américain Hyman Rickover, l'homme qui avait lancé le programme de sous-marins nucléaires de l'US Navy, publiât une étude sur le sujet. Il conclut que la poussière de charbon accumulée dans les soutes avait généré une combustion spontanée. Il s'agissait d'un accident, la responsabilité des Espagnols n'était donc pas engagée. C'était pourtant sur la certitude que le naufrage du *Maine* résultait d'un acte hostile de Madrid que la guerre hispano-américaine avait éclaté, après que la propagande belliciste de la presse avait préparé l'opinion au déclenchement du conflit.

Certains historiens mirent en doute les conclusions de Rickover. Pour eux, il était douteux que le danger n'eût pas été détecté par le commandement du navire. Ils en tenaient pour le sabotage ou même, hypothèse gravissime, pour une manœuvre scélérate destinée à rallier l'opinion américaine à la guerre.

Pour en avoir le cœur net, la *National Geographic Society* finança par la suite une expédition de plongée sur l'épave du *Maine*.

Le rapport qui en résulta après plusieurs exercices de modélisation informatique n'est rien moins qu'ambigu : s'il semble avéré qu'un feu de charbon a bien couvé dans les soutes, provoquant ensuite l'explosion des munitions qui se trouvaient à bord, les dommages causés à la coque inférieure ont vraisemblablement été causés par une mine externe.

Le mystère n'est donc toujours pas résolu. Mais on ne manquera pas de remarquer que la catastrophe du *Maine* est arrivée à point nommé pour tous ceux qui désiraient chasser définitivement l'Espagne du continent américain.

Fin 1900, le président McKinley, qui a formé un ticket avec Theodore Roosevelt, est réélu. Il s'agit de la plus grande victoire républicaine depuis l'élection du général Grant. En mai 1901, McKinley tombe sous les balles d'un anarchiste. Le vice-président Roosevelt prête serment. Le vingt-sixième président des États-Unis est aussi le plus jeune de l'histoire de son pays : le héros de San Juan n'a que quarante-deux ans !

10.

Les Protocoles des Sages de Sion

Jamais un faux n'a connu un tel succès historique ! Ce qui aurait dû rester ce qu'il était, c'est-à-dire un mauvais roman-feuilleton né de l'imagination d'un cerveau embrumé, nourri d'obscures références littéraires empruntées au mysticisme des XVIIIe et XIXe siècles, est pourtant devenu un texte qui rivalise mondialement en terme d'édition avec *La Bible*. Non seulement, il a inspiré les entreprises les plus maléfiques du XXe siècle mais, aujourd'hui encore, il fait florès dans les milieux antisémites et il est l'objet de nombreuses rééditions dans les pays musulmans. Souvent avec l'assentiment, sinon l'encouragement, des dirigeants de ces États.

Ce brûlot fantasmagorique, ce sont *Les Protocoles des Sages de Sion*. Son histoire est celle de l'une des mystifications les abouties de l'Histoire. Même si cette réussite nauséabonde a certainement dépassé les ambitions originelles de son ou ses auteurs.

Au début se trouve un jeune avocat français, Maurice Joly. Hostile à Napoléon III dont il vomit les méthodes dictatoriales, il publie des libelles qui vitupèrent la tyrannie impériale et l'affairisme du régime. Ce qui lui vaut de connaître régulièrement la prison et finit par l'inciter à une prudence toute relative. En 1864, c'est donc à Bruxelles qu'il fait imprimer son dernier pamphlet, un dialogue imaginaire entre Montesquieu et Machiavel. La farce n'abuse personne : Montesquieu-Joly y critique violemment le cynique Machiavel-Napoléon III, qui fait fi de la morale et de l'honnêteté pour arriver à ses fins. Et dès que les premiers opuscules arrivent frauduleusement en France, l'avocat retourne en prison.

Lorsque Joly meurt en 1878, sous une Troisième République naissante, tout le monde a oublié ses aventures pénales et ses publications. Tout le monde[43] sauf un exilé russe qui a connu au *Figaro* le fils de Joly, Charles. Ce pseudo-journaliste, Mathieu Golovinski, est en réalité un affidé du représentant en France de la police secrète du tsar, l'Okhrana.

Ce dernier, Pierre Ratchkovski, est un policier efficace et ambitieux qui doit en particulier surveiller les menées des révolutionnaires russes présents en France. Mais il sait aussi à l'occasion fabriquer des bombes et perpétrer des attentats qui sont ensuite imputés aux nihilistes ou aux communistes. Des talents qu'il a exercés en Russie avant de venir à Paris. Imaginatif, il a aussi rédigé de faux documents destinés à mettre en cause ces éléments anti-sociaux qu'il pourchassait. Enfin, il avait compris depuis longtemps que le Juif était en Russie le bouc émissaire idéal susceptibles de concentrer sur sa personne l'exaspération croissante que suscitait le régime tsariste.

43. Mais il existe d'autres versions. Selon certains, c'est l'ambassadeur de Russie en France qui aurait mis la main sur un exemplaire rarissime de la plaquette de Maurice Joly. Une source différente évoque un cambriolage effectué par des agents secrets russes dans la villa suisse d'un opposant, Élie de Cyon. Les hommes de l'Okhrana auraient trouvé un exemplaire d'un pamphlet contre le comte de Witte, proche conseiller du tsar, pamphlet directement inspiré par le libelle de Joly.

En ce cette période de la fin du XIXe siècle et du tout début de XXe, les discriminations antisémites mises en œuvre par Nicolas II et son gouvernement, tout autant que les pogromes généralement restés impunis, sont l'objet de nombreuses critiques. Qui a eu l'idée de conforter la politique tsariste en confectionnant un pamphlet hostile aux Juifs ? La direction de l'Okhrana, ou l'un de ses deux émissaires à Paris, Ratchkovski ou Golovinski ? Peu importe. Ce qui est certain, c'est que c'est vraisemblablement ce dernier qui se met à la tâche en décalquant pour une large part (et parfois mot pour mot) le texte de Joly, les griefs adressés au tyran Napoléon III étant remplacés par des accusations contre les Juifs, coupables d'être les auteurs d'un complot international visant à imposer leur pouvoir au monde entier.

En imaginant cette vaste conspiration, Golovinski se coule dans un style littéraire qui a été exploité par les meilleurs écrivains populaires, férus de sociétés secrètes, d'hommes de l'ombre et de fantastiques machinations. Le Russe n'est jamais très loin du *Balsamo* de Dumas, des intrigues ébouriffantes des *Mystères de Paris* d'Eugène Sue ou des rocambolades de Ponson du Terrail. Plagiant Dumas, un publiciste allemand, connu pour être un spécialiste des billets calomniateurs, a même publié en 1868 un roman, *Biarritz*, sous le pseudonyme de sir John Retcliffe. Il y rapportait une réunion secrète dans le cimetière juif de Prague où le Grand Rabbin, devant les représentants des douze tribus d'Israël, annonce son plan de conquête du monde.

Même l'antisémitisme, alors que l'affaire Dreyfus déchire la France, est d'une certaine façon à la mode. Les journaux *La Croix* ou *La Libre Parole* de Drumont font quotidiennement leur miel de la haine du Juif. Et les nombreux scandales financiers, comme celui de Panama, sont invariablement le prétexte à dénoncer le pouvoir des ploutocrates et de la banque juive.

Les Protocoles des Sages de Sion[44] sont donc rédigés en 1900 ou 1901. Promu directeur adjoint du département de la police, Ratchkovski revient à Moscou avec le manuscrit dans ses bagages. Le soumet-il au tsar, comme la rumeur en a couru ? Nicolas II, amateur de lectures mystiques, aurait été impressionné. Mais, son redoutable ministre de l'Intérieur, Stolypine, lui ayant appris après enquête qu'il s'agissait d'un faux, le tsar aurait désapprouvé son utilisation au titre de la propagande. Il n'a pourtant pas interdit à l'Église orthodoxe de le distribuer généreusement dans les lieux de culte et il a même autorisé le Comité russe de censure à approuver sa publication officielle.

Qu'en est-il du contenu ? Le texte révèle l'existence d'un complot juif visant à la domination universelle. Composé de vingt-quatre conférences prononcées par le chef suprême des « Sages », il relate les moyens qui doivent être utilisés pour régner sur le monde et réduire les « Gentils » à l'état d'esclaves. Les gouvernements chrétiens seront donc savamment manipulés par une main invisible. Profitant du désordre économique provoqué par l'introduction de l'étalon-or, les Juifs saperont les bases de la société, ruineront l'aristocratie et les Églises, participeront à l'avènement de la bourgeoisie en s'assurant du monopole du commerce et de l'industrie et, précipitant les pays les uns contre les autres, travailleront à la victoire du royaume d'Israël.

Les Protocoles sont publiés en russe pour la première fois en 1903, sans mention d'auteur. D'après son traducteur, un certain Kroutchevan, amateur bien connu de pogroms, le manuscrit proviendrait de la Chancellerie centrale de Sion, une structure confidentielle installée en France, qui serait une émanation de l'Alliance israélite universelle. Mais, cette origine paraissant trop dénuée de mystère, l'un des premiers éditeurs du texte, le mystique russe Sergueï Alexandrovitch Nilus, rapporte que

44. Sion étant Jérusalem.

les *Protocoles des Sages de Sion* ont été volés par une femme à un éminent dirigeant de la franc-maçonnerie après une réunion secrète des « Initiés », nid de la conspiration maçonnique. Le lien est donc établi avec ces mystérieux Initiés, membres de l'Ordre secret des Illuminés de Bavière fondé par Adam Weishaupt au XVIIIe siècle. Une secte censée attirer dans ses filets, par tous les moyens, les meilleurs esprits et les hommes de pouvoir afin de créer un nouvel ordre mondial. Creuset de tous les fantasmes et faussement assimilé à la franc-maçonnerie, l'Ordre des Illuminés est régulièrement réapparu au fil de l'Histoire. On en aura encore la preuve en France, pendant et après la Seconde Guerre mondiale, avec le mythe de la Synarchie, tant les hommes sont prompts à croire à l'existence d'une autorité suprême et secrète qui se dissimule derrière les apparences du pouvoir.

Si *Les Protocoles* font référence aux grands Initiés, il ne manque donc pas d'associer la franc-maçonnerie au complot juif. Désormais la conspiration ne sera plus que judéo-maçonnique.

Nilus, qui n'est pas à une contradiction près, prétendra en 1917 que le plan diabolique des *Protocoles des Sages de Sion* a été pour la première fois révélé par Théodore Herzl, l'inventeur du sionisme, lors du premier Congrès sioniste qui s'est tenu à Bâle en 1897. Oubliant par là-même que cette réunion fondatrice avait été suivie du début à la fin par de très nombreux journalistes. Un autre antisémite notoire, l'Allemand Theodor Fritsch, reprendra l'idée au vol et rattrapera la bévue de Nilus : le texte des *Protocoles* a été dérobé pendant le Congrès de Bâle dans une maison juive. Détail original : il était écrit en hébreu !

Mais, décidément, cette fable du vol a la vie dure : Roger Lambelin, auteur d'une introduction à l'édition française, ajoute son grain de sel. En réalité, écrit-il, *Les Protocoles des Sages de Sion* ont été subtilisés par un notable de la franc-maçonnerie dans le tiroir du buffet d'une maison alsacienne. Déjà le petit livre, aussi intitulé dans certaines éditions le *Programme juif de conquête mondiale*, a connu plusieurs parutions et rencontré un réel succès dans la société russe aristocratique et intellectuelle qui prend incontestablement au sérieux les allégations antisémites contenues dans l'ouvrage.

Mais si la révolution d'Octobre de 1917 met un terme à sa diffusion en Russie, sa réputation a franchi rapidement les frontières de l'Empire. En témoigne un article du *Times* de Londres, paru en mai 1920. Le vénérable organe de la tradition conservatrice britannique lit *Les Protocoles* à la lumière de la Grande Guerre qui vient de s'achever et semble considérer que cette boucherie mondiale était prévue par les Sages de Sion. Prévue et peut-être donc décidée !

« Que signifient-ils, ces Protocoles *? Sont-ils authentiques ? Une bande de criminels ont-ils réellement élaboré pareils projets, et se réjouissent-ils en ce moment même de leur accomplissement ? S'agit-il d'un faux ? Mais comment expliquer alors le terrible don prophétique qui a prédit tout ceci à l'avance ? N'aurions-nous lutté au cours des années passées contre la domination mondiale de l'Allemagne que pour affronter à présent un ennemi bien plus dangereux ? N'aurions-nous échappé, au prix d'énormes efforts, à la Pax Germanica que pour succomber à la Pax Judaica ? Si les* Protocoles *ont été écrits par les Sages de Sion, alors tout ce qui a été entrepris et fait contre les Juifs est justifié, nécessaire et urgent. »*

C'est pourtant ce même journal qui, un an plus tard, dévoile la supercherie et du même coup présente son mea culpa. Philip Graves, correspondant du *Times* à Constantinople, divulgue que le ou les auteurs des *Protocoles* ont plagié le livre de Maurice Joly, *Dialogue aux enfers entre Machiavel et Montesquieu.* Cent soixante passages, soit les deux cinquièmes de l'ouvrage, sont purement et simplement empruntés au texte du pamphlétaire français. À noter que Graves a été mis sur la piste du plagiat par un Russe blanc, Michael Raslovleff, un aristocrate ruiné par la révolution bolchevique, qui a remisé un temps son antisémitisme contre le versement de cent livres sterling.

En dépit de ces révélations, les thuriféraires des *Protocoles des Sages de Sion* ne désarment pas et soutiennent, à l'instar de l'auteur du premier article du *Times*, que l'ouvrage propose une grille de lecture qui permet de déchiffrer l'Histoire et ses péripéties. À commencer par la Révolution française, fomentée par les francs-maçons, dont on connaît l'inspiration juive ; en passant par la Première Guerre mondiale, aboutissement d'une manipulation juive des États, l'établissement à Moscou d'un pouvoir judéo-maçonnique et l'assassinat de la famille impériale. Il n'est jusqu'à la création de la Société des nations, ébauche d'un super-gouvernement mondial, pour démontrer la réalité de l'action pernicieuse et occulte des Sages de Sion. Et si les Juifs du monde entier s'acharnent à contester la véracité des *Protocoles*, c'est bien la preuve de l'authenticité du texte. L'argument est imparable : les dénonciateurs d'un livre qui dévoile le complot juif ne peuvent être eux-mêmes que parties prenantes de la conjuration !

Aux États-Unis, Henry Ford, le magnat de l'industrie automobile, qui plus tard ne dissimulera pas ses sympathies pour l'Allemagne hitlérienne, se range résolument au côté des partisans de l'authenticité et décide de la publication de l'ouvrage en feuilleton dans son journal, le *Dearborn Independent*.

Bien entendu, *Les Protocoles* ne pouvaient échapper à l'attention des idéologues du national-socialisme. Un Rosenberg ou un Eckart y voient très tôt un argumentaire d'une efficacité redoutable pour accuser les Juifs de tous les maux dont souffre la jeune République allemande. Hitler lui-même en fait son livre de chevet et évoque l'ouvrage dans son *Mein Kampf* : « Les Protocoles des Sages de Sion, *que les Juifs renient officiellement avec une telle violence, ont montré d'une façon incomparable combien toute l'existence de ce peuple repose sur un mensonge permanent.* » Dès lors, la propagande nazie ne va avoir de cesse de populariser *Les Protocoles* et de se servir jusqu'à la fin du IIIe Reich de ses allégations pour justifier la politique antisémite qui sera mise en œuvre dès l'accession d'Adolf Hitler à la chancellerie. En 1933, une édition allemande est ainsi préfacée : *« Le devoir de chaque Allemand est d'étudier les terribles aveux des Sages de Sion et de les comparer avec l'effroyable misère de notre peuple, afin de tirer ensuite les conclusions qui s'imposent. »*

Il était donc dans l'ordre des choses qu'Heinrich Himmler, grand-maître des SS, distribue un exemplaire des *Protocoles des Sages de Sion* à chacun des commandants de ses camps d'extermination.

Et, pour ceux qui perpétuent la mémoire d'Hitler et sa néfaste idéologie, il reste évident que la chute du Reich est une conséquence directe de la conspiration juive telle qu'elle a été théorisée par *Les Protocoles*.

Sur les pas du journaliste du *Times*, Philip Graves, d'autres écrivains ou chercheurs ont tenté de démontrer que *Les Protocoles* résultaient d'une imposture. En 1934, par exemple, effrayés par l'exploitation cynique de l'ouvrage par les nazis, des membres de la Fédération suisse des communautés israélites ont pris l'initiative d'intenter un procès à son éditeur et au *Front national* qui le diffusait dans la Confédération. Au terme d'un combat juridique qui a duré plus de deux ans, le juge helvétique a conclu que le livre était un faux immoral.

Si, après la Seconde Guerre mondiale, le livre a été interdit dans la plupart des pays européens, le monde arabe ne pouvait rester étranger à cette littérature mensongère à partir du moment où commençait la colonisation sioniste en Palestine. Dès 1925, une traduction établie à partir de la version française voit le jour au Caire. Puis, en 1926, une autre édition paraît à Jérusalem. Et si la diffusion du texte demeure marginale, il faut noter que celle-ci est surtout le fait de libraires chrétiens.

Cependant, à la suite de la guerre israélo-arabe de 1948 et de l'exil forcé des Palestiniens (la Naqba), *Les Protocoles des Sages de Sion* sont à nouveau d'actualité. La première traduction par un musulman est réalisée en 1951 et, en 1967, après la guerre des Six-Jours, les Presses islamiques de Beyrouth publient la version française établie par l'ancien officier et propagandiste antisémite Roger Lambelin, avec la mention suivante : *« Texte complet conforme à l'original adopté par le Congrès sioniste de Bâle »*.

Les Protocoles des Sages de Sion acquièrent donc une sorte de reconnaissance officielle dans les pays arabes. D'autant plus que la conspiration mondiale des Juifs permettait d'expliquer, sinon excuser, la débâcle répétée des armées arabes face à Israël. Gamal Abdel Nasser, qui n'était pourtant pas notoirement antisémite, confia même à un journaliste qu'il lui fallait lire *Les Protocoles* afin de comprendre *« comment trois cents Sionistes bien connus gouvernaient le destin du continent européen et élisaient leurs successeurs parmi leur entourage. »*

Aujourd'hui, les télévisions arabes se sont emparées des *Protocoles* et lui ont donné une audience internationale à travers plusieurs séries de fiction où l'ouvrage, comme dans la production égyptienne *Le Cavalier sans monture*, est présenté comme un livre authentique tenu secret par les Juifs. Il faut enfin observer que la Charte du Hamas, le mouvement palestinien qui a pris le pouvoir à Gaza, y fait une référence explicite dans son article 32 où il est mentionné que les Sionistes, après la Palestine, ambitionnent d'étendre leurs conquêtes ainsi qu'il est stipulé dans *Les Protocoles des Sages de Sion*. Toutefois, selon un membre du Hamas interviewé par le *Jerusalem Post*, une nouvelle version de la Charte devrait être expurgée de ces *« absurdités sur* Les Protocoles des Sages de Sion *et les théories du complot »*.

Il reste que ce texte vénéneux a survécu à toutes les critiques et qu'il a même quitté les arrière-boutiques des officines d'extrême droite puisqu'un éditeur français lui a donné une nouvelle vie en 2010.

11.

14-18 : le grand bourrage de crâne

La propagande de guerre a toujours existé. Depuis que les hommes se battent. Mais, sans conteste, ce fut la Première Guerre mondiale qui a permis son essor et son utilisation à une échelle encore jamais vue. Français, Allemands, Britanniques, Américains, Italiens, tous ont menti à qui mieux mieux. Dans un seul but : conserver le soutien de leur opinion publique. Et, dans une moindre mesure, miner le moral de l'ennemi.

Une universitaire belge, Anne Morelli[45], a plaisamment codifié les principaux commandements qui guident ou ont guidé le travail de manipulation de ces pionniers de la propagande. Le premier d'entre eux est évident : puisque nous ne voulions pas la guerre, c'est forcément le camp adverse qui l'a déclenchée. Il s'agit ensuite de noircir le visage de l'ennemi : tandis que nous défendons une cause noble, il provoque à dessein des atrocités.

45. *Principes élémentaires de propagande de guerre. Utilisables en cas de guerre froide, chaude ou tiède*, Éditions Aden, 2010. Voir aussi chapitre 29.

Et s'il nous arrive de fauter, c'est bien involontairement. Enfin, naturellement, nous subissons peu de pertes alors que celles de l'adversaire sont considérables.

Il s'ajoute un dernier et terrible principe qui a conduit de nombreux hommes en prison ou même devant le poteau d'exécution : les pacifistes qui oseraient contester cette propagande de guerre ne peuvent être que des traîtres !

Pendant la Première Guerre mondiale, le capitaine F. W. Wilson était correspondant à Bruxelles du *Daily Mail*. Sa rédaction londonienne lui télégraphia qu'elle avait besoin de récits d'atrocités commises par les Allemands. Le journaliste n'en connaissait aucune. Mais pouvait-il décevoir ses chefs qui répondaient sans aucun doute à quelque demande officielle ? À proximité de la capitale belge se trouvait une localité, Korbeek-Loo, occupée par les troupes allemandes et où, détail non négligeable pour ce bon vivant, l'on servait encore de copieux dîners. Wilson décida d'y situer une histoire qu'il inventa de toutes pièces. À la lueur des maisons en flammes, un bébé orphelin avait été arraché des mains des « Huns » et sauvé. Le récit fut si bien troussé que, dès sa parution en Angleterre, il déclencha une incomparable vague d'émotion. Des milliers de Britanniques s'offrirent à adopter l'enfant et le bureau du journal fut submergé d'envois de layette. Le journaliste, victime de son mensonge, pouvait-il avouer que le bébé n'avait jamais existé ? Avec la connivence d'un médecin qui s'occupait des réfugiés, il télégraphia que, malheureusement, l'orphelin venait de mourir, victime d'une maladie contagieuse !

La Belgique, terre de mystifications ? Elle fut en tout cas le théâtre d'une opération de propagande sans précédent. Dès la fin de l'année 1914, il fut rapporté que les occupants allemands, terrorisés par la présence de francs-tireurs déloyaux qui menaçaient leurs arrières, se vengeaient sur la population en pratiquant des mutilations sur des civils. La légende des enfants aux mains coupées était lancée. Du côté des Alliés, elle courut de journaux en journaux, provoqua un sentiment d'horreur jusque sur l'autre rive de l'Atlantique où le sentiment anti-allemand ne cessera de croître tout au long de la guerre, en dépit du fait que de nombreux Américains étaient d'ascendance germanique. Les écrivains n'échappèrent pas à la propagation de ces bobards. Assis confortablement derrière leur bureau, ils avaient ainsi l'impression de monter au front. Ainsi ce bon Maurice Leblanc. Dans *«L'éclat d'obus*[46]*»*, le créateur d'Arsène Lupin décrit la pérégrination de ses personnages dans le pays en guerre : *«L'auto traversait le village d'Ornequin. Il était désert. Les barbares avaient brûlé toutes les maisons et emmené tous les habitants, comme on chasse devant soi des troupeaux d'esclaves. Cependant, ils aperçurent, assis parmi les décombres, un vieillard. Il les regarda stupidement avec des yeux de fou. À côté, un enfant leur tendit les bras. De pauvres petits bras qui n'avaient plus de mains.»*

Bien qu'il ne fût retrouvé après guerre aucun de ces enfants belges aux mains coupées, ce mensonge joua un rôle démesuré dès le début du conflit. Lord Esher, biographe de Kitchener, le reconnaît sans ambages : *«L'épisode belge fut un coup de fortune, qui vint à point donner à notre entrée dans la guerre le prétexte moral nécessaire pour préserver l'unité de la nation, sinon celle du gouvernement.»*

Aux prétendues exactions allemandes répondirent symétriquement des atrocités non moins mensongères commises par les Français. On raconta ainsi de l'autre côté du Rhin qu'une salle spéciale de l'hôpital d'Aix avait été réservée aux soldats allemands qui avaient eu les yeux arrachés en Belgique. Dans un autre article trouvé dans la presse allemande et sans doute inspiré par le bureau de presse de l'armée, il était relaté qu'à Metz, territoire du Reich, un médecin français avait contaminéun puits avec des bacilles de la peste et du choléra.

46. Paru en feuilleton en novembre 1915.

Au reste, au-delà de ces grossiers mensonges, il faut observer que les Allemands, les premiers, ont entrepris une campagne de propagande systématique et même quasi scientifique. L'instrument de cette entreprise falsificatrice a été un journal, *La Gazette des Ardennes* qui, toutes éditions combinées, a tiré jusqu'à deux cent mille copies[47]. Éditée en langue française et destinée à être distribuée dans les zones francophones occupées et donc *a priori* hostiles, cette publication répond d'abord à une nécessité stratégique : il s'agit de fragiliser les relations franco-britanniques en attribuant la responsabilité de la guerre à la seule Grande-Bretagne. En épargnant autant que possible la France.

L'opération est habilement conduite. Et d'abord parce que le journal est distribué à des populations qui, en raison de la censure imposée par l'occupant, sont sous-informées. [Pour autant, ses lecteurs ne seront jamais tout à fait dupes : *La Gazette* est bien un vecteur de l'armée impériale et son engagement à écrire la vérité ne fera guère illusion.] Ensuite, parce que sa rédaction est française. À sa tête, on trouve même une excellente plume, René Prévôt, un docteur ès lettres alsacien. La cible est donc la perfide Albion, coupable d'asservir les peuples dans le monde entier. Et de stigmatiser les méthodes cruelles et déloyales qui lui ont permis d'édifier son empire colonial. Le terreau est fertile. L'Anglais n'est-il pas l'ennemi séculaire du Français ? *La Gazette* publie des extraits bien choisis du *Mémorial de Sainte-Hélène* qui décrivent les humiliations infligées à Napoléon par son geôlier et elle en appelle inévitablement aux mânes de Jeanne d'Arc qui personnifie la résistance du peuple de France à la tyrannie anglaise. *« Vierge de bronze, terreur d'Albion »*, la martyre appelle aujourd'hui comme il y a cinq siècles les Français à se réveiller. Et à prendre conscience que leur véritable ennemi est

47. Une étude pertinente de ce journal a été publiée en 2012 par la *Revue historique des armées* sous la signature de Bernard Wilkin.

l'affreux «John Bull», ce capitaliste arrogant, portant haut-de-forme, qui joue au billard avec les nations européennes. Parfois caricaturé en tarentule, il étend ses monstrueuses pattes de Gibraltar à Malte en attendant de dévorer sa proie française. Ne prête-t-on pas l'intention à John Bull de reconquérir la ville de Calais perdue en 1588?

La Gazette doit aussi répondre directement à la propagande alliée. C'est le cas en mai 1915 lors du naufrage du paquebot *Lusitania*, coulé par un sous-marin allemand, au cours duquel près de mille deux cents passagers, dont une bonne centaine d'Américains, ont péri dans les flots. La perte de ces innocents déchaîne les passions dans les pays alliés. Le crime est évident. En France, *Le Monde illustré* détourne une photographie de célébration à Berlin en prétendant qu'il s'agit d'une manifestation de joie à l'annonce du naufrage. L'Allemagne riposte : si le *Lusitania* a été attaqué, c'est que ce navire civil transportait en contrebande des matériels de guerre, obus, munitions et poudre. *La Gazette* accuse : la responsabilité incombe au gouvernement britannique ! *«N'est-il pas triste qu'un aussi grand nombre de personnes qui ne participaient pas à la guerre aient trouvé la mort, victimes du gouvernement anglais et de la fameuse compagnie Cunard qui n'eut pas honte de considérer la vie de ses passagers comme une "assurance" lui permettant d'effectuer impunément, sous leur protection, le transport des armes de guerre et des munitions américaines destinées aux armées alliées*[48]*.»*

L'insurrection irlandaise de Pâques 1916 est bien entendu largement exploitée par les rédacteurs de *La Gazette* qui ont beau jeu de dénoncer la violence de la répression britannique et publient les photos des insurgés condamnés à mort. *«Pour les Français qui connaissent leur histoire, le fait doit être doublement cruel. Car, pendant des siècles, les sympathies françaises allèrent à l'Irlande martyre, à ces mêmes*

48. Les autorités britanniques ont démenti la présence de matériels militaires à bord du *Lusitania*. Il faudra attendre 1972 pour que l'Amirauté révèle que le paquebot, croiseur auxiliaire armé, transportait bien des cartouches et des obus.

défenseurs de la liberté irlandaise, dont la presse française liée à l'Angleterre se croit obligée aujourd'hui de condamner la "traîtrise". Hélas, jamais la faillite de la phrase bassement hypocrite n'éclata aussi cruellement à leurs yeux !»

En face, la propagande n'est pas en reste. Même s'il faut constater qu'elle est souvent moins subtile. Le ton est donné dès le début de la guerre. En septembre 1914, la ville de Reims est bombardée. Sa cathédrale est gravement touchée. *L'Illustration*, qui se signale tout au long du conflit par son attitude belliciste, comme la plupart des publications françaises, dénonce avec violence : *«Il parut que les Allemands étaient soudain en proie à une de ces fièvres de vandalisme qui avaient transformé Louvain en un monceau de décombres. [...] Les Vandales modernes ne peuvent apporter à leur acte ni justification ni excuse. Regrettons que l'arsenal des lois humaines n'ait pas prévu un châtiment proportionnel à un tel crime.»*

Mais c'est dans la fausse nouvelle qu'excelle la presse aux ordres. *«Les Allemands tirent fort mal et fort bas ; quant aux obus, ils n'éclatent pas dans la proportion de 80%.»* (*Le Journal*, 19 août 1914). *«Il est signalé que des individus à la solde de l'ennemi cherchent à introduire en France des crayons contenant des substances incendiaires ou explosives.»* (circulaire n° 3'733 R.D. diffusée par l'état-major). *«À part cinq minutes par mois, le danger est très minime, même dans les situations critiques. Je ne sais comment je me passerai de cette vie quand la guerre sera finie. Les blessures ou la mort... c'est l'exception.»* (*Le Petit Parisien*, lettre de soldat, 22 mai 1915). *«Mais au moins ceux-là, tués à la baïonnette, meurent de leur belle mort, dans de nobles combats. Avec l'arme blanche, nous retrouvons la poésie des luttes épiques et chevaleresques.»* (*L'Écho de Paris*, 10 juillet 1915). *«Les cadavres boches sentent plus mauvais que ceux des Français.»* (*Le Matin*, 14 juillet 1915). *«S'il y a un mouvement en Russie, c'est pour réclamer la guerre à outrance.»* (*L'Écho de Russie*, 11 janvier 1917)[49]. Et encore dans *L'Intransigeant* du 17 août 1914 :

49. Extraits rapportés par Jean-Jacques BECKER, *«Les Français dans la Grande Guerre»*, Robert Laffont, 1980.

« L'inefficacité des projectiles ennemis est l'objet de tous les commentaires. Les shrapnell éclatent mollement et tombent en pluie inoffensive. Quant aux balles allemandes, elles ne sont pas dangereuses : elles traversent les chairs de part en part sans faire aucune déchirure. »

Des artistes, tels Franc-Nohain, s'abandonnent à ce concert de mensonges : *« Ma blessure ? Ça ne compte pas... Mais dites bien que tous ces Allemands sont des lâches et que la difficulté est seulement de les approcher. Dans la rencontre où j'ai été atteint, nous avions été obligés de les insulter pour les obliger à se battre ! »* (*L'Écho de Paris*, 15 août 1914). Plus surprenante est la prise de position d'un intellectuel incontesté, le philosophe Henri Bergson, membre de l'Académie des sciences morales et politiques, qui peut écrire ceci dès le mois d'août 1914 : *« La lutte engagée contre l'Allemagne est la lutte même de la civilisation contre la barbarie. Tout le monde le sent, mais notre Académie a peut-être une autorité particulière pour le dire. Vouée en grande partie à l'étude des questions psychologiques, morales et sociales, elle accomplit un simple devoir scientifique en signalant dans la brutalité et le cynisme de l'Allemagne, dans son mépris de toute justice et de toute vérité, une régression à l'état sauvage. »*

La science, justement. Un éminent neurologue, Edgar Bérillon, membre de plusieurs sociétés savantes, publie en 1917 un ouvrage délirant sur la race allemande dont la sottise ne le cède en rien aux pseudo-arguments qui seront utilisés quelques années plus tard par les nazis pour qualifier les Juifs et les prétendues ethnies inférieures. *« On s'explique qu'à notre époque les populations d'Alsace-Lorraine se soient montrées si réfractaires à l'assimilation germanique. C'est qu'une question d'odeur de race divise profondément la race indigène de la race des envahisseurs. L'odeur de la race allemande a toujours produit les impressions les plus désagréables sur la fonction olfactive de nos compatriotes d'Alsace-Lorraine. [...] Les critères physiologiques, l'hypertoxicité des excrétions, la voracité, la polychésie*[50] *et l'odeur s'ajoutent*

50. Suractivité de la fonction intestinale.

aux critères psychologiques : pédantisme, mimétisme parasitaire, servilisme, fétichisme, rituélisme et colère agressive. Ces dispositions mentales se rattachent toutes à l'insuffisance du pouvoir de contrôle cérébral. Elles témoignent d'une infériorité très accentuée dans le domaine psychologique aussi bien que dans le domaine moral. De ces caractères objectifs, si les uns sont susceptibles de provoquer le sentiment de la répulsion et du dégoût, il en est d'autres qui doivent également inspirer la défiance. Ils justifient, à l'égard des individus de la race allemande, l'organisation préventive et durable d'un certain nombre de mesures d'exclusion et d'élimination. »

Et pour faire bonne mesure, le professeur Bérillon croit bon d'ajouter : « *Mais il n'est pas rare de rencontrer en Allemagne des hommes bien faits, d'allure svelte et de tournure distinguée. Une enquête approfondie ne tarderait pas à apprendre que, dans ces cas-là, il s'agit toujours de Slaves, de Polonais, de Tchèques, de Danois, de Lorrains, d'Alsaciens, de représentants des populations annexées ou de ceux qui, d'origine française, descendent en ligne directe des réfugiés de l'édit de Nantes*[51]. »

On est confondu devant une telle accumulation d'imbécillités énoncées sous le couvert d'une expertise scientifique. Mais la crédulité ne semblait plus avoir de bornes. En témoigne cette prière au général Joffre, chantre de l'offensive à tout prix et, à ce titre, responsable des premiers désastres français : « *Notre Joffre qui êtes au feu, que votre nom soit glorifié, que votre victoire arrive, que votre volonté soit faite sur la terre et dans les airs. Donnez-leur aujourd'hui votre poing quotidien. Redonnez-nous l'offensive comme vous l'avez donnée à ceux qui les ont enfoncés, ne nous laissez pas succomber à la teutonisation, mais délivrez-nous des Boches. Ainsi soit-il !* » (*Le Radical de Marseille*, 1914).

Dans ce climat où le bourrage de crâne était roi et où la censure était implacable, combien rafraîchissant a dû paraître aux lecteurs les plus lucides l'éditorial du premier numéro du *Canard enchaîné*, daté du 10 septembre 1915 : « Le Canard enchaîné

51. « *La psychologie de la race allemande d'après les caractères objectifs et spécifiques* », conférence prononcée le 4 février 1917.

a décidé de rompre délibérément avec toutes les traditions journalistiques établies jusqu'à ce jour. En raison de quoi, ce journal veut bien épargner, tout d'abord à ses lecteurs, le supplice d'une présentation. En second lieu, Le Canard enchaîné *prend l'engagement d'honneur de ne céder, en aucun cas, à la déplorable manie du jour. C'est assez dire qu'il s'engage à ne publier, sous aucun prétexte, un article stratégique, diplomatique ou économique, quel qu'il soit. Son petit format lui interdit d'ailleurs formellement, ce genre de plaisanterie. Enfin,* Le Canard enchaîné *prend la grande liberté de n'insérer, après minutieuse vérification, que des nouvelles rigoureusement inexactes. Chacun sait, en effet, que la presse française, sans exception, ne communique à ses lecteurs, depuis le début de la guerre que des nouvelles implacablement vraies. Eh bien, le public en a assez ! Le public veut des nouvelles fausses… pour changer. Il en aura. Pour obtenir ce joli résultat, la Direction du* Canard enchaîné, *ne reculant devant aucun sacrifice, n'a pas hésité à passer un contrat d'un an avec la très célèbre Agence Wolff qui lui transmettra chaque semaine, de Berlin, par fil spécial barbelé, toutes les fausses nouvelles du monde entier. Dans ces conditions, nous ne doutons pas un seul instant que le grand public voudra bien nous réserver bon accueil et, dans cet espoir, nous lui présentons par avance et respectueusement, nos plus sincères condoléances.* »

12.

L'affaire Caillaux ou le mensonge du Tigre

14 janvier 1918, 9h du matin. Joseph Caillaux, ancien président du Conseil et ministre des Finances à plusieurs reprises, se trouve dans la salle de bains de son domicile parisien, rue Alphonse-de-Neuville. Son épouse, Henriette, qui a été quatre ans plus tôt la vedette d'un fait-divers hors norme, se prélasse dans la baignoire. Soudain, on frappe à la porte. Et, sans attendre, un homme en civil escorté de trois inspecteurs de la Sûreté pénètre dans le cabinet de toilettes. Tandis que Mme Caillaux essaie tant bien que mal de dissimuler sa nudité, l'homme se présente : commissaire Priolet ! Le policier annonce tout de go à un Caillaux outré par cette irruption intempestive que celui-ci est inculpé pour intelligence avec l'ennemi. Le politicien est aussitôt conduit à la prison de la Santé. L'affaire Caillaux commence. Elle ne se terminera réellement que six ans plus tard.

Qui est cet homme politique qui doit répondre d'une accusation aussi infâmante, alors que depuis presque quatre ans la France est engagée dans la guerre la plus meurtrière qu'elle ait jamais connue ? Joseph Caillaux est alors l'un des personnages les plus éminents de la IIIe République. Mais aussi, dans un pays submergé par une fièvre patriotarde et nationaliste sans précédent, l'un des plus détestés, car soupçonné de pacifisme et même de défaitisme ! Une haine qui est cyniquement exploitée par les deux Français les plus puissants du moment : le président de la République, Raymond Poincaré, et le chef du gouvernement, Georges Clemenceau. Deux hommes que tout opposait jusqu'en 1917 mais que la raison a réconciliés et qui partagent la même exécration pour Caillaux. Une animosité dont ils vont faire un instrument politique.

À 55 ans, Joseph Caillaux porte encore beau. Comme l'a écrit Jean Jaurès, qui fut avant guerre son allié politique, ce petit homme se tient si droit qu'on le voit plus grand qu'il n'est. Son menton est volontaire, ses traits sont réguliers, son large front prolonge une calvitie le plus souvent dissimulée sous un huit-reflets ou un chapeau melon. La lèvre gourmande est ornée d'une moustache qui change selon la mode. Enfin, toujours tiré à quatre épingles, ce dandy de la politique à qui l'on prête une réputation de séducteur ne dédaigne pas d'arborer un monocle derrière lequel brille un œil tantôt impérieux, tantôt charmeur.

Joseph Caillaux est né dans une famille mancelle habitée par la passion politique. Son père, nanti d'une confortable fortune, a été lui-même député, sénateur puis ministre à l'aube de la IIIe République. Membre d'un cabinet conservateur sous la présidence de Mac Mahon, il appartenait à cette droite royaliste et catholique qui professait une véritable religion de l'ordre et ne craignait pas l'usage de la manière forte. Fidèle à ses idées, il a donc flanqué son héritier d'un précepteur clérical et sectaire.

En réaction, mais sans toutefois rompre avec un père qu'il admirait, le jeune Joseph a épousé très tôt des convictions républicaines qui le conduiront peu à peu jusqu'au radicalisme.

Licencié en droit, jeune professeur à l'école des Sciences politiques, son père, Eugène, le voudrait voir polytechnicien. Mais Joseph, lui, ambitionne de devenir inspecteur des Finances. Chaperonné par Léon Say, qui a été grand trésorier de la République avant d'emporter la présidence du Sénat, il est reçu deuxième au concours d'entrée. À vingt-cinq ans, il commence alors une carrière de grand commis de l'État qui va l'amener à parcourir la France et à connaître pendant dix ans de toutes les questions financières.

Mais la passion de la vie publique n'est jamais loin. À la fin des années 80, il affiche son hostilité au boulangisme et au cléricalisme et, un peu plus tard, Joseph convainc même son père, qui a abjuré ses convictions royalistes, de passer dans le camp dreyfusard. Ce père qui, retiré de la vie politique après un échec aux élections sénatoriales, aiguillonnera son fils avant de mourir : «*Il y a pour toi une situation à prendre dans la Sarthe!*»

En 1898, Joseph se lance : il est candidat républicain aux élections législatives dans l'arrondissement de Mamers. Le tenant du siège depuis 1871 est le duc de La Rochefoucauld-Doudeauville, un aristocrate qui se présente au nom des Droites. Contre toute attente, et en dépit d'une campagne électorale éclair de seulement quinze jours, Joseph Caillaux triomphe dès le premier tour. Il est désormais député d'un département que son père a représenté autrefois sur les bancs de la droite royaliste. La surprise est totale et la débâcle du candidat conservateur suscite des commentaires hostiles jusque dans la propre famille du jeune parlementaire – il a tout juste trente-cinq ans.

À l'Assemblée, il s'inscrit au groupe des républicains progressistes, devient membre de plusieurs importantes commissions et, en raison de ses fermes positions dreyfusardes et antinationalistes, rejoint presque naturellement la gauche de l'hémicycle. Orateur talentueux et gros travailleur, il se fait très vite remarquer grâce à ses compétences en matière économique et fiscale, notamment sur un terrain qui ne cessera de l'occuper une grande partie de sa carrière : l'instauration d'un impôt sur le revenu.

Dès cette époque, Caillaux s'attache à suivre Pierre Waldeck-Rousseau, un modéré, qu'il considéra longtemps comme son « maître » en politique. En 1899 – le jeune député de la Sarthe est élu depuis seulement un an –, le président de la République appelle Waldeck-Rousseau à former le gouvernement. En pleine affaire Dreyfus, le président du Conseil pressenti appelle auprès de lui des hommes aussi politiquement dissemblables que le socialiste Millerand[52] et le général Galliffet, le « *fusilleur de la Commune* ». Et dans ce gouvernement improbable de Défense républicaine, appelé à ne durer que quelques mois[53], il confie le portefeuille des Finances à son jeune disciple, Joseph Caillaux. Ministre, celui-ci peut mettre en application ses idées neuves dans le domaine financier. Il préconise les économies, comprime les dépenses, met fin aux comptes extraordinaires qui n'existent que pour masquer les déficits, remanie les taxes sur les boissons ou sur les sucres, ce qui lui vaut une vive opposition du lobby betteravier. Cependant, prudemment, tout en revendiquant son utilité, il n'ose pas se battre pour la création de l'impôt sur le revenu car il juge qu'une réforme aussi importante ne trouverait pas de majorité à la Chambre.

Mais il n'oublie pas pour autant de labourer son fief électoral sarthois qui lui restera indéfectiblement fidèle pendant presque un demi-siècle.

52. Premier socialiste à entrer dans un gouvernement.

53. En réalité, ce ministère « Dreyfus », comme l'a appelé une extrême droite frondeuse et comploteuse, restera trois ans au pouvoir.

Aux élections de 1902, on observe une nette poussée de la gauche. Waldeck-Rousseau démissionne. Par fidélité, Caillaux quitte le pouvoir et ce modéré refuse ensuite de faire partie du cabinet du radical Émile Combes qui sera à l'origine de la loi de 1905 sur la séparation de l'Église et de l'État.

Dès cette époque, Joseph a fixé les grandes lignes de sa doctrine politique : « *Ordre et progrès dans la République. Ni réaction ni révolution.* » C'est pourquoi, il contribuera à renverser le ministère Combes à qui il reproche de faire de l'anticléricalisme un programme de gouvernement.

En 1906, il est élu vice-président de la Chambre. Cependant il ne tarde pas à se démettre car il brûle de renouer avec l'action ministérielle. À l'appel de son futur ennemi, Georges Clemenceau, il retrouve le ministère des Finances. Il y restera à nouveau trois ans pendant lesquels il procède à de nombreuses réformes. Mais, cette fois, il ne se dérobe pas devant l'obstacle : il présente son projet d'impôt sur le revenu ! L'accueil parlementaire est tumultueux, même chez ses propres amis dont Raymond Poincaré. Et si les députés finissent par adopter le texte, les sénateurs, plus conservateurs, renâclent. La chute du cabinet en 1909 met fin à la bronca. Dans cette affaire, malgré lui, Caillaux s'est trouvé déporté vers la gauche. Mais le grand bourgeois qui sommeille en lui se réveille. Déchargé de toute fonction ministérielle, il voyage, essentiellement au Proche-Orient où sa renommée lui vaut de participer à plusieurs conseils d'administration d'établissements financiers.

À son retour, tout en occupant des fonctions éminentes dans la commission des Finances ou celle des Affaires étrangères, il poursuit sa mue et se rapproche du parti radical. À nouveau ministre des Finances d'un éphémère gouvernement, il ne dissimule plus qu'il aspire à devenir président du Conseil. Simultanément la mort accidentelle du chef du parti radical le propulse à la tête de ce parti-pivot de la IIIe République. En juin 1912, le président

Fallières l'appelle enfin à occuper la première place. Caillaux forme un gouvernement qui s'ouvre jusqu'au centre-droit. Lui-même s'est réservé le portefeuille de l'Intérieur où cet homme d'ordre entend juguler les menées anarchistes. Mais, un mois plus tard, c'est le coup d'Agadir. L'envoi d'une canonnière allemande dans ce port ressemble à une provocation à l'heure où la France est en train de finaliser sa mainmise militaire sur le Maroc. Caillaux ne le sait pas encore, mais cette affaire décidera de son destin.

Contre les boutefeux de toutes tendances, le président du Conseil réagit avec sang-froid et refuse toute réplique militaire. Malgré la tension qui ne cesse de monter et risque à tout moment de provoquer une guerre franco-allemande, Caillaux choisit la voie de la négociation. La France garde sa liberté d'action au Maroc mais, pour satisfaire les appétits coloniaux de Berlin, lui offre un petit morceau d'Afrique de l'Ouest. La droite hurle et dénonce cette concession. Clemenceau qui, pourtant, s'était élevé dans le passé contre les conquêtes coloniales, se scandalise de cette «victoire allemande», tandis que le Lorrain Poincaré, bien qu'en son for intérieur il ait trouvé cet accord raisonnable, clame que ses compatriotes, déjà humiliés par l'annexion de 1870, ressentiront douloureusement cette politique d'abandon. Clemenceau, Poincaré : Caillaux a désormais deux ennemis irréductibles qui sauront opportunément se souvenir du coup d'Agadir.

Les deux assemblées ont approuvé le traité passé avec l'Allemagne. Mais le cabinet, miné par la division, est condamné. Sur un dernier coup d'éclat du sénateur Clemenceau, il tombe en janvier 1912 : Caillaux n'aura été président du Conseil que six mois ! «*Mon crime*, dira-t-il plus tard, *a été de préférer la paix !*»

Malgré cet échec, Caillaux, grâce à son alliance avec Jean Jaurès, apparaît comme le leader naturel des gauches. Les deux hommes partagent la même détestation de la guerre et s'opposent à la «loi des trois ans» qui propose l'allongement de la durée du service militaire.

En 1913, Caillaux revient au ministère des Finances dans le cabinet formé par le radical-socialiste Gaston Doumergue. Mais, bientôt, il va devoir affronter un orage inattendu qui va l'atteindre jusque dans sa vie privée.

Au début de 1914, le directeur du *Figaro*, Gaston Calmette, commence la publication d'articles très hostiles à Caillaux et à sa politique. Une campagne de presse, dense, haineuse. Le ministre des Finances, soutenu par la gauche, tend le dos et se défend pied à pied. Mais lorsque, début mars, le quotidien dévoile des extraits d'une correspondance privée entre l'homme politique et sa maîtresse devenue son épouse, Henriette, celle-ci, durement éprouvée, passe à l'action. Elle achète une arme, se rend au *Figaro*, demande à rencontrer le directeur et, dès qu'elle est introduite dans le bureau de Calmette, tire à plusieurs reprises. Le journaliste est mortellement touché.

Immédiatement, Caillaux démissionne. Le scandale est retentissant. La haine de la droite redouble. Si Mme Caillaux a tenu l'arme, c'est son époux qui a appuyé sur la détente ! Plus que son initiative en faveur de l'impôt sur le revenu ou même que le fatal accord franco-allemand de 1911, le meurtre prémédité de Calmette précipite la chute de la popularité de Caillaux. Toutefois, en dépit de ce désamour et d'un avenir politique chancelant, les électeurs sarthois lui renouvellent leur confiance et le réélisent en avril 1914.

Tandis que les rumeurs de guerre enflent et que Caillaux ne cesse de dénoncer les ardeurs belliqueuses qui montent dans le pays, Henriette Caillaux comparaît devant la cour d'assises de la Seine. Son époux ne lui a jamais mesuré son soutien. Il le prouve une nouvelle fois en témoignant à la barre. Le 31 juillet 1914, à la surprise générale, le jury acquitte Mme Caillaux. Le même jour, Raoul Villain, un dévoyé d'extrême droite, assassine Jean Jaurès. Le lendemain, la guerre est déclarée.

Caillaux, qui a toujours prêché pour un rapprochement franco-allemand, remâche ses désillusions, voyage en Argentine et en Italie, s'éloigne de la politique active. Mais celle-ci va le rattraper en 1917.

La guerre n'en finit pas. En Russie, la prise du pouvoir par les bolcheviks va se traduire par la signature d'un traité de paix avec Berlin. L'armée allemande libérera ainsi vingt divisions qui vont renforcer le front de l'Ouest. Du côté français, des Poilus, accablés par cette interminable boucherie et les multiples erreurs du commandement, se mutinent. Ils sont sévèrement punis, mais le désarroi moral est profond. Pétain, nommé général en chef, essaie d'y remédier non sans succès. Mais il faudrait insuffler la même énergie à la tête du pays. Un sursaut indispensable car la défaite guette. Lorsque le ministère Painlevé est renversé en novembre, le président de la République Raymond Poincaré sait que seuls deux hommes d'État s'imposent à lui pour prendre la tête du gouvernement : Clemenceau ou Caillaux ! Il les déteste pareillement pour l'avoir autrefois durement combattu. Son choix est vite fait : le pacifiste Caillaux deviendra vite la bête noire de la droite nationaliste qui le soupçonnera de vouloir conclure une paix à bon marché avec les Allemands, comme il l'a déjà fait après l'affaire d'Agadir. Ce sera donc Clemenceau. Contre Caillaux dont il faut définitivement ruiner les espérances politiques. Quitte pour les deux compères à ourdir une terrible machination contre l'élu sarthois dont ils craignent le retour.

Acclamé au Palais-Bourbon, le Tigre rugit d'emblée : «*Ni trahison ni demi-trahison ! La guerre, rien que la guerre !*» Et chacun de comprendre que c'est le symbole vivant du défaitisme, Joseph Caillaux, qui est directement visé.

Le dossier d'accusation ne tarde guère à être constitué. Instruit par le capitaine Bouchardon[54], rapporteur au Conseil

54. C'est aussi Bouchardon qui a envoyé Mata Hari, espionne d'opérette, au poteau d'exécution.

de guerre, il rassemble des pièces éparses et accorde une place démesurée aux rumeurs. Ainsi, on reproche d'abord à Caillaux d'avoir correspondu avec un certain Bolo, dit Bolo-Pacha, éditeur d'une feuille anarchiste, *Le Bonnet rouge*, qui a été l'un des seuls organes de presse à avoir soutenu Henriette Caillaux. Cet individu, arrêté en septembre 1917, sera convaincu d'avoir reçu de l'argent allemand afin de corrompre les journaux français en y insérant des articles pacifistes destinés à miner le moral des Français. En réalité, Bolo n'était sans doute qu'un aventurier mondain qui avait habilement fait son chemin dans les méandres de la vie politique. Il sera néanmoins exécuté en avril 1918. Caillaux aurait également entretenu des relations avec le directeur du *Bonnet rouge*, un nommé Vigo, autre anarchiste qui signe ses articles Almereyda[55].

Les lettres échangées entre ces deux personnages et Caillaux sont passées au crible. Elles sont malheureusement bien banales et ne suffisent pas à nourrir le dossier d'accusation. Il faut trouver autre chose. Bouchardon s'intéresse alors aux voyages de Caillaux en Italie. L'ancien président du Conseil y aurait rencontré des personnages hostiles à la guerre et même pro-allemands. En particulier un certain comte Minotto. Et pourquoi Caillaux a-t-il loué un coffre dans une banque de Florence ? Qu'y cache-t-il ?

Avec l'accord des autorités italiennes, le coffre est ouvert. On n'y trouve que deux textes. L'un est intitulé « *La Paix* ». C'est décidément une obsession chez Caillaux. L'autre porte la mention « Rubicon » qui porte sur un projet de réforme des rapports entre le pouvoir civil et le commandement militaire. Bouchardon jubile : « passer le Rubicon », c'est jeter le masque, prôner le coup de force et, donc, envisager d'attenter à la sûreté de l'État… Rien de moins !

55. Il s'agit du père du cinéaste Jean Vigo. Cocaïnomane, il sera retrouvé mort dans sa cellule en août 1917.

L'instruction de Bouchardon fuite à dessein dans la presse. Léon Daudet, membre de l'Action française et plume acérée de la droite nationaliste, évoque une «*trahison systématique, altière et doctrinaire*». Caillaux sent le danger, monte à la tribune de l'Assemblée pour se défendre. Malgré son réel talent d'orateur, il peine à convaincre tant «son crime» semble patent, avéré. En décembre 1917, la Chambre vote la levée de son immunité parlementaire à une écrasante majorité. Caillaux a perdu ses derniers amis, et ses anciens alliés socialistes se sont abstenus. Clemenceau a le sentiment d'avoir écrasé l'hydre défaitiste et pacifiste.

Le 14 janvier 1918, Caillaux est donc arrêté et conduit dans le quartier de haute surveillance avec les droits communs de la prison de la Santé. Son ennemi Clemenceau risque un bon mot: «*Caillaux est à la prison de la Santé, en pleine santé!*»

La guerre se termine. Caillaux reste en prison. Toutefois, en 1919, il est autorisé à quitte le quartier des droits communs pour celui des détenus politiques. C'est dans sa nouvelle cellule qu'il apprend que l'assassin de Jaurès, Villain, est enfin jugé et bénéficie d'un ahurissant acquittement! Autre nouvelle: le triomphe écrasant de la droite «bleu-horizon» lors des élections législatives de novembre 1919. Cependant, une autre information lui apporte une consolation provisoire: en janvier 1920, le «Père la Victoire», échoue à se faire élire à une présidence de la République qui lui paraissait pourtant promise. Humilié par cette défaite, Georges Clemenceau se retire définitivement de la vie politique.

Peu de temps après, en février, Joseph Caillaux est enfin jugé par le Sénat, réuni en Haute Cour. L'accusation en a rabattu: il n'est plus question d'intelligence avec l'ennemi mais seulement de «*correspondance avec des sujets d'une puissance ennemie*».

En avril, la Cour rend son arrêt: Caillaux est condamné à trois ans de prison. Ce n'est pas un hasard s'il s'agit à peu près du temps qu'il a passé en détention. Il est donc immédiatement libéré. Toutefois la Haute Cour a assorti sa condamnation de cinq ans d'interdiction de séjour et de dix ans de privation de ses droits civiques.

Cet arrêt provoque un flot de protestations tant il paraît désormais inique et disproportionné. Caillaux, lui, regagne sa retraite sarthoise et confie avec humour: *«Je ne suis plus coupable que d'être innocent.»*

Il doit toutefois attendre 1924 et la victoire du Cartel des gauches pour reparaître à Paris, à l'occasion des obsèques de son ami Anatole France. Le 1er janvier 1925, la loi d'amnistie lui rend ses droits politiques. D'aucuns prétendront qu'elle n'a été promulguée que pour permettre son retour. Quoi qu'il en soit, Caillaux revient en force sur le champ politique: il récupère la présidence du Conseil général de la Sarthe, se fait élire au Sénat et, en avril, il est appelé au gouvernement par son ami Paul Painlevé qui lui confie les Finances et le charge de sauver une économie naufragée.

La suite de sa carrière est sans surprise. C'est celle d'un notable radical qui, en vieillissant, évolue vers un conservatisme tranquille. Mais d'autres, le dépeignant, préfèreront le qualifier d'aristocrate démocratique, tant sa parole demeurait tranchante.

Dernier acte – et pas le plus glorieux – d'une vie politique aussi fournie: en juillet 1940, il vote les pleins pouvoirs au maréchal Pétain. Puis il se retire dans sa maison de Mamers où il meurt quelques mois après la Libération.

Il reste de cette histoire d'un mensonge d'État une impression de gâchis. Celui d'un homme comblé de talents qui, par imprudence, s'est laissé aller à de douteuses fréquentations, même si elles n'étaient pas criminelles et n'engageaient pas son honneur. Celui aussi de personnages de premier plan qui, pour conduire à bien leurs misérables combinaisons et consolider leur pouvoir, n'ont pas hésité à briser l'existence de l'un des leurs. Car peu importait à Poincaré et Clemenceau que Caillaux fût réellement coupable. Il devait l'être!

13.

Toukhatchevski, le Bonaparte rouge

En juin 1941, lorsque Hitler lance ses troupes contre l'URSS, il obtient rapidement des succès stupéfiants. Les nazis atteindront même les portes de Moscou avant d'être arrêtés puis repoussés. Mais ils vont occuper durablement de vastes pans du territoire soviétique. Et, dès les premiers mois de la guerre, des centaines de milliers de soldats sont tués ou faits prisonniers.

La puissante armée Rouge a cédé facilement, trop facilement, face aux coups de boutoir de l'ennemi. Les maréchaux soviétiques ont semblé incapables de résister. Ils ont accumulé les fautes et leur incompétence a étonné.

La raison de cette débâcle s'explique par les purges staliniennes qui ont frappé l'armée Rouge quatre ans plus tôt. Les meilleurs officiers ont été fusillés ou envoyés au Goulag par dizaines de milliers. Et à l'heure même où il faut se battre contre l'ennemi, l'épuration continue. Les nazis ont donc en face d'eux des troupes mal commandées par des officiers démoralisés.

Certains ont été sortis en hâte des camps où Staline les avait fait enfermer. Mais la prison les a brisés. Et ils se révéleront bientôt incapables d'affronter efficacement les forces hitlériennes. Il faudra de longs mois avant que de nouveaux officiers sortent du rang et mènent la contre-offensive jusqu'à la victoire de 1945.

Ce que l'on sait moins, c'est que cette catastrophique décapitation de l'armée Rouge a résulté d'une vaste manipulation, une opération commencée à Paris, et où les services secrets allemands et soviétiques ont joué chacun leur partie.

Il est difficile d'imaginer l'ampleur de la purge qui a frappé l'armée Rouge dans la deuxième moitié des années 30. Une véritable saignée : la plupart des maréchaux et généraux sont arrêtés et fusillés. Entre trente-cinq et cinquante mille officiers sont passés par les armes tandis que d'autres sont dégradés ou envoyés dans des camps disciplinaires.

Staline a donc sciemment décapité son armée. Staline, par ailleurs piètre stratège et qui a multiplié les erreurs pendant la grande guerre patriotique, comme on dit en Russie. Si les Soviétiques ont fini par gagner, ce fut au prix d'un gigantesque sacrifice humain et grâce à l'aide matérielle des Alliés.

Pour bien comprendre, il faut mettre en avant la paranoïa du dictateur soviétique, obsédé par la trahison et prompt à voir des complots partout, quitte à les inventer. Mais le « Petit Père des peuples » avait peut-être de bonnes raisons pour se conduire ainsi : de plus en plus d'historiens pensent que, dans sa jeunesse, Staline avait fricoté avec l'Okhrana, la police secrète du tsar.

Au milieu des années 30, le maître du Kremlin passe donc à l'action et ouvre les grands procès de Moscou. Ce sont d'abord les cadres de l'économie qui sont visés. Ils sont soupçonnés de saboter la production ou encore de dissimuler les capacités réelles de cette production. Viennent ensuite des intellectuels et des politiques. Les anciens bolcheviks, accusés de comploter ou d'avoir des contacts avec Trotski, sont systématiquement liquidés. Staline se débarrasse de ses anciens compagnons. Après avoir été physiquement et moralement torturés, la plupart de ces hommes reconnaissent publiquement leurs prétendues erreurs – ce que l'on appelle le « patriotisme de parti » – puis ils sont mis à mort.

Dans tout le pays, des centaines de milliers, des millions de citoyens sont ensuite arrêtés et envoyés au Goulag. La police secrète, le NKVD, règne par la terreur : personne n'est à l'abri d'une dénonciation.

En 1937 vient le tour de l'armée. Staline est persuadé que les militaires veulent s'emparer tôt ou tard du pouvoir à la faveur d'un putsch.

L'instigateur de la conjuration ne serait autre que le plus illustre des officiers supérieurs soviétiques, le maréchal Toukhatchevski ! Le Bonaparte rouge, ainsi qu'on le désigne parfois, non sans perfidie.

Certes, Toukhatchevski est loin d'être toujours d'accord avec Staline, et il ne se prive pas de le lui faire savoir, mais il n'a jamais manifesté l'intention de prendre le pouvoir. Même si, très populaire parmi les militaires, il aurait sans doute été suivi s'il avait tenté un coup d'État.

Cela suffit pour que Staline nourrisse des craintes. Mais, s'il veut vraiment se débarrasser de Toukhatchevski, il doit disposer d'arguments autrement plus sérieux.

Issu d'une famille de la petite noblesse, Mikhaïl Nikolaïevitch Toukhatchevski est né en 1890, comme de Gaulle qui sera plus tard son camarade de captivité en Allemagne et lui donnera des leçons de français.

Le futur maréchal est un jeune homme séduisant, brillant, cultivé et excellent musicien. Avant la Première Guerre mondiale, Toukhatchevski est sorti major de l'École militaire. Prisonnier de guerre, il réussit à s'échapper et revient en Russie en 1917. Il se met aussitôt au service de la révolution. D'abord parce qu'il considère que la guerre contre l'Allemagne a été menée en dépit du bon sens et ensuite parce qu'il estime que son pays a besoin d'être sérieusement réformé.

Sans être encore enrôlé dans les rangs du Parti communiste, il reconnaît cependant que l'action de Lénine va dans la bonne direction et participe activement à la guerre civile en combattant les armées blanches.

Très vite, Toukhatchevski est considéré comme étant l'un des meilleurs officiers de l'armée Rouge et même une sorte de génie de l'art militaire. Autant de compliments qui emportent son imagination : dans une lettre, il se voit comme un nouveau Bonaparte, celui de la campagne d'Italie. Sans toutefois imaginer un autre 18 Brumaire.

Audacieux, fringant, en 1920, il s'oppose déjà au futur « Petit Père des peuples » à propos de la Pologne où l'armée Rouge vient de subir un cuisant échec. Toukhatchevski impute cette défaite à Staline qui a fait de mauvais choix tactiques. Le futur maître du Kremlin, bien connu pour avoir la rancune tenace, n'oubliera pas.

La suite immédiate n'est pas très glorieuse pour Toukhatchevski. Sous les ordres de Trotski, il participe à l'écrasement des marins mutins de Cronstadt. Puis il commande la répression d'une révolte paysanne à Tambov et fait alors preuve d'une excessive sévérité, utilisant même des gaz pour venir à bout des rebelles.

La paix civile revenue, il gravit tous les échelons de la hiérarchie militaire. Président de l'Académie militaire, général d'armée, chef d'état-major, vice-commissaire à la Défense et enfin maréchal. On ne pouvait faire mieux et plus vite ! Les médailles tintinnabulent sur son plastron !

Plus sérieusement, Toukhatchevski apparaît rapidement comme un théoricien incomparable. Il écrit des dizaines et des dizaines de brochures sur la stratégie militaire et met en avant des idées révolutionnaires. Celle-ci, par exemple : il prône l'incursion profonde en territoire ennemi d'une masse de blindés, suivie par des unités motorisées et protégée par des avions. Une théorie déjà préconisée en France par le colonel de Gaulle et qui sera mise en œuvre en 1940 par les Allemands.

Toutefois, comme son ancien camarade de captivité, Toukhatchevski n'est guère écouté dans son propre pays. Ni Staline ni son âme damnée, le maréchal Vorochilov, ne retiennent cette nouvelle doctrine. À cette même époque, Toukhatchevski est aussi convaincu que, dans l'avenir, les troupes aéroportées joueront un grand rôle. Il faudra pourtant attendre les premiers revers de 1941 pour qu'enfin, on pense à appliquer les préceptes de Toukhatchevski.

Mais c'est un autre domaine qui lui sera fatal : celui de la coopération militaire entre l'Allemagne et la jeune URSS ! Une coopération secrète qui va être menée tambour battant par le maréchal et contribuera finalement à sa perte.

Tout commence très tôt, dès 1921, à l'initiative de Lénine qui juge qu'il y va de l'intérêt des deux pays, et malgré l'opposition d'un certain nombre de dirigeants bolcheviks. À la suite du Traité de Versailles, les forces armées allemandes ont été contraintes de faire de gros sacrifices : limitation du nombre de soldats, interdiction de construire des chars et des armes offensives, réduction de la flotte, etc. Quant à l'URSS, elle a absolument besoin de réorganiser l'armée Rouge. Et puis il y a la Pologne renaissante et indépendante qui pourrait représenter à terme une menace tant pour les Allemands que pour les Soviétiques. Vite, un accord confidentiel est conclu : les deux pays conviennent de créer un groupe industriel privé et secret chargé de concevoir et construire de nouveaux armements interdits par le Traité de Versailles sur le sol soviétique.

En même temps, s'ébauche une coopération dans tous les domaines militaires : formation des officiers, échange d'informations sur les armes nouvelles, contacts permanents entre les deux états-majors. Du côté soviétique, Toukhatchevski est chargé de mettre en musique cette collaboration. Non pas qu'il soit particulièrement germanophile, pas plus que Lénine d'ailleurs, mais le jeune maréchal ne voit que des avantages à cette coopération qui devrait permettre à l'armée Rouge de devenir une armée moderne. Et tant pis si l'Allemagne en profite pour reconstituer ses forces et construire en toute illégalité internationale de nouveaux avions sur le sol soviétique !

Toukhatchevski se rend à de nombreuses reprises à Berlin. Il visite des usines d'armement, assiste à des manœuvres. Bref, c'est l'entente cordiale et, entre militaires, on fraternise.

Cependant, en 1933, à l'arrivée au pouvoir de Hitler, ces liens étroits et confiants se distendent. Au moins apparemment. Alors que les communistes vont bientôt se lancer dans une gigantesque campagne internationale antifasciste, la collaboration avec Berlin devient embarrassante.

Mais Staline, tout autant que Hitler, est un pragmatique et fait fi de l'antagonisme idéologique entre les systèmes nazi et soviétique. De la même façon que, dans la phase de la montée en puissance du nazisme, Moscou a laissé tomber les socialistes allemands jugés anticommunistes et donc beaucoup plus dangereux que les nazis, Staline n'a de cesse de vouloir conclure un accord avec Hitler. Ce qui interviendra finalement en 1939 avec la signature du pacte germano-soviétique. La raison en est simple : le dictateur soviétique veut que le Führer attaque le camp occidental et fasse en somme le travail à sa place. C'est pourquoi, jusqu'au bout, refusant de prendre au sérieux la menace allemande, il sera pris au dépourvu par l'opération Barbarossa de juin 1941.

Les chefs militaires des deux pays sont déçus par l'abandon d'une coopération militaire qu'ils jugeaient très positive dans tous les domaines. Toukhatchevski est de ceux-là et, comme à son habitude, ne manque pas de le faire savoir. Toutefois, il ne tarde pas à évoluer. Et d'abord parce qu'il prend progressivement conscience du danger que représente l'Allemagne hitlérienne.

Plusieurs signes sont inquiétants : la signature d'un pacte de non-agression entre l'Allemagne et la Pologne, ennemi héréditaire de la Russie, et surtout la décision de Hitler de ne plus respecter les limitations militaires exigées par le Traité de Versailles. Le Führer, décidé à réarmer son pays, sera forcément tenté un jour ou l'autre de se servir de cette armée nouvelle et puissamment motorisée. Dans ce cas, l'URSS pourrait bien être l'un des premiers objectifs du chancelier allemand.

Toukhatchevski met en garde Staline : la menace est réelle, il faut nouer des alliances à l'ouest. Avec la France et la Grande-Bretagne.

Mais Staline, qui travaille secrètement à obtenir un accord avec Hitler, ne l'entend pas. Toukhatchevski, furieux, ne veut pas en rester là. D'autant qu'il n'ignore rien des contacts clandestins qui existent entre un affidé de Staline, Karl Radek, et un important agent des services secrets allemands, le colonel Nicolaï. Un homme qui était sans doute un agent double travaillant aussi pour les Soviétiques.

En 1935, Toukhatchevski franchit le Rubicon : il publie dans la *Pravda* un retentissant article où il dénonce les intentions belliqueuses de Hitler et dresse un état alarmant des forces allemandes ! Tant à Berlin qu'à Moscou, on enrage.

Qu'importe ! Pour le maréchal, c'est le début d'une vraie croisade qu'il entend mener contre Hitler et les dangers qu'il représente ! En ce sens, c'est un pionnier. À l'époque, dans la vieille Europe, peu de gens s'inquiètent. Certains se félicitent même de voir un dirigeant politique mener une politique résolument antibolchevique ! Entre Staline et Hitler, ils ont déjà choisi !

La croisade de Toukhatchevski le mène d'abord à l'Ouest. En 1936, il se rend en Grande-Bretagne puis en France.

À chaque fois, étant donné son rang et son prestige, il est reçu par les plus hautes autorités militaires de ces pays et essaie de les convaincre de la menace hitlérienne. Les résultats qu'il obtient sont néanmoins médiocres. Les Britanniques ne sont nullement persuadés de la dangerosité nazie et pensent que Toukhatchevski bluffe et exagère. Même son de cloche en France : c'est à peine si le chef d'état-major, le général Gamelin, l'écoute. Nos grands chefs, tant militaires que politiques, dont le très influent maréchal Pétain, sont alors persuadés de l'invulnérabilité de l'armée française. Quant à *Mein Kampf*, ils ne l'ont même pas lu !

Seule satisfaction de Toukhatchevski, lors de son voyage en France, il a pu rencontrer quelques-uns de ses anciens compagnons de captivité en Allemagne, et parmi eux le futur général de Gaulle.

Grâce aux anges gardiens du NKVD qui accompagnaient le maréchal, Staline a bien entendu obtenu un rapport sur tous les entretiens de Toukhatchevski. Celui-ci n'ignorait rien de la surveillance dont il était l'objet. Mais à l'époque, il pensait, à tort, qu'il était intouchable. Grave erreur ! Pour Staline, nul n'était à l'abri ! Pas même le numéro un de l'armée Rouge ! Péché d'orgueil de Toukhatchevski ? Sans doute. En fait le maréchal a sous-estimé à la fois la folie destructrice de Staline et la détermination de ceux qui voulaient sa perte !

Seul un doute demeure : qui, de Staline ou de Hitler, a pris l'initiative de faire tomber Toukhatchevski, leur adversaire commun ?

À la vérité, la balance penche plutôt du côté de Staline. Le maître du Kremlin voulait à tout prix se débarrasser de cet aristocrate arrogant qui, en raison de sa popularité, représentait un danger pour lui. Sur ses ordres, le NKVD, va donc monter un piège particulièrement subtil.

Étrangement, tout commence à Paris. À cause de la présence dans la capitale d'un certain général Skobline.

Un personnage dont on a beaucoup parlé quelques années plus tôt à l'occasion de la mystérieuse disparition d'un général russe blanc, Koutiepov, chef du ROVS, une association d'anciens militaires exilés qui avaient combattu contre l'armée Rouge[56]. Skobline, membre dirigeant de cette même organisation, avait en effet été soupçonné d'avoir participé à l'enlèvement par la police française, étonnée par le train de vie du général Skobline. Il se murmurait déjà que ce dernier était rétribué par les services soviétiques. Mais le général a été blanchi par ses pairs et il n'a plus été inquiété par la police.

Pourtant Skobline est réellement un espion soviétique. Le NKVD a en effet infiltré les organisations de Russes blancs. Mais l'ancien général travaille aussi pour les nazis. Plus étonnant encore : à Moscou, on sait très bien que Skobline est un agent double. C'est même pour cette raison qu'on va faire appel à lui.

Son officier traitant du NKVD se rend à Paris et lui expose sa mission : il doit aller à Berlin et rencontrer le chef du SD[57], le service de sécurité du IIIe Reich, Reinhard Heydrich. Il lui fera part d'une information explosive : des maréchaux et généraux soviétiques préparent un attentat contre Staline. Pour pimenter la sauce, Skobline ajoutera que ces comploteurs sont en relation avec des officiers supérieurs allemands. Enfin, il suggérera que l'intérêt du IIIe Reich serait effectivement de donner un petit coup de main à ces comploteurs. Et donc de contribuer ainsi à se débarrasser de Staline.

Skobline remplit sans difficulté sa mission. L'information remonte jusqu'à Hitler. Le Führer n'est pas enthousiaste. Les deux dictateurs ont encore besoin l'un de l'autre. La présence du premier justifie la politique du second. Et vice versa. En outre, Hitler pense, non sans raison, qu'un putsch militaire à Moscou

56. Koutiepov, selon toute vraisemblance, a été kidnappé et physiquement éliminé par des agents de Moscou.
57. *Sicherheitsdienst*.

pourrait donner des idées à ses propres généraux qui sont loin d'être tous acquis au nazisme.

Le renseignement de Skobline n'est pas pour autant négligé : Heydrich suggère une autre idée, beaucoup plus vicieuse. Connaissant la nature soupçonneuse de Staline, pourquoi ne pas informer indirectement le maître du Kremlin qui ne manquerait pas de réagir avec sa férocité coutumière et se livrerait à une purge au sommet de la hiérarchie militaire ? Une saignée qui affaiblirait durablement l'armée Rouge.

Le plan Heydrich est approuvé par le Führer. L'état-major nazi ne met donc nullement en doute les révélations de Skobline. Comme celles-ci ont été directement inspirées par Moscou, cela signifie que le NKVD a prévu la réaction de Reinhard Heydrich.

Le chef du SD se met immédiatement au travail. Il faut crédibiliser l'information qui sera transmise à Staline. Heydrich commande la confection d'un dossier accusateur contre Toukhatchevski qui est, selon Skobline, l'âme du complot !

La clé de l'accusation est l'éventuelle complicité du maréchal soviétique avec les généraux allemands. Il faut donc donner une base concrète à ce soupçon. Les services de Heydrich disposent de documents qui peuvent servir à conforter le dossier : dans les archives de l'armée allemande, il existe de nombreux documents signés de la propre main du maréchal Toukhatchevski à l'époque où l'armée allemande et l'armée Rouge coopéraient étroitement. Il suffit donc de procéder à quelques falsifications pour actualiser ces documents. Le SD ne manque pas « d'artistes » susceptibles de réaliser cette besogne.

Ensuite, il convient de faire en sorte que ce dossier de pièces contrefaites arrive jusque dans les mains de Staline. Très habilement, avant même de trouver un intermédiaire, Heydrich commence par une campagne de rumeurs. Dans les cercles du pouvoir, à Paris et à Prague, on murmure qu'un complot militaire se trame contre Staline. Dans ces deux capitales, on communique l'information au personnel diplomatique soviétique. Ce n'est pas innocent : à Paris, où l'on désire nouer une alliance militaire avec Moscou, le ministre de la Défense, Édouard Daladier, aurait pris lui-même l'initiative d'informer l'ambassadeur soviétique. À Prague, c'est encore plus évident : le président Benes, qui se sent menacé par les visions expansionnistes de Berlin, a très envie de faire plaisir à Staline. C'est ainsi que le dossier d'Heydrich arrive mystérieusement dans les mains du président tchèque qui le transmet directement à Moscou.

Aspect tragi-comique de cette affaire, Staline n'a nullement besoin d'être convaincu puisque c'est lui qui est à l'origine de la manœuvre. Mais, afin de mieux confondre Toukhatchevski et ses amis, il avait besoin de documents. On les lui apporte sur un plateau.

Les faux ont dû être fabriqués au début de l'année 1937. Au mois de mai, le maréchal Toukhatchevski est limogé et envoyé comme commandant d'une région militaire éloignée de Moscou. Il s'agit d'un camouflet ! Mais Staline n'a pas encore décidé de l'arrêter et de le déférer à la justice. Le « Petit Père des peuples » est en réalité victime de son propre jeu. Au fond, il n'est pas tout à fait sûr que ce complot qu'il a inventé de toutes pièces ne repose pas sur une réalité ! Alors, avant de frapper un grand coup, il préfère d'abord isoler Toukhatchevski en l'envoyant en province car il a peur que le maréchal ne soulève les troupes contre lui.

C'est donc seulement après avoir constaté que le chef d'état-major de l'armée Rouge se tient tranquille que Staline passe à l'action. Quinze jours plus tard, le maréchal et plusieurs autres dignitaires de l'armée Rouge sont officiellement accusés d'être d'infâmes traîtres qui conspirent contre l'URSS en collaboration avec l'état-major allemand et la Gestapo dans le but de renverser le camarade Staline !

Arrêtés, ils sont longuement torturés car on veut obtenir des aveux. Leurs familles sont aussi menacées. Toukhatchevski finit par craquer. Mais, lors de son procès qui se déroule à huis clos, il revient sur ses aveux extorqués sous la torture et accuse même courageusement Staline, ennemi du peuple et de l'armée Rouge !

Suprême machiavélisme de Staline, les juges sont d'anciens compagnons d'armes des accusés. Des hommes terrorisés qui n'osent pas désobéir au maître du Kremlin et prononcent donc des condamnations à mort. Verdict immédiatement suivi par des exécutions.

Ainsi commence l'épuration dans l'armée Rouge. Une purge insensée, terrible. Même les familles de ces officiers sont persécutées et quelquefois même punies de mort.

Cependant, dans cette affaire, il n'existe qu'un seul vainqueur : Hitler ! En donnant un coup de main à Staline pour se débarrasser de Toukhatchevski et ses amis, il a obtenu la décapitation de l'armée Rouge et il saura en profiter en juin 1941. Mais il ne s'attendait certainement pas à ce que Staline aille si loin !

Un fait confirme toutes ces assertions : peu de temps après le commencement de l'épuration, le général Miller, chef de cette organisation de Russes blancs, le ROVS, disparaîtra à son tour en plein Paris. Tout comme son prédécesseur, Koutiépov. Sans doute avait-il découvert les manigances de son adjoint, le général Skobline. Peut-être avait-il même percé les secrets de la manipulation montée contre Toukhatchevski ? Il devait donc disparaître.

Enlevé avec la complicité de Skobline, il a été conduit au Havre par ses ravisseurs. Et là, on l'a embarqué sur un navire commercial soviétique qui n'a pas tardé à prendre la mer. Direction l'URSS. Où il a vraisemblablement été éliminé.

Quant à l'agent double Skobline, il est parti en Espagne, malgré la guerre civile ! Il disparaît à son tour, sans doute liquidé par des agents soviétiques. Parce qu'il en savait trop !

14.

Les mythes de Pearl Harbor

7 décembre 1941. Il est 7h51 (heure locale) à Hawaï. Soudain, des dizaines d'avions apparaissent dans le ciel. Ils fondent sur Pearl Harbor, la base américaine située sur l'île d'Oahu. Le soleil rouge qui orne leur fuselage ne permet aucun doute : ce sont des appareils japonais, bombardiers-torpilleurs, bombardiers en piqué et chasseurs. Au total, ils sont trois cent cinquante et un. En deux vagues, ils pilonnent la flotte américaine et clouent au sol les avions sagement rangés, aile contre aile, sur l'aérodrome militaire.

Des croiseurs sont coulés, d'autres bâtiments sont en feu. Au sol, la panique est générale. Des cadavres jonchent le sol au milieu des cratères provoqués par les bombes. Malgré l'effet de surprise, la DCA abat quelques appareils ennemis qui s'écrasent en mer.

À 10h, les derniers assaillants s'éloignent dans un ciel noir de fumée et regagnent les six porte-avions qui les ont transportés. Le bilan est lourd : deux mille quatre cent trois Américains dont soixante-huit civils ont perdu la vie, cent quatre-vingt dix-huit avions ont été réduits à l'état d'épaves et dix-huit navires dont plusieurs croiseurs ont été touchés.

Les Japonais triomphent, ils ont infligé un désastre sans précédent à la flotte américaine.

À Washington, le président Roosevelt condamne avec la plus grande fermeté cette infamie commise avant même toute déclaration de guerre. Dès le lendemain, le Congrès, à l'unanimité moins une voix, l'autorise à entrer en guerre contre l'Empire du levant ! Pearl Harbor sera vengé !

Les premiers sondages l'indiquent : le peuple américain, traumatisé, approuve cette déclaration de guerre à une très grande majorité. Pourtant, six mois plus tôt, ces mêmes Américains s'étaient prononcés à 76% contre l'entrée en guerre de leur pays. D'où cet inévitable soupçon qui débouchera sur plusieurs enquêtes officielles[58] et donnera matière à de nombreux ouvrages historiques : sachant son peuple hostile à la guerre, le président états-unien n'a-t-il pas délibérément tendu un piège aux Japonais en se servant de l'appât que constituait Pearl Harbor ? Une accusation très grave car, si cette hypothèse était vraie, elle signifierait que Roosevelt a sacrifié plus de deux mille vies pour enfin obtenir que les États-Unis entrent en guerre. Ainsi qu'il le désirait depuis fort longtemps !

Naturellement tous les « complotistes » et autres « conspirationnistes » – qui pullulaient déjà aux États-Unis – ont repris à leur compte cette version machiavélique. Et il faut bien reconnaître que leur dossier est troublant, sinon convaincant.

En août 1940, le Japon, toujours plus belliqueux, s'empare de l'Indochine française. Le président Roosevelt décrète aussitôt un embargo sur les exportations de fer et de métaux à destination

58. La dernière en 1995, à l'initiative du sénateur républicain, Strom Thurmond.

de l'archipel japonais. En même temps, il décide d'accroître l'aide militaire à l'armée chinoise qui résiste à l'invasion de son territoire par les troupes nippones. Le président états-unien n'aura alors de cesse de multiplier les mesures économiques de rétorsion contre Tokyo, en essayant en particulier de bloquer ses indispensables approvisionnements en pétrole. Mais n'était-ce pas une provocation destinée à pousser les Japonais à attaquer les États-Unis ?

Franklin Roosevelt, même si les discours qu'il destinait à ses concitoyens étaient faussement apaisants, savait que la conflagration en Extrême-Orient était inévitable. Mais, tout en dénonçant les régimes totalitaires, il avait été réélu en 1937 en promettant à son pays de lui épargner la guerre. À moins, bien sûr, que les États-Unis ne fussent victimes d'une agression. On peut donc imaginer qu'il attendait avec une impatience certaine qu'éclatât l'incident qui lui permettrait d'obtenir du Congrès une déclaration de guerre et d'engager la lutte contre les puissances de l'Axe, Allemagne, Italie et Japon. Ce que lui réclamait ardemment le Premier ministre britannique, Winston Churchill.

En juillet 1941, le bellicisme nippon franchit un nouveau pas en concentrant une force d'invasion de trente mille soldats au sud de l'Indochine. Les stratèges américains pensent alors que l'armée impériale va tenter de s'emparer des champs pétroliers des Indes orientales néerlandaises (l'Indonésie). Roosevelt réplique en gelant les avoirs japonais aux États-Unis et en renforçant les mesures d'embargo. Objectif visé mais parfaitement irréaliste : le renoncement du Japon à ses conquêtes territoriales !

La tension monte encore d'un cran, mais la rupture n'est pas totale. Même si, de chaque côté, on se prépare. Les Américains n'en ignorent rien : les services de renseignements de l'armée états-unienne ont réussi à briser le code secret nippon qui chiffre les télégrammes diplomatiques. Ils savent donc depuis janvier 1941 que, sous l'autorité de l'amiral Yamamoto, les Japonais envisagent une attaque surprise massive contre l'une de leurs bases. Dans cette attente, la flotte de guerre américaine est transférée de San Diego, en Californie, à Pearl Harbor.

Mais où aura lieu l'agression ? Pour des raisons géographiques – la distance à parcourir – les cibles les plus évidentes seraient les Philippines ou l'île de Guam. Mais, bientôt, un homme va fournir une information de première main. Il s'appelle Dusko Popov. D'abord recruté par l'Abwehr[59], ce play-boy fortuné d'origine serbe a rapidement épousé la cause des Britanniques par haine du nazisme et offert ses talents à l'Intelligence Service[60]. Il a été affecté au Comité Double Cross, une structure chargée de retourner les espions allemands afin de procéder à des manœuvres de désinformation. Au cours de l'année 1941, son officier traitant allemand lui demande d'effectuer un travail d'enquête sur la base de Pearl Harbor. À cet effet, il lui remet un véritable questionnaire qui a été établi par le service de renseignements japonais. Détail piquant, ce document a été photographié et miniaturisé selon une méthode que les techniciens de l'Abwehr viennent de mettre au point et qui est promise à un grand avenir dans l'histoire de l'espionnage : le micro-point. D'autre part, Popov a appris par l'un de ses amis allemands que les services japonais ont demandé à leurs homologues du IIIe Reich un rapport sur une brillante opération effectuée en novembre 1940 par l'aviation britannique : le bombardement de la flotte italienne amarrée dans le port de Tarente.

La juxtaposition de ces deux informations peut donc laisser penser que les Nippons entendent réaliser à Pearl Harbor ce que la Royal Air Force a réussi à Tarente.

59. Service de renseignements de l'armée du IIIe Reich, dirigé par l'amiral Canaris.
60. Ian Fleming, lui-même agent de l'Intelligence Service, a rencontré Popov et en aurait fait le modèle de son futur personnage : James Bond.

Popov, qui a naturellement tenu au courant ses supérieurs britanniques, est invité par ceux-ci à se rendre aux États-Unis le plus vite possible. Il est muni des accréditations nécessaires pour entrer en contact avec le FBI, le seul service officiel de renseignements existant alors outre-Atlantique[61]. À charge pour l'agent double de transmettre aux Américains les renseignements vitaux qu'il a recueillis.

Ici, il faut s'étonner. Les dirigeants du Comité Double Cross n'ont certainement pas gardé pour eux les informations fournies par Popov. S'ils les ont transmises au gouvernement britannique, n'aurait-il pas été plus simple que celui-ci mette aussitôt en garde la Maison Blanche sur les menaces qui pesaient sur Pearl Harbor ? À moins que Churchill ait gardé sciemment le silence en espérant qu'une agression japonaise contre les États-Unis précipiterait leur entrée en guerre au côté de la Grande-Bretagne.

À New York, l'accueil réservé à Popov est méfiant. Son contact au FBI lui affirme que seul son patron, le légendaire Edgar Hoover, est en mesure d'apprécier l'importance des informations qu'il apporte. Mais, justement, le chef du FBI est en vacances. Popov s'impatiente. Le temps presse. Quand, enfin, l'agent double est reçu par Hoover, ce dernier le prend de haut. Patron du tout puissant FBI, il n'a nul besoin des services de ce play-boy douteux qui mène une vie amorale selon les informations qu'on lui a fournies. Bref, Popov qui n'est tout au plus qu'un rastaquouère aux yeux de Hoover, est vite mis à la porte. Il reste toutefois que le chef du FBI, malgré son hostilité, a été intéressé par la technique du micro-point et qu'il a eu en mains un exemplaire du questionnaire sur Pearl Harbor.

Qu'en a-t-il fait ? Son accès de colère passé, a-t-il pris conscience de son importance ? Et, dans ce cas, a-t-il rendu

61. L'OSS (ancêtre de la CIA) ne sera créé qu'après l'entrée en guerre des États-Unis.

compte au président Roosevelt ? Nul témoignage, nul document ne l'attestent. Le doute demeure. Il a été abondamment exploité par tous ceux qui croient à la duplicité du président américain.

Il n'est jusqu'aux graves négligences des chefs militaires qui commandent à Pearl Harbor, le général Short et l'amiral Kimmel, pour accréditer cette thèse. Le 27 novembre, l'état-major les informe qu'une attaque japonaise est possible dans les jours à venir. Pourtant ni l'un ni l'autre ne croient que Pearl Harbor sera la cible choisie. Une quasi-certitude confirmée par l'analyse du trafic radio des forces japonaises : tout indique que l'agression aura lieu sur une base plus proche du Japon. D'ailleurs, ces deux chefs n'imaginent même pas que la menace puisse venir du ciel ou de la mer. Ce qu'ils craignent par-dessus tout, ce sont les actions de sabotage terrestre : c'est pourquoi il a été ordonné que les avions soient parqués les uns contre les autres afin de faciliter la surveillance.

Le 2 décembre, Kimmel s'entretient avec son officier de renseignements. Celui-ci s'interroge : les porte-avions nippons respectent un silence radio total. On ignore donc leur position, remarque l'amiral. Qui ajoute avec un demi-sourire : *« Vous voulez dire que même s'ils étaient en train de doubler Diamond Head* (un cap à l'est d'Honolulu) *vous ne le sauriez pas ! »* L'officier fait oui. Mais Kimmel ne semble pas autrement inquiet.

Le lendemain, un câble de Washington avertit l'amiral : les diplomates japonais en poste dans la capitale fédérale ont reçu l'ordre de détruire leurs codes. C'est le signe qu'une attaque est imminente. Kimmel ne bronche pas. Il omet même de transmettre cette information à son collègue Short. Et n'aurait-il pas dû s'interroger sur le départ des trois porte-avions américains basés à Pearl Harbor sur décision de l'Amirauté ?

Si l'amiral Kimmel semble particulièrement insouciant – à aucun moment, il n'a envisagé de déployer les filets pare-torpilles –, il en va de même pour le général Short. Celui-ci néglige la surveillance radar de Pearl Harbor car il n'a pas confiance dans ce nouveau système. Il n'a pas non plus ordonné de camoufler les réservoirs de carburant ni même de veiller à ce que les batteries de DCA soient approvisionnées en munitions.

Après la guerre, ces deux chefs ont fait l'objet d'une enquête. Il leur a été reproché l'état d'impréparation dans lequel se trouvait la base de Pearl Harbor. Mais si, finalement, aucune charge n'a été retenue contre eux, c'est en filigrane l'autorité politique qui a été mise en cause. À commencer par le président Roosevelt, coupable de n'avoir pas commandé les travaux nécessaires pour sécuriser la base. Mais n'était-ce pas pour inciter les Japonais, parfaitement informés grâce à leurs espions locaux, à lancer leur raid contre Pearl Harbor ? Et pourquoi avait-il été ordonné aux trois porte-avions américains de prendre la mer, quelque temps avant l'agression japonaise ? Parce que la Maison Blanche, qui n'ignorait rien des intentions de Tokyo, voulait sauvegarder ces précieux bâtiments qui seraient plus tard les principaux outils de la future victoire de sa marine dans le Pacifique.

Pourtant le véritable mythe de Pearl Harbor se trouve ailleurs. Il faut d'abord savoir que l'attaque surprise de l'aéronavale japonaise a provoqué une intense émotion aux États-Unis. Un choc peut-être encore plus important que celui du 11-Septembre 2001 ! Mais surtout une humiliation sans précédent pour l'oncle Sam. Car au-delà du terrible désastre humain, il y avait aussi l'impressionnant bilan matériel : c'était le cœur de la flotte états-unienne qui avait été frappée ! Tel était en effet l'avis général et le ton des commentaires. Et aujourd'hui encore, on peut lire sous la plume d'historiens réputés que les trois-quarts de la puissance militaire maritime américaine avait été anéantis. Et de citer des chiffres impressionnants : plus de quatre-vingts navires auraient été touchés. Dans un récent documentaire, la BBC, réputée pour son sérieux, a même fait état de cent-dix-huit bâtiments coulés ou endommagés.

Ces appréciations ont été à l'époque largement reprises par la propagande japonaise qui ne pouvait que se réjouir de constater que son aéronavale avait porté un coup si dur à son ennemi. Mais rien n'était plus faux !

La réalité est celle-ci : dix-huit bâtiments ont été atteints par les bombes ou les torpilles japonaises. Trois, dont deux cuirassés vieillissants et un bateau-cible, ont été coulés. Parmi les quinze autres, dix ont été aussitôt réparés et ont pu reprendre le combat dès 1942. La flotte américaine n'est donc nullement défaite. Mieux, le gouvernement américain qui jugeait la guerre inévitable, avait pris les devants : sept cuirassés, six super-croiseurs lourds, dix-huit porte-avions, vingt-sept croiseurs, cent quinze destroyers et quarante-trois sous-marins avaient été commandés et étaient déjà en chantier dans les arsenaux du pays. Une formidable armada qui allait infliger de lourdes pertes à la flotte nippone sept mois seulement après le raid de Pearl Harbor.

Enfin, pour faire justice des accusations de duplicité de Roosevelt, il faut citer un membre de la sécurité de la Maison Blanche qui se trouvait dans le bureau présidentiel lors de l'annonce de l'attaque de Pearl Harbor. D'une façon assez pittoresque, il décrit ainsi la réaction de Franklin Roosevelt : *« Son menton s'avança de deux pieds environ au-delà de ses genoux et on avait là devant nos yeux le Hollandais*[62] *le plus en colère qu'on ait jamais vu ! »*

62. Roosevelt était d'ascendance hollandaise.

15.

Katyń, un mensonge de cinquante ans

Vingt-cinq mille sept cents morts ! Officiers, intellectuels, membres des professions libérales... Des représentants de l'élite de la nation polonaise. Tous assassinés d'une balle dans la tête.

Le premier charnier, comportant quelques centaines de cadavres, est mis au jour en août 1941 dans la forêt de Katyń par des soldats du IIIe Reich en route vers l'Est. Aussitôt, la propagande nazie s'empare de cette macabre découverte. L'hebdomadaire illustré de la Wehrmacht, *Signal*, publie des photos des exhumations des corps dont beaucoup portent un uniforme de l'armée polonaise. Les Soviétiques, qui occupaient cette région de l'est de la Pologne avant l'offensive allemande de juin 1941, sont naturellement accusés d'avoir perpétré ce forfait. Moscou nie et rejette la responsabilité des assassinats sur les nazis. Une attitude qui ne variera pas jusqu'en 1990.

Tout au long des mois qui suivent, la rumeur alimentée par la population locale, continue à courir. Il y aurait d'autres charniers de soldats polonais dans cette même forêt de Katyń[63]. En avril 1943, les Allemands découvrent de nouvelles fosses communes. Tandis que les autorités du Reich mettent sur pied une commission d'enquête internationale et demandent à la Croix-Rouge d'envoyer ses propres experts, les nazis exploitent l'affaire. Devant des journalistes neutres invités à visiter les charniers, les membres des services de Goebbels affirment : voilà ce qui attend la population allemande si les judéo-bolcheviques gagnent la guerre. La presse allemande enchaîne : c'est un massacre juif ! Et d'assimiler la tuerie de Katyń au prétendu meurtre rituel juif. Alors que quelques dizaines de kilomètres plus loin, la machine de mort d'Auschwitz tourne à plein régime.

La commission internationale, présidée par le professeur de médecine suisse Francis Lavigne, un scientifique notoirement hostile aux nazis, travaille un mois durant à Katyń. Le 30 mai, elle rend publiques ses conclusions : les officiers polonais ont été tués au printemps 1940. C'est-à-dire au moment où les troupes soviétiques contrôlaient ce territoire. Les experts de la Croix-Rouge polonaise aboutissent à la même conclusion. Toutefois, pour ne pas faire le jeu de la propagande nazie, leur rapport n'est pas publié.

Fin septembre 1943, l'armée Rouge repousse les troupes allemandes et reprend possession de la zone de Katyń. Le Kremlin demande au NKVD, l'ancêtre du KGB, de conduire une enquête sur les charniers. Un chirurgien de renom, Nicolaï Burdenko, se rend sur place. Il attribue la responsabilité des assassinats aux nazis en se basant sur le fait que toutes les victimes ont été tuées avec des armes allemandes chargées de munitions de même origine. Sans surprise, il situe la date des massacres

63. Continuons à écrire Katyń, même si les tueries ont aussi eu lieu à Karkow et Kalinine.

entre août et décembre 1941 alors que les troupes du IIIe Reich avaient envahi l'est de la Pologne.

En même temps, toujours sous le contrôle du NKVD, le terrain est « préparé » ! Des milliers de cadavres sont déplacés, des pièces à conviction sont détruites. Il s'agit clairement de brouiller les pistes.

Quoi qu'il en soit, les travaux de Burdenko serviront de référence devant le tribunal international de Nuremberg qui jugera, à partir de 1945, les criminels de guerre nazis. Cependant, au grand dépit des Soviétiques et du procureur Vychinski, les juges ne retiendront pas la culpabilité des Allemands dans l'affaire de Katyń. Ce qui signifiait *a contrario*, même si ce ne fut pas exprimé ainsi, que Moscou était impliqué dans cette infamie.

Staline, indigné, réplique à sa façon : les accusateurs sont des complices des nazis et, en ce début de guerre froide, ils obéissent à des objectifs purement anticommunistes. À l'Ouest, les dirigeants des grandes démocraties ne bronchent pas. La zone de Katyń devient interdite et un film de propagande est tourné. On y voit des images enregistrées en 1943 lors des expertises de Burdenko. Des caricatures d'autopsies : cadavres déterrés fendus en deux, têtes séparées des corps, sans nul souci médical ! Ne s'agit-il pas plutôt d'effacer des preuves et d'empêcher toute reconstitution ultérieure ? Ce document semble tellement anti-productif pour les Soviétiques qu'il disparaîtra rapidement des circuits cinématographiques et sera récupéré par des opposants polonais qui le cacheront pendant des décennies.

Après la Seconde Guerre mondiale, le silence retombe donc sur Katyń. Malgré certaines initiatives officieuses. En 1949, par exemple, un ancien ambassadeur états-unien en Pologne, Bliss Lane, dirige une enquête privée. Puis en 1951, en pleine guerre de Corée, d'anciens prisonniers de guerre obtiennent du Congrès américain la constitution d'une commission spéciale. Elle établit la responsabilité des services secrets de Staline et juge que des poursuites devant une Justice internationale devraient être engagées. Non seulement, ces recommandations restent sans effet mais le gouvernement britannique rejette ses conclusions.

En 1970, Londres s'oppose à l'érection d'un monument affichant 1940 comme date des massacres. Et en Pologne même, en 1981, un mémorial érigé par le syndicat Solidarność portant la mention «*Katyń, 1940*» est remplacé dans l'urgence par une stèle dédiée aux soldats polonais victimes du fascisme hitlérien.

Entre-temps, à Moscou, Chelepine, le chef du KGB, a proposé à Khrouchtchev de détruire les fiches individuelles des prisonniers polonais arrêtés en 1940 par le NKVD au prétexte qu'elles ne présentent plus de valeur historique et que rien ne doit pouvoir remettre en cause la version soviétique officielle telle qu'elle a été validée par la commission Burdenko. Le numéro un du Kremlin donne son accord: les fiches sont détruites.

Il n'empêche que Katyń continue à hanter les esprits: au cours de la décennie 80, des dissidents soviétiques reprennent les accusations contre le NKVD et l'on voit poindre des manifestations hostiles à Moscou, en Pologne et à l'étranger. Mais il faut attendre la fin des années 80 pour que, Glasnost et Perestroïka obligent, Moscou autorise les historiens à compulser les archives fermées jusqu'alors.

Presque fortuitement, des chercheurs travaillant pour le Centre pour la conservation des documents historiques découvrent des pièces qui témoignent de la responsabilité soviétique dans les massacres. C'est un vrai coup de théâtre, même si ces historiens ne trouvent nulle trace d'un ou plusieurs ordres d'exécution! Gorbatchev ne tarde pas prendre la mesure de cette révélation. Dès le 13 avril 1990, les autorités russes admettent leur culpabilité. Puis en octobre de la même année, le Secrétaire général du Parti communiste de l'URSS présente des excuses officielles aux autorités polonaises.

Il reste toutefois à comprendre comment et pourquoi les agents du NKVD ont procédé à ces massacres.

Fin 1991, Gorbatchev jette l'éponge. Boris Eltsine a gagné et va mettre fin à l'existence de l'URSS. Avant de se démettre, le numéro un soviétique remet à son rival les archives secrètes du Politburo. Le secret de Katyń se trouve parmi ces documents. Mais il faut attendre septembre 1992 pour qu'une commission créée par Eltsine ouvre ces boîtes scellées auxquelles n'avaient accès que le secrétaire général du Parti, le chef du KGB et le directeur du Département général du Comité central.

La vérité va pouvoir enfin être révélée !

Pour bien comprendre, il faut remonter à l'acte fondateur, la signature du pacte germano-soviétique en août 1939. Des clauses secrètes prévoient que les deux puissances se partageront presque à égalité le territoire polonais, les Allemands à l'ouest, les Soviétiques à l'est.

Hitler ne tarde pas à passer à l'action : à la suite d'une provocation orchestrée par les services secrets du Reich, les troupes allemandes entrent en Pologne le 1er septembre 1939. Deux semaines plus tard, le 17, l'armée Rouge entre en scène. De part et d'autre, on ne compte plus les exactions. Mais, officiellement, Moscou justifie son intervention en affirmant son désir de venir au secours des populations biélorusse et ukrainienne de la Pologne orientale, menacées par l'avancée allemande. Dans le jargon soviétique, le Kremlin tend ainsi une main fraternelle au gouvernement de Varsovie. Le 22 septembre, on assiste à un défilé commun des troupes allemandes et soviétiques à Brest-Litovsk. Et, le 28, Varsovie capitule.

Dès son entrée en Pologne, l'armée Rouge, secondée par des agents du NKVD, procède à des nombreuses arrestations de militaires polonais, certains ayant été capturés alors qu'ils luttaient encore contre l'envahisseur nazi en septembre 1939. Des résistants, des fonctionnaires, des étudiants mobilisés et des membres de l'élite civile (médecins, avocats, professeurs) les rejoignent. Tous sont détenus dans les camps de concentration de Kolzielsk, Starobielsk et Ostachkov. Ou bien encore dans des prisons biélorusses et ukrainiennes. Au total, ils sont deux cent cinquante mille.

Les simples soldats sont assez rapidement libérés. Quelques milliers, originaires de Pologne occidentale, sont cependant livrés aux Allemands. Le tri continue jusqu'à la fin de l'année. Les prisonniers subissent de longs interrogatoires. Il s'agit de savoir quels sont ceux qui seraient enclins à servir un régime communiste. Mais bien peu sortent des rangs.

La population n'est pas épargnée : des centaines de milliers de Polonais sont envoyés au Goulag. Reste à régler le sort des vingt-cinq mille sept cents prisonniers détenus dans les camps de concentration, dont une majorité d'officiers, de sous-officiers et de membres des forces de l'ordre.

À Moscou, au début de l'année 1940, Lavrenti Beria, grand maître des organes de sécurité, envoie une note à Staline. Il y explique que tous ces prisonniers sont des ennemis jurés du pouvoir soviétique, des ennemis de classe, incorrigibles. Il suggère donc leur élimination.

La décision finale revient au Politburo, c'est-à-dire à Staline. Le dictateur n'est guère enclin à faire preuve de mansuétude : depuis longtemps, il éprouve une véritable aversion pour les Polonais. Une haine qui remonte à l'année 1920 qui a vu l'armée Rouge défaite et humiliée devant Varsovie. Or, Staline porte une responsabilité personnelle dans cet échec.

Le 5 mars 1940, les membres du Politburo se réunissent au Kremlin. Il y a là Staline, Beria, Vorochilov, Mikoyan, Molotov. Kaganovitch et Kalinine, absents, ont par la suite approuvé la terrible décision qui a été prise en ce jour. Staline lit la note du chef du NKVD. À l'unanimité, les hiérarques soviétiques donnent leur accord pour que le châtiment suprême soit appliqué à ces vingt cinq mille sept cents prisonniers, sans mise en accusation ni comparution préalable devant un tribunal. Ordre est donné au NKVD d'exécuter la sentence : une balle dans la tête, la méthode ordinaire des agents soviétiques. Au cours de cette même réunion au sommet, il est décidé que les familles des victimes seront arrêtées et déportées en URSS.

Les assassinats commencent aussitôt avec des armes allemandes saisies en Lettonie lors de l'invasion de ce pays balte par l'armée Rouge. Les tueurs du NKVD sont des professionnels : ils tirent dans un triangle précis situé à l'arrière du crâne et ils n'utiliseront qu'exceptionnellement une deuxième munition pour donner la mort. Les exécutions en forêt de Katyń ont lieu au bord de fosses communes : les dépouilles tombent d'elles-mêmes dans le charnier. À noter que les Allemands des *Einsatzgruppen* n'agiront pas autrement lorsqu'après l'invasion de l'URSS, ils commenceront à éliminer systématiquement les Juifs ukrainiens au cours de ce que l'on a appelé plus tard « la Shoah par balles » !

Quand la Wehrmacht envahit l'URSS le 22 juin 1941, le pacte germano-soviétique est annulé *de facto*. Mais, en forêt de Katyń, les massacres ont cessé et les fosses ont été recouvertes de terre. Staline a vacillé devant l'offensive foudroyante des troupes hitlériennes. Il lui faut s'assurer du soutien de l'Occident. Manifestation paradoxale de cette recherche d'alliance, le Kremlin décide d'établir des relations avec le gouvernement polonais en exil réfugié à Londres. Pour donner une preuve de sa bonne foi, Staline décide la libération des prisonniers de guerre polonais qui sont encore détenus. Des hommes qui sont autorisés à rejoindre l'armée du général Anders, en voie de constitution sur le territoire de l'URSS.

Fin 1941, Staline reçoit le général Sikorski, chef du gouvernement polonais en exil. Inévitablement, il est question de la mystérieuse disparition des milliers d'officiers polonais.

La question est d'autant plus sensible que les Allemands ont déjà découvert un premier charnier en forêt de Katyń. Staline ne semble nullement troublé. Répondant de façon évasive, il laisse entendre que ces militaires, fuyant l'avance allemande, ont vraisemblablement fui en Mandchourie. À moins que certains n'aient choisi de se cacher en URSS ! Sikorski est bien obligé de se contenter de cette réponse : la priorité est au combat contre l'ennemi commun : le IIIe Reich ! Et Staline de mettre en évidence que les accusations allemandes n'ont pour but que de créer des dissensions entre les Alliés.

Pour cette même raison, Américains et Britanniques feindront d'ignorer quel a été le sort réservé aux officiers de Katyń. Mieux, ils se rallieront à la thèse de la culpabilité des nazis. Pourtant ils savaient !

En mai 1943, des militaires allemands ont conduit de force deux prisonniers de guerre en forêt de Katyń. L'un était un capitaine britannique, Donald Stewart, et l'autre un lieutenant-colonel américain, John Van Vliet. Il leur a été montré les charniers, les cadavres momifiés recouverts d'uniformes polonais, les documents et objets trouvés sur les dépouilles. Méfiants, car craignant d'être manipulés, ces deux soldats en ont conclu néanmoins que les assassinats avaient eu lieu assez peu de temps après la capture de ces hommes, c'est-à-dire au début de la guerre. Et donc, quand les Soviétiques occupaient le secteur.

Ces militaires anglo-saxons ont pu ensuite transmettre un message crypté à Washington. Mais l'information, si elle est bien parvenue jusqu'à la Maison Blanche, n'a pas été exploitée. Elle a, bien au contraire, été passée sous silence : en pleine guerre contre l'Allemagne et le Japon, il ne s'agissait pas de fâcher « l'oncle Joe » comme on appelait familièrement Staline aux États-Unis.

L'argument est peut-être recevable. Mais pourquoi, après la défaite du Reich, alors que la guerre froide semblait inéluctable, les Alliés occidentaux de Staline ont-ils préféré garder le silence sur les véritables auteurs des horreurs de Katyń ?

Quant à Gorbatchev qui, en raison de son rang dans la hiérarchie du Parti, ne pouvait nourrir de doutes sur la responsabilité de ses compatriotes, il a eu au moins le mérite de soulever un coin du voile de l'hypocrisie. Mais il faut observer que les archives soviétiques, un temps ouvertes, ont été vite refermées par les successeurs des dirigeants soviétiques. Et si, comme certains historiens le pensent, il existe des films tournés par le NKVD lors des exécutions, ces pellicules sont rangées avec les cent seize volumes d'archives classées secrets d'État par le Kremlin !

Bien que Poutine ait dénoncé les crimes de Katyń en 2008, il y a peu de chances que le pouvoir russe livre d'autres détails sur les massacres. C'est pourquoi, constatant les réticences du Kremlin, en avril 2012, la Cour européenne des droits de l'homme a condamné la Russie pour non-respect des droits des descendants des victimes de Katyń.

16.

Prosper : une mystification meurtrière

« Prosper » était le nom d'un réseau du fameux SOE, le *Special Operation Executive*, c'est-à-dire l'organisme secret anglais chargé de diriger la lutte clandestine sur le sol de l'Europe occupée. Avec, comme directive, le célèbre slogan de Churchill : *« Et maintenant, mettez le feu à l'Europe ! »*

En 1943, « Prosper » est l'un des réseaux les plus importants de France puisqu'il couvre une bonne moitié du pays et regroupe des centaines de résistants. Malheureusement, tous ou presque ont été démasqués, arrêtés, torturés, déportés, et la plupart ont péri dans des camps allemands.

Pourquoi et dans quelles conditions ce réseau est-il tombé ? Y a-t-il eu trahison ? C'est certain. Mais, au-delà de cette évidence, se dissimule une autre explication. Une vérité incroyable. Et pour tout dire monstrueuse... L'un des plus grands mensonges de la Seconde Guerre mondiale !

Prosper était le nom de code d'un major britannique, Francis Ayred Suttil. Né à Lille de père anglais et de mère française, cet officier connaissait parfaitement notre langue qu'il parlait avec un léger accent. Avoué dans le civil, il s'est engagé dès le début de la guerre et il a été affecté à la section française du SOE. Après avoir subi un sévère entraînement de plusieurs mois, il a été parachuté en Touraine en 1942. Il y a rejoint un petit groupe d'agents du SOE, parmi lesquels un courageux lieutenant français, Pierre Culioli, le major Gilbert Norman, opérateur radio, Andrée Borrel, lieutenant, vingt-trois ans seulement, la meilleure de nous tous selon Suttil. Ou encore un jeune garçon qui se fera un nom plus tard, Gérard Oury.

En quelques mois, Suttil, alias Prosper, réussit à créer soixante branches de son organisation, voyageant sans cesse sous une fausse identité, d'Orléans à Saint-Quentin en passant par Angers, Bourges, Troyes et Châlons-sur-Marne. Mais c'est surtout en Sologne que le réseau « Prosper » s'est montré le plus actif. Dans cette région boisée propice à la lutte clandestine, les agents du major Suttil ont mis en place toute une structure destinée à recevoir les parachutages britanniques en créant des terrains d'aviation clandestins pour la réception ou l'évacuation des agents. Enfin, et surtout, en rayonnant à partir de la Sologne, ils ont perpétré des dizaines de sabotages contre les installations industrielles contrôlées par les Allemands. À Blois, à Orléans, à Tours et jusque dans la région parisienne. Parmi les nombreux exploits du réseau, il faut mentionner en particulier le dynamitage d'un train qui a explosé en gare de Caen devant un hangar bourré de munitions et de matériel militaire.

Suttil a donc réalisé un excellent travail. Toutefois, en grossissant si vite, son organisation devenait aussi de plus en plus difficile à contrôler. La sécurité, à commencer par l'indispensable cloisonnement, y perdait en efficacité. Par là même, la pénétration du réseau devenait possible. Son démantèlement aussi. C'est ce qui s'est passé... Mais le plus étrange dans cette affaire, c'est que Londres, constamment informé, ne pouvait ignorer ce danger. Or, apparemment, la direction du SOE a laissé faire, condamnant ainsi ce réseau à la destruction et nombre de ses membres à la mort !

Un homme a joué un rôle central dans la malheureuse histoire de « Prosper ». Henri Déricourt. Une gueule de cinéma. Et avec ça, l'air crâne des hommes assurés de plaire aux femmes. Aviateur, il commence sa carrière comme pilote d'exhibition. Engagé par la toute nouvelle compagnie *Air France*, il vole sur la ligne Paris-Berlin. Intelligent, c'est un très bon pilote, doté d'un sang-froid à toute épreuve. À la déclaration de guerre, en 1939, Déricourt est mobilisé dans l'aviation française. Il est alors basé en Syrie. Lorsque les Anglais entrent dans ce pays, Déricourt quitte l'armée et est engagé par une compagnie aérienne britannique. En 1942, il revient à Paris, se marie et installe sa femme dans un bel appartement du XVIe arrondissement. Mais, soudain, il décide de passer en Angleterre : il veut combattre !

On ne refuse pas la candidature d'un pilote aussi expérimenté ! Seulement, avant de l'incorporer, le contre-espionnage britannique lui fait subir un sévère interrogatoire. *« Avez-vous déjà été en contact avec un service de renseignements ? »* Manifestement, le MI5 a des raisons de nourrir des soupçons. Mais Déricourt nie avec aplomb. Et pourtant, il ment. Ce que ne semblent pas ignorer les agents qui le questionnent. Cependant, contre toute attente, le Français est engagé !

Un éminent personnage est intervenu en sa faveur : un certain major Bodington, l'adjoint du colonel Buckmaster, le chef pour la France du SOE. Cet officier a affirmé connaître Déricourt depuis longtemps et même lui porter une haute estime ! Conclusion apparente : Déricourt est un homme qui a déjà collaboré avec les services secrets britanniques.

Vraisemblablement avec une branche concurrentielle du renseignement, l'Intelligence Service, c'est-à-dire le MI6.

À la suite de cet interrogatoire, le pilote est donc autorisé à rejoindre la section française du SOE. Compte tenu de son expérience, il est envoyé en France avec mission d'organiser pour le réseau « Prosper », les liaisons aériennes entre la Résistance et Londres. Il doit repérer et aménager des terrains d'aviation clandestins qui ne seront balisés que la nuit, très ponctuellement, afin que les « escadrilles de la lune » puissent accomplir leurs dangereuses missions. À chaque atterrissage, dès que l'avion est posé, Déricourt et ses hommes réceptionnent passagers et matériel, et font éventuellement monter les agents qui rentrent à Londres. L'avion ne tarde pas à redécoller tandis qu'on efface toute trace de son passage.

Déricourt est donc désormais le maître d'œuvre de ces opérations délicates et jouit de l'entière confiance des Britanniques. Pourtant, ils pourraient légitimement s'inquiéter. Pourquoi, quelques jours seulement après son arrivée en France, l'aviateur a-t-il dîné à Paris avec un nommé Hans Boemelburg, un officier supérieur du sinistre SD[64] ? Et pourquoi le voisin de son appartement du XVIe arrondissement est-il un certain Hugo Bleicher, le plus perspicace chasseur de Résistants au sein de l'Abwehr, le service de renseignements de l'armée du IIIe Reich[65] ? Un voisinage qui ne doit certainement rien au hasard.

Alors, Déricourt est-il un traître ?

Au cours du printemps 1943, le pilote déborde d'activité. Les *Lysander* de la Royal Air Force livrent des quantités considérables de matériel. Des mitrailleuses, des mitraillettes, des grenades, des explosifs. Les membres du réseau « Prosper »

64. Le *Sicherheitsdienst*, service de sécurité et de renseignements des SS.
65. C'est lui qui a retourné Mathilde Carré, la « Chatte », devenue sa maîtresse.

utilisent du mieux qu'ils le peuvent ces armes tombées du ciel. Sabotages, attentats se multiplient dans cette première moitié de 1943... Mais soudain, alerte : on observe les premières arrestations.

On sait maintenant que Hitler, exaspéré par la recrudescence d'activité de la Résistance française, décide de frapper un grand coup. Ce sera l'opération « Donar[66] ». Tous les services de police et de contre-espionnage allemands, Abwehr, SD et Gestapo, sont mobilisés pour la grande traque.

Le danger vient d'abord de Hollande où les nazis ont réussi une habile manipulation. L'année précédente, un professeur réfugié en Angleterre après l'occupation de son pays a été renvoyé chez lui par le SOE, afin d'y prendre la direction de l'armée secrète. Mais ce Résistant, à peine arrivé, a été capturé avec son opérateur radio. Les deux hommes ont été contraints par les Allemands de se mettre à leur service et ont régulièrement envoyé à Londres des informations truquées ou mensongères[67]. Assez longtemps, les Anglais n'ont pas décelé la supercherie. Mais ils ont fini par douter quand ils ont constaté que le professeur ne fournissait pas la preuve d'une grande activité. Londres a donc exigé son retour, via Paris où le réseau « Prosper » organisera son départ en avion. Les Allemands trouvent aussitôt la parade : le professeur fait savoir à ses correspondants anglais qu'il lui est impossible de se déplacer. Mais il propose d'envoyer à sa place deux de ses agents hollandais dont son adjoint, un capitaine. Il s'agit bien sûr de deux taupes allemandes qui devront pénétrer le réseau « Prosper ». Pour parfaire la tromperie, les nazis vont arrêter l'un de ces deux faux Résistants hollandais. L'autre est pris en charge par les Résistants. Arguant de la nouvelle situation

66. Donar est le dieu allemand du tonnerre.
67. Il s'agit d'une opération de *funkspiel* (jeu radio) fréquemment utilisée par les agents allemands pour abuser leurs ennemis. Mais les services britanniques leur ont souvent rendu la pareille en retournant des espions nazis infiltrés en Angleterre.

créée par l'arrestation de son compagnon, il juge son exfiltration en Angleterre trop dangereuse. Installé au cœur du réseau, il va peu à peu le pénétrer.

Le démantèlement de « Prosper » commence donc ainsi. Mais il avait été amorcé quelque temps plus tôt. En 1942, l'occupant avait réussi à infiltrer un autre réseau, « Carte ». Tous ses membres n'avaient pas été capturés. Et certains ont été récupérés par « Prosper ». Mais il se trouvait parmi eux des agents qui avaient été ciblés par les Allemands et peut-être même retournés. Le ver était donc déjà dans le fruit.

Le major Suttil, échappe, lui, provisoirement à la traque. Mais il a désormais conscience qu'il existe des traîtres dans son organisation. Ses soupçons se portent sur Déricourt, l'homme des contacts aériens avec Londres, Déricourt qui transmet aussi tout le courrier de l'organisation... Prosper acquiert peu à peu la certitude que ces documents, avant d'être acheminés vers l'Angleterre, sont lus par les Allemands !

Suttil décide de se rendre à Londres afin de rencontrer ses chefs du SOE et de leur faire part de ses soupçons. Mais, à son grand étonnement, c'est à peine si on l'écoute. Il est aussitôt renvoyé de l'autre côté de la Manche, non sans avoir auparavant bénéficié de précieuses confidences : le débarquement des forces alliées sur les côtes françaises est proche. Il aura lieu là où le trajet par mer est le plus court, c'est-à-dire dans le Pas-de-Calais.

Pourquoi le SOE n'a-t-il pas accordé foi à ses soupçons à l'égard de Déricourt ? Suttil ne le saura jamais, mais l'explication est aussi simple que terrible. Londres considère que ce qu'accomplit Déricourt est plus important que la sécurité du réseau « Prosper » ! Plus important même que la vie des Résistants. Car s'il est vrai que Déricourt trahit, il le fait sur ordre !

Lorsque Suttil, désemparé, revient sur le sol français en juin 1943, il est en tout cas persuadé de l'imminence du débarquement. En conséquence, et selon les ordres qu'il a reçus, il redouble d'activité quel qu'en soit le prix à payer. À tous ses agents qu'il rencontre, il affirme que la bataille finale est proche et qu'il faut donc se préparer à des actions de guérilla. Malheureusement, dix jours plus tard, fin juin, Prosper est arrêté. Trahi à son tour, comme tant d'autres membres du réseau qui tombent alors comme des mouches au fil des cinq mois que durera le démantèlement de « Prosper ».

Interpellé, Suttil est pris en main par la Gestapo. Ses premiers interrogatoires ne portent pas sur le réseau dont les Allemands n'ignorent plus grand-chose, mais sur la date du débarquement allié qui, ils en sont persuadés, aura lieu tôt ou tard. Où ? Et quand ? Courageusement, malgré la torture, Prosper ne parle pas. Soudain, les sbires de la Gestapo changent de tactique : ils savent que des dizaines de tonnes de matériel ont été parachutées par les Anglais en vue de préparer l'insurrection qui doit accompagner le débarquement. S'il indique les lieux où sont cachées ces armes, ses hommes seront libérés.

Cela ressemble à un piège, mais Suttil se dit que s'il y a la moindre chance de sauver des vies humaines, il faut la tenter. En outre, officier britannique et gentleman, il ne peut imaginer un instant que des soldats renient leur parole. La mort dans l'âme, il accepte donc ce drôle de pacte d'honneur. Les Allemands raflent le matériel parachuté par les Anglais, des centaines de tonnes d'armes qui sont souvent dénichées par les gangsters de la célèbre « Carlingue », la bande de Bonny-Lafont. Mais, naturellement, les gestapistes s'abstiennent de respecter leur promesse. La plupart des femmes et des hommes du réseau sont envoyés dans des camps en Allemagne, où nombre d'entre eux finiront par être exécutés. Francis Suttil sera ainsi fusillé en mars 1945, à Sachsenhausen.

« Prosper » n'existe donc plus. Mais il était condamné depuis longtemps et ses membres promis à la mort.

Déricourt, lui, s'en est sorti. Quand l'adjoint de Buckmaster, le major Bodington, se rend personnellement en France afin d'évaluer l'importance du désastre, l'aviateur français le chaperonne. C'est bien la preuve que ses chefs anglais ont toujours confiance en lui. D'ailleurs, le pilote est bientôt appelé en Angleterre. Sa mission en France occupée est terminée. Le SOE le loge, lui et son épouse, qu'il a été exceptionnellement autorisé à faire venir avec lui, dans un grand hôtel. Mais, assez curieusement, après quelques semaines, il doit comparaître devant un tribunal secret. L'accuse-t-on d'être l'un des seuls survivants d'un réseau dont 400 membres ont été arrêtés et déportés ? En fait, une nouvelle fois, Déricourt est victime de la rivalité entre MI6 et MI5, c'est-à-dire entre service d'espionnage et service de contre-espionnage qui le soupçonne d'avoir trahi au profit du SD allemand. Mais l'Intelligence Service le défend et, sans révéler le secret de sa vraie mission, le tire des griffes de ses accusateurs. Ni inculpé ni condamné, il retourne vivre dans le confort du meilleur hôtel de Londres, le Savoy.

Quelque temps après, l'agent très spécial Henri Déricourt est proposé pour le DSO, le Distinguished Service Order, une distinction qu'on ne remet qu'aux plus braves. L'initiative vient du général Menzies lui-même, patron de l'Intelligence Service.

Le bouillant Déricourt n'en reste pas là. Fin 1944, il combat comme pilote de Spitfire. Abattu dans le ciel de France, grièvement blessé, il reçoit la croix de guerre. Et, la paix enfin revenue, il retrouve son poste de pilote de ligne à *Air France*. Mais il est dit que ce Déricourt n'est pas un homme comme les autres. En 1946, la douane anglaise le contrôle à Londres alors qu'il doit s'envoler pour Paris. En fouillant sa valise, on découvre de l'or et des billets de banque en quantité. Il est aussitôt accusé de contrebande.

De quoi s'agit-il ? Sans doute d'un transfert de fonds effectué pour le compte d'un service secret. Le plus remarquable est que sa défense est assurée par l'un des plus grands avocats anglais et que l'amende à laquelle il est condamné est payée par un mystérieux inconnu.

Toutefois, Déricourt n'en a pas encore fini avec la justice. Dans la période d'après-guerre, la police française essaie de faire la lumière sur les activités des responsables du SD allemand sous l'Occupation. Le nom de Déricourt est naturellement apparu dans le dossier. Il lui serait facile de dire qu'il a agi sur ordre en fréquentant des agents allemands... Hélas, il ne le peut pas ! Cette vérité ne lui appartient pas, même deux ans après la fin de la Seconde Guerre mondiale. Il s'agit d'un secret d'État, Un formidable secret.

Déricourt était en fait la cheville ouvrière d'une incroyable opération d'intoxication connue sous le nom de code « Starkey ». Son objectif, en 1943, est de faire croire à l'état-major allemand que les Alliés vont débarquer dans le Pas-de-Calais et la région de Bordeaux, afin qu'ils dégarnissent leurs forces en Europe du Sud. Là où les Alliés vont réellement débarquer[68]. Pour intoxiquer l'ennemi, on se sert de « Prosper ». Les Résistants du réseau ont été encouragés à entreprendre des actions clandestines afin de soutenir un débarquement qui n'était pourtant encore nullement prévu... Ces femmes et hommes ont été donc envoyés sciemment à la mort. Pire, Suttil et ses agents ont reçu de fausses informations sur ce prétendu débarquement car les dirigeants des services secrets anglais avaient prévu très cyniquement que certains d'entre eux allaient craquer lors des interrogatoires et livrer ainsi à leurs tortionnaires le secret du faux débarquement[69].

---

68. Voir chapitre suivant : « L'homme qui n'a jamais existé ! »

69. Gilles Perrault, dans *Le secret du jour J*, écrit ceci : « Londres n'ignore pas que l'organisation Prosper est à la dérive. Comme les autres, elle a voulu se faire aussi grosse que le bœuf. Elle en a oublié la règle du cloisonnement. Elle est pénétrée par l'ennemi. On sait que la trahison existe, mais on ne sait pas jusqu'où s'étend la gangrène. On conserve le contact, mais on est prudent. Dans le doute, on distille de faux renseignements, on parle de débarquer à l'automne 1943. » Ainsi, selon Perrault, les Anglais, quand ils ont compris que « Prosper » était un réseau infiltré, ont décidé de s'en servir cyniquement pour intoxiquer les Allemands.

Le rôle de Déricourt a été encore plus atroce ! Il a trahi sur ordre en communiquant à ses correspondants allemands, Boemelburg ou Bleicher, des informations sur « Prosper ». Il lui était donc impossible de dire cette terrible vérité devant le tribunal militaire français. Heureusement ses amis anglais sont venus à son secours. Le major Bodington – toujours lui ! – a témoigné en sa faveur et même déclaré très solennellement que, si la guerre recommençait, il n'hésiterait pas à faire de nouveau appel à Déricourt ! Après ce témoignage décisif, les juges ne pouvaient qu'acquitter Henri Déricourt.

Cependant, ce diable d'homme n'en avait pas encore fini. Au début des années 60, alors qu'il pilote un avion dans le ciel du Laos, au-dessus des champs de pavots, il est victime d'un accident dans des circonstances demeurées mystérieuses. Mais quelle mission remplissait-il alors ? Déricourt est parti avec ses secrets.

Il reste que beaucoup de questions restent sans réponse quant au spectaculaire démantèlement de « Prosper ». Certes, des archives se sont ouvertes dont, en partie, celles du SOE. Mais des mystères demeurent. Comme si le mensonge était si effroyable que personne ne voulait l'assumer.

17.

Mincemeat : l'homme qui n'a jamais existé

«Opération Chair à pâté»! Non, il ne s'agit pas du titre d'un film de Claude Zidi mais du nom de code d'une authentique opération de mystification militaire. Sans doute l'une des plus ingénieuses jamais imaginées par un service de renseignement.

«Opération Chair à pâté», donc. «*Mincemeat*» en anglais. Car cet extraordinaire canular a été mis au point par des officiers britanniques qui ont exercé en l'occurrence leur humour très british en choisissant cette appellation pour une opération où le personnage principal était un cadavre. Bref, de la viande froide.

Est-ce que «Mincemeat» a changé le cours de la Seconde Guerre mondiale comme certains le pensent ? C'est possible dans la mesure où cette supercherie a effectivement trompé Hitler et son état-major et facilité en 1943 le débarquement des troupes alliées en Sicile, alors qu'elles étaient attendues par les Allemands sur les côtes de Grèce et de Sardaigne. «Mincemeat» a donc amorcé la conquête victorieuse de l'Italie puis de l'Europe tout entière.

Littérature et espionnage font parfois bon ménage... La preuve avec la genèse de «Mincemeat»... À l'origine, il y a un petit ouvrage, *Le mémo de la truite*, rédigé en 1939 par le chef des services de renseignements de la Royal Navy, l'amiral John Godfrey, à destination des officiers qui étaient sous ses ordres. Il y comparait le métier d'agent de renseignements à la pratique du pêcheur de truites. Il écrivait par exemple: «*Toute la journée, le pêcheur de truite lance patiemment son leurre, change souvent de lieu et d'appât. S'il effraye le poisson, il lui arrive de rester immobile pendant une demi-heure, mais il n'en perd pas de vue pour autant son objectif principal: attirer le poisson en l'appâtant depuis son bateau.*»

Dans son opuscule, Sir John livrait quelques dizaines de procédés permettant d'appâter l'ennemi. Certains étant loufoques mais d'autres plus sérieux. À noter que l'amiral a coécrit son petit manuel avec son assistant, un certain Ian Fleming, futur créateur de James Bond[70]!

Fleming avait non seulement de l'imagination mais il avait beaucoup lu. Il s'était souvenu en particulier d'un livre de Basil Thomson, un ancien policier de Scotland Yard devenu un écrivain très prolixe. Dans cet ouvrage, il avait imaginé une ruse destinée à intoxiquer l'adversaire: à proximité d'une côte, un aviateur était censé avoir été victime d'un accident de parachute. Sur son cadavre, on trouvait des documents confidentiels. En réalité, de fausses informations qui avaient pour objectif d'abuser l'ennemi. C'était donc l'une des propositions contenues dans *Le mémo de la truite*.

70. Dans ses romans policiers, Fleming s'inspirera du vrai John Godfrey pour créer son célèbre personnage de «M»!

Fin 1942, les Alliés ont déjà pris pied en Afrique du Nord… L'étape suivante, c'est forcément un débarquement sur une côte européenne. Le commandement allié a déjà décidé qu'il aurait lieu en Sicile, afin de progresser ensuite dans la botte italienne. C'est d'autant plus judicieux que la Sicile n'est défendue que par des troupes italiennes, jugées moins performantes que les allemandes. Mais Hitler peut faire le même raisonnement et envoyer une division destinée à renforcer la défense de l'île. Par conséquent, il faut lui faire croire que le débarquement aura lieu ailleurs. Par exemple, en Grèce, voie d'accès vers les Balkans, une région qui fournit des matières premières essentielles pour le Reich. Hitler est donc presque naturellement amené à croire que les Alliés voudront débarquer en Grèce afin de progresser ensuite vers les Balkans. Mais il faut l'en persuader.

Curieusement, les promoteurs de l'opération « Mincemeat » se sont aussi inspirés d'un fait réel qui apparaît comme une première expérimentation grandeur nature, mais involontaire : en 1942, juste avant le débarquement allié en Afrique du Nord, un avion Catalina s'est écrasé en mer. À bord se trouvaient deux officiers chargés de documents top secret quant au déroulement de la future opération Torch[71]. Les deux cadavres se sont échoués sur la côte espagnole, près de Cadix. Ils ont donc été récupérés par les autorités espagnoles. Mais si l'Espagne était restée officiellement neutre pendant la Seconde Guerre mondiale, de nombreux dirigeants nourrissaient une sympathie certaine pour les nazis ! Par conséquent, les documents que possédaient les deux malheureux officiers ont été examinés par des agents allemands présents en Espagne avant d'être remis tardivement aux autorités britanniques. Londres en a obtenu la preuve grâce aux écoutes radio des services allemands. Cependant, les Espagnols, peut-être par superstition, n'ont pas osé s'emparer des documents qui

71. Nom de code du débarquement allié en Afrique du Nord.

se trouvaient dans la poche intérieure du cadavre du lieutenant Turner. Mais ils ont raflé ceux qui étaient transportés dans une serviette par l'autre officier, un agent de liaison des Forces françaises libres. Il s'y trouvait un carnet qui faisait vaguement référence au prochain débarquement en Afrique du Nord ! Les Allemands ont donc été avertis mais, pensant qu'il s'agissait d'un leurre, l'état-major hitlérien n'en a pas tenu compte !

Cette affaire était riche d'enseignements. D'abord, elle confortait le scénario de l'échouage d'un cadavre transportant des documents. Ensuite, et c'était essentiel, les services britanniques savaient que ces documents seraient lus par des agents allemands !

Le service qui va concrètement monter la mystification s'appelle le Comité Double Cross. Double Croix. Rassemblant des représentants des services de renseignements, de la marine, de l'aviation et de l'armée, il a été créé pour coordonner la manipulation des agents doubles. Sa mission consiste donc à tromper l'ennemi en l'intoxiquant par de fausses informations transmises par ses propres agents retournés.

Les scénaristes de « Mincemeat » sont deux. Le premier, Charles Christopher Cholmondeley mais on l'appelle plus simplement « Chumly », a vingt-cinq ans. Il est grand, maigre, et arbore une superbe moustache en guidon de vélo. Officiellement capitaine d'aviation dans la Royal Air Force, c'est le secrétaire du Comité XX, où il représente le MI5, le service de contre-espionnage. Volontiers excentrique mais militaire extrêmement efficace, c'est lui qui a repris au vol le stratagème décrit dans *Le mémo de la truite* et entrepris de le concrétiser. Le deuxième est le capitaine de frégate Ewen Montagu. Plus âgé que Chumly, il a quarante-deux ans. Élégant, flegmatique et amateur d'humour anglais, toujours la pipe à la bouche, ce fils d'un des grands barons de la banque juive en Angleterre appartient au département du renseignement de la Royal Navy,

Il est aussi réputé pour avoir un grand sens de l'organisation et maîtriser les détails.

En octobre 1942, seulement un mois après l'affaire des deux officiers victimes d'un crash aérien en Méditerranée, Chumly expose son idée devant le comité Double Cross : l'échouage d'un cadavre d'officier britannique censé avoir péri en mer dans un accident d'avion !

Première difficulté, il faut trouver un cadavre ! L'idéal, pour ne pas avoir de difficultés avec une éventuelle famille, ce serait un cadavre anonyme, celui d'un SDF, par exemple. Autre impératif, l'âge : censé être militaire, il doit être relativement jeune. Enfin, puisqu'il a péri en mer, il doit avoir de l'eau dans les poumons.

Chumly et Montagu font appel aux services du Dr Spilsbury, un célèbre médecin légiste qui est l'un des pionniers de la science criminologique en Grande-Bretagne. Avec l'aide d'un coroner bienveillant, ce praticien découvre à la morgue le cadavre assez récent d'un misérable sans famille connue, Glyndwyr Michael, qui s'est suicidé en avalant de la mort aux rats à base de phosphore, un poison qui a la particularité de laisser peu de traces dans l'organisme. Reste une question embarrassante : le cadavre a été trouvé. Mais maintenant, il faut le conserver suffisamment frais jusqu'au moment où on décidera de l'utiliser. Une congélation détruirait ses tissus mous. Néanmoins, il faut enrayer le processus naturel de décomposition. Aussi, sur les conseils du docteur Spilsbury, le cadavre est placé dans un bain de glace à l'intérieur d'un réfrigérateur très froid. Mais le praticien prévient : il faut faire vite : pas plus de trois mois ! Au-delà, on ne pourra plus en faire un noyé présentable. Or la tâche qui attend Chumly et Montagu avant de précipiter leur cadavre à la mer est considérable.

Première opération, il faut lui donner un nom et une légende comme on dit dans le monde du renseignement. C'est-à-dire une vie fictive. Il est donc décidé que la dépouille de ce pauvre

Glyndwyr sera désormais celle du capitaine William Martin, né à Cardiff et affecté aux opérations de harcèlement de l'ennemi sous le commandement de Lord Mountbatten. C'était un type intelligent, téméraire, issu de la bonne bourgeoisie galloise mais orphelin de mère. Pour parfaire le portrait, on lui invente une fiancée. Dans son portefeuille, on glisse une photographie (c'est celle d'une secrétaire du Comité Double Cross), deux lettres d'amour et une bague de fiançailles qu'il a achetée pour sa belle. Les deux scénaristes imaginent même que le garçon a un découvert bancaire. Le directeur de sa succursale bancaire lui a signifié son mécontentement dans une lettre furibarde

Il faut aussi fignoler tout ce qui concerne son statut militaire : plaque d'identification, papiers d'identité. Et là, nouvelle difficulté : le plus simple aurait été de photographier le cadavre et d'arranger un peu la photo. Mais le visage de Glyndwyr s'est considérablement dégradé. Aussi les deux compères ont-ils choisi de photographier un homme qui lui ressemblait… Enfin, toujours pour crédibiliser la légende du capitaine Martin, nos deux créateurs ont amassé des courriers et des objets permettant de retracer l'itinéraire et la vie de Martin dans les jours précédant son accident en mer.

Les documents secrets qu'il était censé transporter seront placés dans une serviette attachée par une chaînette gainée de cuir à la ceinture de Martin et à son poignet et non pas dans son portefeuille. Pour éviter que des Espagnols superstitieux n'osent le fouiller. En outre, cette chaîne attachée au cadavre indique qu'il s'agit là de documents très précieux et confidentiels.

Martin, officier dont l'avion s'est écrasé alors qu'il ralliait Gibraltar depuis la Grande-Bretagne, ne peut pas transporter des ordres de mission ou des plans de bataille : on ne confie pas de tels documents à un simple messager. Alors, nouvelle ruse, on imagine de confectionner une correspondance privée entre des officiers de rang suffisamment élevé pour que l'ennemi prenne au sérieux les renseignements qui y seraient glissés. Chumly et Montagu ont donc pensé à une lettre personnelle adressée par le général Archibald Nye, vice-chef d'état-major général, au général Harold Alexander en poste en Tunisie où il commande une armée auprès de Ike Eisenhower, le commandant suprême des Alliés !

Montagu a rédigé plusieurs brouillons avant de recevoir difficilement le feu vert de la hiérarchie. Des hésitations dues au fait que les généraux ne croyaient pas à l'efficacité de « Mincemeat ». Aussi, pour faire bonne mesure, Montagu a obtenu de l'amiral de la flotte, Lord Mountbatten, qu'il écrive de sa main une lettre adressée au commandant en chef de la Méditerranée, lettre dans laquelle il évoquait le capitaine Martin, présenté comme un spécialiste des engins de débarquement. Quant à la correspondance entre les généraux, elle permettait de désigner la Grèce comme étant la cible de la prochaine offensive alliée, la Sicile n'étant qu'une cible de diversion. Ce faisant, les deux faussaires jouaient avec le feu ! Car les Allemands pouvaient flairer la supercherie et penser que la Sicile était la cible cachée ! On risquait donc de renseigner l'ennemi au lieu de l'égarer ! D'autant que les Britanniques savaient, grâce à la machine Énigma qui permettait de lire à livre ouvert dans les communications militaires allemandes, que l'ennemi s'attendait à une manœuvre de désinformation… Toutefois, il était trop tard pour reculer. Et puis, toujours à cause de ce cadavre qui, malgré la glace dans laquelle il baignait, ne cessait de se dégrader, il fallait faire vite et procéder rapidement à son échouage !

Après de nombreuses consultations, le choix s'est porté sur Huelva, un port de pêche où non seulement les Allemands étaient présents mais où opérait un agent de l'Abwehr[72] très efficace. Il était donc possible d'imaginer que si le corps d'un

72. Service de renseignements de l'armée du IIIe Reich.

militaire britannique était retrouvé sur la côte, cet espion s'y intéresserait aussitôt et ferait son possible auprès des Espagnols pour obtenir des renseignements et même la consultation des éventuels papiers qu'on trouverait sur le cadavre. Cependant, il demeurait un dernier point à régler : comment transporter le cadavre du faux Martin ? Et comment le jeter à la mer ? Et accessoirement, comment être certain que le corps viendrait s'échouer sur la côte ?

Comme il n'était pas question d'utiliser un bâtiment de surface, trop visible de la côte, et comme un largage par avion aurait pu disloquer le cadavre et sa serviette, il a été décidé d'utiliser un sous-marin. La dépouille du faux capitaine Martin a été placée dans un coffre cylindrique en acier rempli de neige carbonique, une sorte de grande bouteille Thermos rangée dans la chambre des torpilles. Seul le commandant du submersible était dans le secret de la présence à bord de ce cadavre clandestin drapé dans un impeccable uniforme !

L'embarquement a lieu le 20 avril 1943. Le sous-marin prend la direction des côtes sud de l'Espagne qu'il atteint au bout de dix jours de navigation. Le 30 avril, le corps est sorti de son coffre, transporté à bord d'un canot pneumatique et finalement largué à un mile nautique de la plage de Huelva. Avant le départ, un spécialiste des courants marins a été consulté : le cadavre finira bien par s'échouer sur le rivage.

La question essentielle était celle-ci : les Allemands allaient-ils avoir accès aux documents du capitaine Martin ?

Grâce aux messages Enigma et au consul britannique présent sur place, voici ce que les coordonnateurs de l'opération ont pu apprendre. L'autopsie d'abord... Le médecin légiste, heureusement, n'était pas un phœnix... La couleur jaunasse de la peau du cadavre due à l'empoisonnement au phosphore ne l'a pas étonné. Comme il n'a pas non plus insisté sur le fait que l'état du mort n'était pas tout à fait compatible avec un séjour de cinq jours dans de l'eau froide, comme l'indiquait son prétendu emploi du temps qui s'arrêtait au 24 avril, jour présumé de l'accident... Lui penchait pour un séjour dans l'eau d'au moins huit jours. Néanmoins, il n'est pas allé plus loin. Bref, ce praticien a accumulé les négligences. Et, le 2 mai, on a procédé aux funérailles officielles du capitaine Martin. Avec les honneurs militaires !

Ses affaires étaient provisoirement dans les mains des autorités espagnoles avant d'être remises au consul britannique. Mais il en est décidé autrement : serviette et documents sont confiés à la Marine espagnole. Un motif d'inquiétude pour Chumly et Montagu : la Marine a plutôt des sympathies pour la Grande-Bretagne. Donc, après examen, la mallette risque d'être directement remise au consul britannique. D'autant que jusque là le super-espion allemand n'a pas réussi à jeter un seul coup d'œil sur les fameux documents.

« Mincemeat » risque donc d'échouer. Cependant, le ministre de la Marine, même s'il affiche des opinions anglophiles, cache son jeu. En réalité, il entretient aussi de très bonnes relations avec les Allemands. Ce dont va profiter le chef de l'Abwehr pour l'Espagne, un certain Kuhlenthal. Alertant les agents locaux de la Gestapo, il obtient que les services de renseignements espagnols s'intéressent à l'affaire. Des services dirigés par un phalangiste très pro-allemand.

Neuf jours après l'échouage du cadavre, les Allemands vont avoir enfin accès aux documents du faux Martin. Les agents du IIIe Reich photographient tous les papiers, recollent soigneusement les enveloppes qui les contenaient. Et la mallette est apportée à l'ambassade britannique de Madrid. Ni vu ni connu, pensent les Allemands.

À Londres, on pousse un ouf de soulagement ! Même si l'affaire n'est pas encore définitivement jouée.

Premier point positif : les hommes de l'Abwehr en poste à Madrid envoient les photocopies à Berlin avec un a priori favorable sur l'authenticité des documents. Mais, évidemment, le haut-commandement allemand ne peut pas en rester là. Les photocopies seront disséquées, analysées et, d'une façon générale, tout ce qui touche à l'affaire sera l'objet d'une minutieuse enquête.

Ce travail est confié au meilleur analyste du renseignement de l'armée, le lieutenant-colonel Alexis Baron von Roenne, qui appartient à la branche du renseignement militaire allemand pour les armées de l'Europe de l'Ouest. Un service qui diffuse des prévisions à long terme des plans de l'ennemi et des études détaillées des armées alliées, à destination d'Hitler et de tous les dignitaires du Reich, et qui n'a jamais été pris en défaut.

Von Roenne vérifie, scrute, analyse la moindre bribe de renseignement : les rapports de l'Abwehr, les communiqués qui ont été interceptés, les interrogatoires de prisonniers, les rapports de reconnaissance et documents saisis. Il confirme dans son analyse la véracité des informations recueillies dans les lettres transportées par le capitaine Martin. Et il écrit que les circonstances de la découverte ainsi que la forme et le contenu des dépêches sont des preuves absolument convaincantes de la fiabilité des lettres. Toutefois, il ajoute que la nouvelle de cette découverte devra être traitée dans le plus grand secret et divulguée le moins possible.

Quelques jours plus tard, encore une fois grâce à Enigma, les services alliés interceptent un télégramme envoyé par le général Jodl, chef de l'état-major de la Wehrmacht, et donc responsable de toutes les opérations militaires, au haut commandement du Sud, indiquant qu'un débarquement ennemi à grande échelle est projeté dans un proche avenir à la fois à l'est et à l'ouest de la Méditerranée. Donc, simultanément en Sardaigne et en Grèce, comme indiqué dans les documents « Mincemeat ».

Jodl ajoute que l'information provient d'une source pouvant être considérée comme absolument fiable. Et il donne enfin tous les détails de l'offensive en Grèce, telle qu'elle était décrite dans la lettre du général Nye au général Alexander.

« Mincemeat » était donc un succès. Pourtant il était encore permis de douter. Hitler lui-même n'avait pas encore donné son avis. Or, selon certaines sources, il aurait exprimé son scepticisme. Le Führer n'aurait pas exclu que le cadavre ait été délibérément placé entre les mains des services allemands. Et il n'a pas été le seul à avoir cet éclair de lucidité. Au sein même du service de von Roenne, des officiers, sans doute plus sceptiques, se posèrent des questions et prirent sur eux de demander plus de renseignements à l'Abwehr en Espagne.

Ils s'interrogeaient d'abord sur l'incohérence entre l'autopsie indiquant huit jours de décomposition et la chronologie établie par l'espion de l'Abwehr, Kuhlenthal, qui mentionnait juste quatre ou cinq jours entre la catastrophe aérienne et la découverte du corps. Autre sujet d'étonnement : comment un cadavre en décomposition dérivant depuis plus d'une semaine pouvait encore tenir sa mallette lorsqu'il fut récupéré ? Enfin si catastrophe aérienne il y avait eu, où se trouvait l'épave de l'avion ?

Le chef de l'Abwehr en Espagne, Kulhenthal, a trouvé des arguments convaincants pour tranquilliser ces officiers sceptiques. La controverse a ainsi pris fin. D'autant plus que l'analyse de Von Roenne avait déjà convaincu tout le haut commandement à Berlin !

Les Allemands ont donc définitivement mordu à l'hameçon. Hitler a renforcé la défense de la Grèce où il a envoyé Rommel. Et les forces alliées ont pu débarquer sans coup férir en Sicile, grâce à « Mincemeat ».

Toutefois les promoteurs de l'opération ont bénéficié d'un coup de pouce qu'ils n'avaient sans doute pas prévu. Selon certaines sources, von Roenne, analyste talentueux, a vu clair et compris la supercherie. Mais, fervent chrétien que révoltaient les exactions des nazis – il sera par ailleurs du complot de Claus von Stauffenberg contre Hitler[73] – il aurait sciemment trompé Hitler en affirmant que les documents « Mincemeat » étaient authentiques.

73. Initiateur de l'attentat de juillet 1944.

18.

L'homme qui croyait être un espion

L'affaire Cicéron est un classique de l'histoire de l'espionnage. Une histoire sur laquelle on croyait tout connaître.

Ankara, 1943. La Turquie, un pays encore neutre, est au centre de la guerre secrète que livrent les Alliés au IIIe Reich. Un diplomate allemand reçoit la visite d'un homme qui lui propose de lui fournir des documents provenant de l'ambassade anglaise contre une très grosse somme d'argent. L'Allemand se méfie. L'homme lui confie alors qu'il est le valet de chambre de l'ambassadeur britannique. Le diplomate en réfère à ses supérieurs, qui alertent eux-mêmes Berlin. Le feu vert est donné en un temps record. C'est ainsi que commence l'affaire Cicéron, Cicéron étant le nom de code attribué à ce valet de chambre indélicat. Pourquoi Cicéron ? Parce que les renseignements qu'il fournit sont particulièrement éloquents ! Une plaisanterie.

En tout cas, les documents qu'il fait passer aux Allemands sont de première importance. L'affaire

Cicéron serait donc l'un des plus grands succès de l'espionnage allemand.

Elyesa Bazna, tel était son vrai nom, était un type assez insignifiant. Un valet de chambre, un *kawass*, comme on dit en Turquie. Il était né dans un territoire de l'ancienne Yougoslavie qui était encore sous la domination turque. Lorsque la Sublime Porte s'est effondrée, lui et sa famille sont allés s'installer à Constantinople. Là, le domestique Bazna a longtemps vécu de combines, d'expédients, de petites escroqueries. N'ayant pas, de toute évidence, un sens moral très développé, il avait surtout une fâcheuse tendance à mettre son nez dans les affaires des autres. Son métier de *kawass* lui permettait justement de satisfaire cette curiosité : un maître, c'est bien connu, n'a pas de secrets pour son valet de chambre !

Elyesa Bazna n'exerçait son honorable profession que dans les cercles diplomatiques. Sans doute parce que cet homme habile, qui présentait bien, baragouinait quelques langues étrangères. Il a donc travaillé successivement chez les Américains, les Allemands et les Anglais. Une instabilité qui devait beaucoup à sa manie de fouiller partout. Le conseiller d'ambassade allemand Jenken l'avait par exemple surpris en train de lire son courrier.

Au moment où éclate la Seconde Guerre mondiale, Elyesa Bazna est valet de chambre de son excellence Hugue Knatchbull-Hugessen, ambassadeur de Grande-Bretagne. Sir Hugue n'est pas n'importe qui : non seulement il occupe un poste diplomatique stratégique mais c'est un ami personnel d'Anthony Eden. Le patron du Foreign Office le tient régulièrement informé des grandes décisions prises en matière de politique étrangère. Sir Hugue, en particulier, a connaissance par le détail des conférences de 1943 entre Alliés. Maints documents ultrasecrets passent donc entre ses mains.

Elyesa, qui n'a pas les yeux dans sa poche, a observé que l'ambassadeur possède deux cassettes dans lesquelles il classe les télégrammes et les rapports qu'il reçoit. Deux boîtes métalliques toutes simples qui ferment à clé. Le soir, avant d'aller se coucher, Sir Hugue les range dans un coffre-fort. Mais dans la journée, elles se trouvent sur sa table de travail ou même sur sa table de nuit. Toutefois, le *kawass* a remarqué que l'ambassadeur veille plus particulièrement sur l'une des cassettes, celle qui est de couleur rouge. Sans doute y dépose-t-il les documents les plus secrets.

Sir Hugue – selon la version « officielle » de l'affaire, largement inspirée par Cicéron lui-même – avait une grande confiance dans son valet de chambre. Il semble même que le modeste *kawass*, pourvu d'un joli timbre de voix, et l'aristocrate anglais nourrissaient une passion commune pour l'opéra. Il arrivait même à Sir Hugue d'accompagner au piano son domestique. Ce compagnonnage artistique avait aussi débouché sur une élévation sociale du valet de chambre au sein de l'ambassade. Revêtu d'un costume bleu solennel et coiffé d'une casquette à visière, Bazna montait la garde devant le bureau de son maître et écartait tout visiteur susceptible de venir troubler son repos ou ses méditations. Les jours de réception, Sir Hugue l'habillait de brocard richement brodé et d'un fez à pompon. Ainsi chamarré, arborant un long cimeterre, Bazna gardait la porte principale du salon.

Un beau matin, Sir Hugue repose dans son bain. Dans la chambre voisine, le *kawass* prépare les vêtements de son excellence. Soudain, il aperçoit sur la table les clés de son maître. Parmi elles, celle de la cassette rouge. Aussitôt, Bazna sort un bâton de cire de sa poche et prend une empreinte. Un peu de cire reste collé sur la clé. Bazna s'empare alors d'un grand mouchoir de l'ambassadeur et commence à nettoyer la clé avec soin. Sir Hugue sort inopinément de la salle de bains. Avec beaucoup de sang-froid, le *kawass* montre le mouchoir à son maître : *« Ce mouchoir n'est pas très net, Sir... Je le mets au sale ! »*

Grâce à l'empreinte, le valet fait fabriquer une clé. Désormais, il peut donc ouvrir comme il le veut la fameuse cassette rouge de Sir Hugue. Difficile pour autant de voler les documents qu'elle contient. Inévitablement, l'ambassadeur s'en apercevra. Bazna imagine donc d'emprunter quelques minutes les documents et de les photographier. Il ne dispose que d'un vieux Leica muni d'un objectif de 35 mm. Pour éclairer les documents, il se sert d'une simple ampoule de 100 W. Quasiment impossible dans ces conditions d'obtenir des clichés parfaits. Et pourtant, très curieusement, les photos se révéleront très exploitables !

Avec un culot certain, le *kawass* se rend chez son ancien patron, l'Allemand Jenken. Celui qui, justement, l'a pris la main dans le sac en train de lire son courrier. Ce diplomate est aussi le beau-frère du ministre des Affaires étrangères du IIIe Reich, Ribbentrop. Bazna lui propose un marché. Un rouleau de photos de documents secrets britanniques contre vingt mille livres sterlings, l'équivalent de quatre-vingt mille dollars. Une somme considérable.

Jenken est méfiant. À juste titre. Il connaît trop bien le *kawass*. En même temps, il se dit que ce fouineur a peut-être réellement réussi à subtiliser des secrets aux Anglais. Et puis, il y a l'importance de la somme que demande Bazna. Par sa démesure même, elle renforce la crédibilité de son offre.

Le diplomate hésite. Finalement, il décide de faire patienter le *kawass* et contacte le représentant allemand en Turquie du SD, le service de renseignements des SS. Ludwig Moyzisch est encore plus méfiant que Jenken. Mais l'offre est alléchante. Chacun sait, dans le petit monde du renseignement, qu'il se produit quelquefois, exceptionnellement, des coups de chance fabuleux.

Moyzisch propose un nouveau rendez-vous à Bazna. Le temps de réunir la somme, prétend-il. Le temps surtout de télégraphier à Berlin et demander des instructions.

La réaction est très rapide. À peine soixante douze heures plus tard, la réponse arrive : elle est positive. Les vingt mille livres sterling parviennent aussitôt à l'ambassade allemande d'Ankara. La transaction commence. *« Vous avez l'argent ? »* demande Bazna. Moyzisch ouvre un coffre, en sort un gros paquet de billets qu'il pose sur la table. *« C'est à vous, si les documents sont aussi importants que vous le prétendez ! »* Bazna lui tend un rouleau de pellicule. Aussitôt, ensemble, les deux hommes vont développer les photos dans la cave de l'ambassade. Dès que le révélateur commence à agir, Moyzisch tombe des nues : ce qu'il a devant les yeux est prodigieux !

Il découvre par exemple des copies des télégrammes échangés entre Moscou, Londres et Washington sur les relations interalliées ; mais aussi des documents relatifs à quelques théâtres d'opérations et également un télégramme au sujet d'un projet d'implantation de la Royal Air Force en Turquie.

Incontestablement, la moisson est inespérée. Au vu de ces documents, les Allemands ne peuvent regretter leurs vingt mille livres sterling. L'agent allemand Moyzisch a raconté lui-même dans un livre intitulé *Opération Cicéron* quelle fut sa stupéfaction : *« Là, sur mon bureau, se trouvaient les secrets politiques les plus soigneusement protégés de l'ennemi, et d'une valeur inestimable. Ces documents n'avaient rien de suspect. Ce n'était pas un coup monté. Aucun doute, c'étaient bien des pièces authentiques. Du ciel nous tombait le genre d'informations dont un agent secret rêve sa vie durant, sans espoir de s'en emparer ! »*

Dans ce récit, Moyzisch oublie quand même de mentionner qu'il a été convoqué à Berlin où certains trouvaient l'affaire trop belle pour ne pas être suspecte. Là, il a été longuement questionné par ses chefs, les patrons du SD, c'est à dire Kaltenbrunner et

Schellenberg. Le ministre des Affaires étrangères, Ribbentrop, s'en est aussi mêlé. L'affaire étant d'importance, elle est remontée jusqu'à Hitler. Cette contre-enquête a permis de relever les points douteux. Il y en avait surtout deux.

Les nazis s'interrogent d'abord à propos de la façon dont Bazna a opéré. Ils n'arrivent pas à croire que le valet de chambre a pu photographier tout seul les documents... Sur une photo agrandie, on voit nettement deux doigts. Or comment Bazna aurait-il pu à la fois tenir les documents et prendre des clichés. Un expert a établi qu'étant donné le genre d'appareil utilisé par Cicéron, il devait se trouver à au moins trois mètres des papiers à photographier. À qui appartiennent ces doigts ? Cicéron aurait-il un complice ?

Deuxième point qui semble louche, les documents paraissent avoir été choisis avec soin. Bref, Bazna n'a pas photographié n'importe quoi. Bizarre pour un type qui ne possède qu'imparfaitement la langue anglaise. Comment a-t-il procédé pour effectuer un tri ?

Paradoxe, même si les Allemands sont à peu près persuadés que Cicéron est un fieffé menteur, il leur est difficile de suspecter l'authenticité des documents qu'il a livrés ! D'autant que Elyesa Bazna n'a pas l'intention d'en rester là. D'ores et déjà, il a annoncé à ses interlocuteurs allemands : *« Ce sera quinze mille livres sterling pour chaque nouveau rouleau ! »* Malgré leur méfiance, les nazis acceptent le marché. Bientôt une autre livraison les rassurera définitivement.

Dans ce nouveau rouleau photographique, une pièce annonce un prochain bombardement allié sur Sofia, la capitale de la Bulgarie. Or, au jour dit, Sofia est bombardée ! Cette fois, Berlin ne peut plus douter. L'opération Cicéron ne cache aucun piège. À noter d'ailleurs – et ce n'est pas un mince détail – que près de quatre mille Bulgares ont payé de leur vie cette affaire : les nazis qui, à l'époque, suspectent encore Cicéron, n'ont pris aucune mesure pour protéger Sofia, capitale amie.

Ces livraisons de documents ultrasecrets durent jusqu'au printemps 44. Dans les derniers rouleaux, deux mots reviennent souvent : « *Opération Overlord* » ! Overlord, un nom de code qui recouvrait toute la stratégie des Alliés en Europe du Nord-Ouest et en particulier le plan du débarquement en France. Mais il est surtout mentionné une possible intervention au sud-est de l'Europe, dans les Balkans. Une hypothèse très crédible. Déjà, les Anglais ont accru leur offensive dans ce secteur et n'ont pas hésité à payer le prix fort et à sacrifier des milliers d'hommes en essayant de s'emparer du Dodécanèse, c'est à dire des îles situées au large de la Turquie.

La clé de cette affaire repose en partie sur la présence à l'ambassade anglaise d'Ankara d'un certain Chidson. Officiellement adjoint de l'attaché militaire, cet as du renseignement était en réalité le chef du MI6, l'Intelligence Service, pour la Turquie. Pendant la bataille de Hollande en 1940, Chidson avait réussi un coup particulièrement spectaculaire en s'introduisant dans les souterrains de la salle des ventes des diamants à Amsterdam. Il y avait passé vingt-quatre heures à essayer d'ouvrir le coffre fort. Et, ayant enfin réussi, il était parvenu à s'enfuir avec son butin juste au moment où les Allemands arrivaient à leur tour. Plus tard, c'est encore lui qui avait organisé la fuite en Angleterre de la famille royale hollandaise.

Avec un personnage comme celui-là présent dans les locaux de l'ambassade, il était exclu qu'un Cicéron, aussi habile qu'il ait été, ait pu impunément livrer des secrets militaires aux Allemands à la barbe des Britanniques ! Tout au contraire, il faut envisager une mystification destinée à tromper Hitler.

Il est probable que Bazna a agi depuis le début sous le contrôle de Chidson. C'est ce dernier qui photographiait les fameux documents. Et qui les fabriquait à l'occasion. Cicéron était donc une créature du MI6.

Il a commencé – c'est le b.a.-ba de toute opération d'intoxication – par livrer de vrais documents. Par exemple, la substance de la conférence de Moscou. D'ailleurs quel danger y avait-il à révéler le verbatim d'une réunion au cours de laquelle les Alliés ont réitéré leur détermination à poursuivre la guerre ! Jusqu'à l'anéantissement du IIIe Reich ! Psychologiquement, il était même intéressant de faire savoir à Hitler qu'il n'en réchapperait pas.

C'est ensuite seulement, toujours par l'intermédiaire de Cicéron, que Chidson a distillé de fausses informations destinées à tromper l'ennemi. L'objectif essentiel de la manœuvre consistait à faire croire aux Allemands que les Alliés allaient attaquer quelque part entre Trieste et Istanbul. Ce qu'ils n'avaient nullement l'intention de faire. En réalité, ils voulaient surtout que Hitler ne dégarnisse pas ses troupes basées dans la région. Et même qu'il les renforce pour faire face à l'attaque des Alliés. Autant de troupes allemandes fixées dans les Balkans et donc empêchées d'aller combattre sur le vrai front, en Normandie !

Cicéron a donc joué un rôle essentiel. C'était d'autant plus facile que Bazna, qui avait une haute idée de lui-même, était persuadé – c'est en tout cas ce qu'il a déclaré – qu'il était un grand espion.

Ce qui est ahurissant, c'est que même après la guerre, un professionnel comme Moyzisch a continué à croire dur comme fer que Cicéron était l'espion du siècle. Plus extraordinaire encore, le fait que Bazna n'ait jamais avoué qu'il avait été manipulé par les Anglais. Mais pourquoi aurait-il dit la vérité ? Il était devenu une légende... Lui, l'obscur valet de chambre, le petit filou, faisait figure de personnage prodigieusement habile : l'un des plus grands espions de la Seconde Guerre mondiale. Pas question pour lui d'avouer qu'il n'était en fait qu'un instrument aux mains des Anglais.

Question de vanité mais aussi d'argent ! Les mémoires de Cicéron, le grand espion, pouvaient se vendre très cher. Tandis que les souvenirs du modeste valet de chambre Elyesa Bazna n'avaient aucune valeur. Or Bazna avait besoin d'argent, de beaucoup d'argent ! Le *kawass* indélicat s'était en effet fait rouler. Les fameuses livres sterling de Moyzisch étaient de la monnaie de singe ! De la fausse monnaie fabriquée par les Allemands. Bazna, qui s'était cru riche après guerre, avait dépensé à tort et à travers. Jusqu'au jour où un banquier s'est aperçu que les billets étaient faux !

Elyesa Bazna est mort dans la misère en 1971. Longtemps après avoir publié ses *Mémoires* qu'il avait vendus fort cher mais dont il avait rapidement dilapidé le bénéfice.

Quant aux Anglais, s'ils n'ont jamais révélé la vérité sur Cicéron, c'est parce que cette affaire est un modèle de mystification et de manipulation. Et qu'il n'est jamais bon de révéler ce genre de méthodes qui relèvent autant de l'intoxication psychologique que de la technique du renseignement.

Il reste que Hitler a réellement cru que les Alliés attaqueraient dans les Balkans[74]. Il a même concentré dans cette région, Italie comprise, cinquante divisions dont neuf divisions blindées. C'est à peu près ce qu'ont trouvé en face d'eux les Alliés lorsqu'ils ont débarqué en Normandie, au jour J. Si on prend en compte l'extrême résistance qu'ont opposée les Allemands malgré l'effet de surprise de ce débarquement, on comprend que si les divisions des Balkans étaient venues renforcer ces troupes, la réussite du débarquement aurait été sérieusement affectée.

74. Voir aussi, dans ce volume, le chapitre 17 : « L'opération Mincemeat ».

19.

Les mystères Bormann

La guerre continuait. C'était une impression étrange. Une guerre clandestine sans actions d'éclat, sans mouvements de troupe, sans canonnades... Mais une guerre tout de même. La compétition entre l'Ouest et l'Est avait commencé bien avant que les armes ne se taisent. Cependant, au lendemain de la Seconde Guerre mondiale, il fallait aussi poursuivre inlassablement les criminels de guerre. Certains, avec la bénédiction d'hommes d'Église ou de quelques officines secrètes, étaient passés à travers les mailles du filet. Spécialistes incontestés de l'anticommunisme, tel un Klaus Barbie, ils pouvaient rendre des services. Ainsi, on a longtemps cru que le sinistre Bormann, l'âme damnée de Hitler, avait échappé au brasier de Berlin et était passé à l'Ouest. Mais, vivant, où se cachait-il ?

Aujourd'hui, on connaît la vérité. Mais le mystère Bormann est-il pour autant dissipé ?

Martin Bormann était progressivement devenu le numéro deux de l'Allemagne nazie, le véritable chef du parti national-socialiste. Personnage le plus proche d'Hitler – il était officiellement son secrétaire –, il était aussi celui qui avait le plus d'influence sur lui. Peut-être même, étant donné l'état de santé délabré du Führer, a-t-il réellement exercé le pouvoir dans les derniers mois du IIIe Reich.

Bormann, criminel de guerre, a été condamné à mort par contumace par le tribunal de Nuremberg. Cent mille deutschmarks étaient offerts après guerre par le procureur de Francfort pour tout renseignement permettant sa capture. Car, pour tout le monde, à commencer par tous les services secrets occidentaux, il était évident que Bormann avait réussi à fuir la capitale du Reich et qu'il était toujours vivant !

La disparition de Bormann, c'est un peu le serpent de mer de l'histoire nazie… On a raconté tout et n'importe quoi à propos de sa disparition et de sa réapparition dans les endroits les plus divers. Or, étant donné l'importance du personnage, aucune piste ne devait être négligée.

Bormann était un pur nazi. Dès la fin de la Première Guerre mondiale, – il a alors dix-huit ans –, il s'engage dans une milice d'extrême droite, ce qui lui vaudra d'être arrêté pour meurtre et emprisonné quelque temps. Il rejoint Hitler très vite. En 1928, il est déjà permanent du parti nazi. Il devient rapidement l'adjoint de Rudolf Hess, le dauphin désigné du Führer. Mais, en 1941, Hess s'envole pour l'Angleterre. Bormann, peu à peu, va prendre la place de son chef auprès d'Hitler…

Sa puissance vient du fait qu'en tant que secrétaire et chef de la Chancellerie du parti, il ne quitte pas Hitler d'une semelle. Pour avoir accès au Führer, il faut passer obligatoirement par lui. Son pouvoir est donc considérable. Le personnage lui-même est un cynique et un jouisseur qui a multiplié les aventures féminines. Officiellement partisan de la polygamie, il envisage d'ailleurs très sérieusement de la rendre légale après guerre ! À la suite des énormes pertes subies dans la population masculine, il faudra, estime-t-il, repeupler l'Allemagne et donc autoriser les survivants à avoir plusieurs épouses. Il donne lui-même l'exemple en se partageant entre deux femmes : son épouse, Gerda, qui lui a donné sept enfants et une belle actrice, Manja Behrens.

En avril 1945, les troupes soviétiques approchent de Berlin. Hitler s'est réfugié dans un bunker construit sous la Chancellerie. Bormann se trouve bien sûr à ses côtés. Pourtant, quand les Russes investiront le bunker, ils ne découvriront pas son cadavre, mais seulement ceux de la famille Goebbels, d'un général, d'Eva Braun et d'Adolf Hitler.

Alors, où est-il passé ?... D'après les témoins qui se trouvaient dans le bunker, le 30 avril 1945, Hitler, après avoir épousé Eva Braun, décide de se suicider. Le lendemain, les Soviétiques ont encore progressé. Les derniers occupants du bunker décident de tenter une sortie. Ils sont au nombre de six : Fritsche, propagandiste de la radio, Naumann, secrétaire d'État, Axmann, chef des organisations de jeunesse, Kempka, chauffeur d'Hitler, Stumpfegger, son médecin, et, bien sûr, Martin Bormann.

Pour éviter de tomber entre les mains des Russes, ces six hommes choisissent de sortir à la nuit. Ils se dirigent d'abord vers la gare de la Friedrichstrasse puis jusqu'au pont de Wiedendammer, qui traverse la Spree et où stationnent encore quelques blindés allemands. Mais, de l'autre côté de la rivière, des tanks soviétiques forment un barrage. Bormann, qui commande ce petit groupe, décide de tenter sa chance. Il a pris la précaution de revêtir un uniforme de général SS. Il donne l'ordre aux blindés de s'engager sur le pont. Le premier « Tigre » s'ébranle. Bormann et les autres marchent derrière. Mais soudain, une déflagration énorme se produit ! Le tank allemand a été touché par un obus soviétique. Bourré de munitions, il a explosé.

Les fuyards ont juste eu le temps de se réfugier dans un trou de bombe. Ils sont tous indemnes et retournent à la gare. Là, ils arrachent leurs insignes et choisissent de franchir la Spree sur un pont de chemin de fer. Arrivés à la gare de Lehrter, déjà occupée par l'armée Rouge, ils croisent des soldats russes qui leur prêtent à peine attention. À partir de ce moment, le groupe se sépare. Bormann et le docteur Stumpfegger quittent les autres pour tenter leur chance.

Tous deux marchent en direction de la Invalidenstrasse où l'on entend de nombreux tirs d'armes automatiques. Plus tard, les autres s'engagent à leur tour dans la même direction. Arthur Axmann a affirmé plus tard qu'ils sont alors tombés en chemin sur les cadavres de Bormann et Stumpfegger. Il a précisé qu'ils ne portaient aucune trace de blessure. Sans doute, les deux hommes, qui étaient équipés de capsules de cyanure, s'étaient-ils suicidés. Les autres membres de ce petit groupe n'ont pas été aussi formels. Leurs récits ont même été assez contradictoires. Toutefois il ne faut pas oublier qu'il faisait nuit.

Détail important, dans la poche du manteau du cadavre identifié comme étant celui de Bormann, se trouvait un journal, celui du secrétaire d'Hitler ! Donc, tout porte à croire que le corps de la Invalidenstrasse est bien celui de Bormann. À moins, évidemment qu'il ne s'agisse d'une mise en scène : Martin Bormann, pour faire croire à sa disparition, aurait glissé son journal dans le manteau d'un mort ! D'autres dirigeants nazis n'ont pas agi autrement.

Par la suite, les deux cadavres disparaissent au cours des violents combats qui ont lieu dans la Invalidenstrasse. On ne les retrouvera que des années plus tard.

Dès la fin des hostilités, Bormann est activement recherché. Tous les services de renseignement alliés sont en effet persuadés que le secrétaire d'Hitler est vivant. L'hypothèse généralement retenue est que le dirigeant nazi a pu utiliser l'une des filières d'évasion des SS.

Un premier témoignage vient conforter cette thèse : un homme, qui vient d'être arrêté, parle. Il déclare qu'il a convoyé Bormann de Bavière jusqu'en Autriche, à proximité de la frontière italienne. Là, le nazi aurait été pris en charge par une organisation dépendant du Vatican. Revêtu d'une soutane de jésuite et muni d'un passeport de la Croix-Rouge, Bormann aurait embarqué à Gênes. Direction, l'Amérique du Sud.

Le récit est crédible même s'il n'apporte pas de preuve formelle. Il correspond, en tout cas, à ce que l'on savait des filières que le dirigeant du Reich avait mises en place dès que la défaite est apparue inéluctable. C'est en effet Bormann qui a préparé, sans doute en cachette du Führer qui refusait de croire que la partie était perdue, la future installation des nazis en Amérique du Sud, essentiellement en Argentine. Parallèlement, il a organisé systématiquement la fuite de richesses vers l'étranger : d'abord l'or des victimes des camps de la mort, ensuite, les capitaux de l'industrie allemande. Ceux-ci étaient interdits d'exportation depuis le début de la guerre : Bormann en personne a levé cette interdiction et incité les industriels à investir à l'étranger, en passant par la Suisse.

On a aussi évoqué de mystérieux sous-marins chargés de véritables trésors. Rien n'est plus vrai ! Très tôt, Bormann a organisé une chasse systématique à l'or et aux valeurs. Dans chaque unité allemande, il existait un commando (*Divisenschutzcommando*) chargé de rafler objets précieux et devises. Il en est résulté l'accumulation d'un butin considérable, que seuls des sous-marins pouvaient convoyer. Leur destination était essentiellement l'Argentine où Peron venait d'arriver au pouvoir. Celui-ci, grand admirateur d'Hitler, avait mis en place un véritable réseau chargé de réceptionner les précieuses cargaisons. Des nazis et non des moindres vont donc, dans les années de l'immédiat après-guerre, s'installer en Argentine et y vivre une quiétude presque parfaite.

Mais Bormann lui-même est-il ou non arrivé à gagner l'Amérique du Sud ? Le mystère est total, même si on le voit un peu partout sur le continent.

En 1956, une Allemande qui l'a bien connu pendant la guerre affirme l'avoir rencontré dans un autobus à Sao Paulo. Un peu plus tard, au Chili, un journaliste italien reçoit les confidences d'une femme qui déclare avoir vécu trois ans avec lui. Simon Wiesenthal, le fameux chasseur de nazis, l'homme qui a localisé Eichmann et permis sa capture par les services secrets israéliens, assure, sur la foi d'informations très crédibles, que Bormann vit près de la frontière entre l'Argentine et le Chili ! Cependant la quête de la vérité progresse de manière décisive en Allemagne même.

Tout commence au milieu des années 1960. Un journaliste du magazine *Stern* entreprend une enquête sur la disparition de Martin Bormann. Il retrouve un homme, un postier, qui lui affirme avoir enterré deux cadavres au début du mois de mai 1945, à proximité de la station de métro Lehrter Banhof, c'est-à-dire pas très loin de l'endroit où Axmann, l'ancien chef des jeunesses hitlériennes, aurait vu les cadavres de Bormann et du docteur Stumpfegger.

Le journaliste alerte les autorités de Berlin. Mais il n'est pas question d'entreprendre des fouilles en pleine ville. Pourtant, quelques années plus tard, en 1972, comme des travaux de voirie vont être entrepris près du Lehrter Banhof, on se souvient opportunément de l'information donnée par l'enquêteur du *Stern*. Il est demandé aux ouvriers d'être vigilants. À juste titre, car, au cours des travaux, deux squelettes sont effectivement mis au jour.

Plus d'un quart de siècle s'est alors écoulé depuis l'ensevelissement des cadavres. Si les deux dépouilles sont complètes, elles ne sont pas en très bon état de conservation. Néanmoins, elles permettent d'effectuer un certain nombre d'expertises médico-légales. Les médecins légistes s'intéressent surtout à la dentition des squelettes. La fiche dentaire de Bormann a en effet été conservée par le dentiste qui soignait les principaux chefs nazis. Assez rapidement, il est établi que la dentition d'un des cadavres correspond assez fidèlement à celle de Bormann. Les légistes n'en restent pas là : ils comparent aussi la forme du crâne avec des photos de Bormann. Une nouvelle fois, ils concluent que l'un des cadavres pourrait être celui du secrétaire de Hitler.

Mais ces experts relèvent un détail encore plus intéressant : de minuscules morceaux de verre sont retrouvés entre les dents des deux crânes, ce qui accrédite la thèse du suicide à l'aide de capsules de cyanure. Le témoignage d'Axmann gagne donc en crédibilité. En possession de tous ces éléments d'expertise, le procureur de Francfort décide de mettre un terme aux recherches concernant Martin Bormann et il propose de confier les ossements à sa famille aux fins d'inhumation.

Toutefois, le magistrat précise que le squelette ne doit pas être incinéré. Non pas qu'il ait un doute sur l'identification du cadavre mais il pense, non sans sagesse, qu'en raison des progrès toujours croissants de la science médico-légale, des analyses plus fines pourront être effectuées dans l'avenir.

Le squelette n'est pourtant pas inhumé. Les enfants Bormann refusent de le prendre en charge. Eux non plus n'ont pas de doute sur l'authentification de la dépouille, mais ils ne veulent pas que la sépulture de leur père devienne un lieu de pèlerinage pour les nostalgiques du IIIe Reich. Dans ces conditions, les ossements sont rangés dans un carton et confiés au greffe de la police judiciaire de Wiesbaden.

Malgré cette identification officielle par le procureur de Francfort, les partisans de l'autre version, celle de la fuite de Bormann, n'en continuent pas moins à soutenir que le nazi est encore vivant. La rumeur court toujours... En 1993, un journaliste allemand, Gerd Heidemann, affirme qu'il téléphone régulièrement à Bormann, réfugié en Uruguay. Cependant, on se rend rapidement compte que l'information est douteuse : Heidemann est aussi l'homme qui a inventé les faux carnets d'Hitler[75].

Un an plus tard, un ancien agent soviétique écrit que Bormann a été son collaborateur et qu'il a trouvé refuge en URSS où il est mort.

Toutes ces rumeurs finissent par agacer prodigieusement les enfants Bormann ! D'autant que plusieurs femmes prétendent avoir eu une liaison avec l'ancien nazi et lui avoir donné des enfants. Alors, informés des progrès de la génétique, deux des fils demandent une expertise. Mais elle n'est pas aisée. Les ossements sont très dégradés. Une recherche classique d'ADN est donc aléatoire. Seule une analyse de l'ADN mitochondrial, selon la technique utilisée pour identifier la famille du tsar de Russie, peut éventuellement aboutir.

En 1997, le carton contenant les ossements du présumé Bormann est remis à l'Institut de génétique de Munich, tandis que les sept enfants du dirigeant nazi acceptent de donner des échantillons de leurs cellules.

La conclusion est rendue publique en juin 1998 ; les autorités judiciaires allemandes annoncent officiellement que le squelette retrouvé près du Lehrter Bahnhof est sans contestation possible celui de Martin Bormann ! C'est la fin de la légende. Peu après, les ossements sont incinérés et les cendres dispersées en un lieu tenu secret par la famille, encore une fois, pour ne pas perpétrer le culte du dirigeant nazi.

Mais le mystère n'est pas terminé. Il reste une histoire très étrange : le véritable secret de Martin Bormann !

75. Voir chapitre 27.

Il est établi que, pendant la guerre, les Soviétiques ont disposé d'un agent introduit dans l'entourage même du Führer. Les services de l'amiral Canaris ont même cru le démasquer en la personne de Bormann ! Le traître communiquait par radio avec Moscou, à l'aide d'un poste émetteur clandestin. Ce dernier a été découvert par les techniciens du contre-espionnage : c'était effectivement Bormann qui l'utilisait.

Canaris, qui, comme beaucoup de dignitaires du régime, ne pouvaient pas souffrir Bormann, s'est fait un plaisir de le dénoncer à Hitler. Mais celui-ci a réagi de façon très curieuse ! Il a répondu sèchement à l'amiral qu'il connaissait parfaitement l'existence de ce poste : Bormann s'en servait pour envoyer de fausses nouvelles à Moscou…

C'est évidemment possible. Mais il est tout aussi possible que Bormann ait été vraiment un espion au service des Soviétiques. Dans ce cas, le Führer aurait voulu couvrir celui qui était son confident et son plus proche collaborateur. Admettre le contraire aurait provoqué un énorme scandale. Et puis, Hitler ne disposait déjà plus de tous ses moyens. Il avait besoin de Bormann, un besoin presque physique !

Reste le mobile qui aurait poussé ce nazi fanatique à collaborer avec les pires ennemis du Reich. Selon certaines rumeurs, si Bormann a effectivement travaillé pour les Soviétiques, c'est qu'il a été l'objet d'un chantage. De quel ordre ? Nul ne le sait. Un homme, pourtant, connaissait la vérité, un banquier suisse, François Genoud, qui a longtemps collaboré avec Bormann et qui a aussi travaillé avec Moscou, avant de devenir l'un des financiers du terrorisme international. Mais il s'est éteint en 1995, sans livrer aucun de ses secrets. Il est donc plus que probable qu'à la différence du premier, le second mystère Bormann restera à jamais une énigme.

20.

Staline et les Juifs : un demi-siècle de mensonges

Des médecins qui tuent ! Des praticiens qui assassinent impunément, protégés par leur symbolique blouse blanche ! L'idée fait frémir.

En 1953, au pays des Soviets, elle a fait effectivement peur ! Car on y a cru. On y a cru d'autant plus que ces médecins tueurs étaient pour la plupart juifs. L'antisémitisme latent dans la population russe ne demandait qu'à se réveiller. Ne disait-on pas autrefois que les Juifs commettaient des crimes rituels, volaient et assassinaient des enfants ? Aussi, la publication du communiqué de l'agence Tass annonçant l'arrestation d'un groupe de médecins-saboteurs appartenant aux services d'espionnage judéo-américains, accusés d'avoir tué deux dirigeants du régime et soupçonnés de préparer l'assassinat de plusieurs autres, a-t-elle fait l'effet d'un choc !

Tout de suite après cette révélation, on note ici et là – et surtout en Ukraine – des manifestations spontanées d'antisémitisme. Des enfants juifs sont battus par leurs camarades d'école, des adultes sont insultés par leurs collègues de travail. Et la population juive semble prise de panique. Autant de conséquences d'un mensonge d'État !

Pourquoi Staline a-t-il choisi sciemment d'utiliser le poison de l'antisémitisme, alors même qu'il avait été quelques années plus tôt l'un des principaux artisans de la création de l'État d'Israël ? Quel était son véritable dessein ? Était-il lui-même antisémite ? Et, plus largement, quels ont été les rapports entre le pouvoir stalinien et la population juive de l'ex-URSS ?

Staline antisémite ? Il s'en est bien sûr toujours défendu. Et il est impossible de trouver dans ses écrits et ses discours le moindre signe d'antisémitisme. Mais de nombreux témoignages prouvent le contraire ! Celui de Khrouchtchev, par exemple. On rapporte aussi que, venant d'être informé de l'existence de troubles attribués à des Juifs dans une usine d'aviation de Moscou, Staline aurait déclaré : *« On devrait donner des triques aux travailleurs afin qu'après leur journée de travail, ils flanquent une bonne rossée à ces Juifs ! »* Il y a aussi le fait que lors des grandes purges qui ont décimé la vieille garde bolchevique, il s'est trouvé nombre de Juifs parmi les accusés. Très peu en ont réchappé !

Toutefois c'est dans sa vie privée que s'est exprimé le plus clairement l'antisémitisme de Staline. En premières noces, sa fille Svetlana a épousé un Juif. Staline n'a jamais voulu rencontrer son gendre ! Et quand Svetlana divorcera, son beau-père sera jeté en prison. Autre exemple symétrique : son fils, Iakov, s'est marié avec une Juive. Lorsque, pendant la Seconde Guerre mondiale, Iakov a été capturé par les Allemands, Staline s'est empressé d'ordonner l'arrestation de sa bru !

Pourtant, il semble que Staline, après le suicide de sa première femme, ait épousé une Juive, la sœur de Lazare Kaganovitch, membre du Bureau politique. Mais on ne les a jamais vus ensemble. À tel point qu'on peut même douter de la réalité de ce mariage qui n'avait peut-être pour seul objectif que de démontrer que le maître du Kremlin n'était pas antisémite !

En fait, sur cette question, Staline n'était pas très différent d'une grande partie de la population russe où les préjugés racistes demeuraient vivaces malgré la révolution bolchevique qui avait pourtant aboli toutes les mesures discriminatoires contre les Juifs.

Si, officiellement, les Soviétiques étaient antiracistes et proscrivaient donc l'antisémitisme, il en allait fort différemment dans la réalité et les sentiments anti-juifs traversaient même le Parti communiste. Ainsi, lorsque Lénine est mort en 1924, la rumeur a couru dans les rangs bolcheviques qu'il avait été assassiné par des médecins juifs ! Bien entendu, cette rumeur n'avait aucune consistance. Mais elle a certainement marqué les esprits. Staline saura s'en souvenir plus tard lorsqu'il inventera de toutes pièces le complot des Blouses blanches !

Il reste que malgré cet antisémitisme latent, nombreux étaient les Juifs dans les instances du Parti et la nouvelle administration bolchevique. Et d'abord parce que la population juive, essentiellement urbaine, a donné à ses enfants une meilleure éducation.

Cela se traduit donc par une sur-représentation (un quart des fonctionnaires) par rapport au poids démographique réel de la communauté juive qui ne compte que deux ou trois millions de sujets sur une population totale de cent cinquante millions d'habitants. Au sein de l'instance suprême du nouvel État, le Politburo, sur cinq membres, dont Staline et Lénine, on trouve trois autres dirigeants prestigieux, Trotsky, Kamenev et Zinoviev, tous juifs.

Très vite, cette situation a des effets pervers. À l'extérieur comme à l'intérieur de l'URSS, une nouvelle expression circule : le judéo-bolchévisme ! Ainsi, les armées blanches se battent ouvertement contre le judéo-bolchevisme du nouveau pouvoir. Il en sera de même pour les nationalistes ukrainiens lors de la guerre civile. En fait, ce sont les vieux fantômes qui ressurgissent et surtout celui de la prétendue conspiration juive mondiale, une idée propagée par le trop fameux *Protocole des Sages de Sion*[76].

Les ennemis de la révolution russe assimilent donc pouvoir bolchevique et pouvoir juif. Dans les milieux les plus populaires, la paysannerie en particulier, l'idée fait mouche. Staline en est tout à fait conscient. Dès qu'il prend réellement le pouvoir, il réagit avec le cynisme qu'on lui connaît. En 1927, il se débarrasse de Trotsky, Kamenev et Zinoniev, les trois membres juifs du Politburo. Le pouvoir est donc « déjudaïsé » ! Staline tient à se débarrasser de cette image de judéo-bolchevisme qui colle encore à l'URSS.

Encourage-t-il pour autant l'antisémitisme ? Plusieurs faits le prouvent : parmi les victimes des grandes purges et des procès de Moscou avant la Seconde Guerre mondiale, il y aura beaucoup de Juifs. Ce que mettra en évidence Trotsky qui a été le premier à attirer l'attention sur l'exploitation de l'antisémitisme dans ces grands procès.

Mais l'aspect le plus machiavélique de cet antisémitisme qui ne veut pas dire son nom, c'est sans doute la nomination de citoyens d'origine juive dans les instances les plus haïes et les plus craintes. C'est à dire le Guépéou[77] et l'administration du Goulag ! Il est clair qu'il s'agit de dresser la population contre les Juifs, responsables de la répression, tel Iagoda, un homme brutal

---

76. Voir chapitre 10.

77. Première police politique, la Tchéka est d'abord remplacée par le NKVD (Commissariat du peuple de l'intérieur), qui a autorité sur la GPU (Guépéou, Direction politique d'État). Lui succédera plus tard, après la Seconde Guerre mondiale, le KGB (Comité de sécurité de l'État).

et grossier, patron du NKVD et initiateur des premiers procès de Moscou, et dont chacun savait qu'il était juif.

Iagoda a ensuite été liquidé au prétexte qu'il était à la solde de services secrets étrangers. Avec son élimination, Staline faisait d'une pierre deux coups. Non seulement, il se débarrassait d'un homme haï mais il accusait un Juif des pires méfaits.

En URSS, les Juifs ne bénéficient d'aucun statut particulier, même si certains bolcheviques, comme Lénine, parlent de « nation extraterritoriale ». À partir de 1933, quand le système des passeports internes est mis en vigueur, à la rubrique « nation », les Juifs devront s'inscrire comme tels !

Il reste que la vraie controverse va opposer communisme et sionisme. Deux idéologies incompatibles ! Le communisme est universaliste tandis que le sionisme vise le regroupement de tous les Juifs de la diaspora au sein d'un État. À noter, d'ailleurs, *a contrario*, que politiquement, communistes et sionistes préconisent une organisation collectiviste de la société.

La compétition est d'abord très féroce. Les bolcheviques sont farouchement antisionistes et accusent leurs adversaires de faire le jeu de l'impérialisme britannique au Proche-Orient en colonisant la Palestine au détriment de la population arabe. Les sionistes favoriseraient objectivement donc les intérêts coloniaux de la Grande-Bretagne. Ensuite, les dirigeants soviétiques redoutent le pouvoir d'attraction du sionisme sur l'intelligentsia juive : si tous ces médecins, scientifiques ou ingénieurs juifs partaient pour la Palestine, ce serait une véritable hémorragie de cerveaux. Autant de chercheurs, d'ingénieurs, de professeurs dont le pouvoir soviétique a absolument besoin pour construire le pays ! C'est pourquoi, jusque dans les années 80, l'URSS s'opposera toujours à l'émigration des Juifs soviétiques.

Staline imagine donc une façon de contrer le sionisme : en donnant une terre aux Juifs à l'intérieur de l'URSS. Non seulement, l'établissement de cette « Palestine » soviétique dissuadera les Juifs autochtones de partir en Palestine, la vraie, mais ce geste sans précédent lui attirera la sympathie des Juifs du monde entier.

La philanthropie n'a rien à voir à l'affaire : le Kremlin pense que le judaïsme américain et européen aura à cœur de récompenser l'URSS qui manque autant de reconnaissance que de devises !

Dans un premier temps, il n'est pas question de créer une nouvelle république mais seulement un district autonome. Reste à trouver une terre pour accueillir les Juifs ! Certes, le territoire soviétique est vaste. Mais cette colonisation ne doit pas léser les premiers occupants. Il faut aussi veiller à ne pas exacerber l'antisémitisme ancestral de certaines populations. C'est pourquoi, très vite, le Kremlin exclut l'Ukraine ou la Crimée où se trouvaient pourtant de nombreuses communautés juives. On envisage ensuite le Caucase ou, plus à l'est, la République de Kirghizie. Mais, finalement, on se fixe sur le Birobidjan, une région située à l'extrême-est de l'URSS, pratiquement à la frontière chinoise.

Le territoire élu n'est guère hospitalier. Il y existe plus de marécages que de bonnes terres et, surtout, il est très éloigné de Moscou et des villes où sont traditionnellement implantées les communautés juives. Et d'aucuns de penser que ce choix est en lui-même l'expression de l'antisémitisme du « Petit Père des peuples » !

Le Birobidjan devient donc une Région autonome juive. Même si ce n'est pas encore une république, le symbole est fort : c'est la première fois depuis la chute de Jérusalem que les Juifs ont une terre à eux !

Le Kremlin ambitionne d'envoyer cent mille familles juives volontaires au Birobidjan. Mais les premiers colons se découragent vite. Les conditions de vie sont médiocres et ces pionniers ne sont guère préparés à mettre en valeur les terres ingrates du Birobidjan ! Souvent citadins, ils n'ont aucune envie de marcher derrière une charrue !

Bilan : seules quelques centaines de familles demeurent au Birobidjan. L'échec, tant économique que politique, est patent : la création d'une « Palestine » soviétique n'a jamais été en mesure de concurrencer sérieusement le mouvement sioniste en URSS !

Après la séduction, le pouvoir soviétique choisit la répression ! Des milliers de militants sionistes sont envoyés dans les camps. D'autres, plus rarement, sont expulsés.

En 1939, la signature du pacte germano-soviétique inquiète à juste titre la communauté juive en URSS. Les premières conséquences sont effectivement néfastes. Entrant en Pologne avec l'armée Rouge, les troupes spéciales du NKVD arrêtent les dirigeants du Bund, le parti socialiste juif. Mais en juin 1941, l'offensive allemande contre l'URSS change radicalement la donne. Staline entend désormais se servir des Juifs !

La gravité de la situation impose en effet au Kremlin une révision en toute hâte de sa politique. À l'extérieur, il s'agit de s'allier avec les États-Unis et la Grande-Bretagne, les ennemis d'hier ! À l'intérieur, tout le pays doit faire bloc ! Staline assouplit sa politique vis-à-vis des minorités et des nationalités. Avec, encore une fois, une arrière-pensée : cette relative libéralisation sera forcément bien vue à l'Ouest. Or, Moscou a un besoin urgent d'aide militaire et économique pour résister à l'agression nazie.

Le Kremlin fait donc un geste en direction des Églises par exemple. Les Juifs ne sont pas oubliés. D'autant qu'ils sont les plus concernés par la politique raciste d'Hitler.

En août 41, deux mois seulement après l'invasion allemande, un grand meeting est organisé à Moscou. Il regroupe quelques-uns des intellectuels juifs les plus prestigieux de l'URSS. Il y a là le plus grand acteur du théâtre yiddish, Solomon Mikhoels, l'écrivain Ilya Ehrenbourg, mais aussi le cinéaste Sergueï

Eisenstein. Ensemble, ces hommes lancent un appel aux Juifs du monde entier afin qu'ils se battent contre le fascisme et soutiennent l'URSS engagée dans ce qu'on appelle officiellement «la grande guerre de libération patriotique».

Évidemment, la tenue de ce meeting n'a pas été tout à fait spontanée et tous les textes lus à la tribune ont été préalablement visés par les autorités. Il n'empêche que ce meeting, retransmis par la radio et diffusé en Occident, a un grand retentissement. En URSS même, il aura pour conséquence la création d'un Comité antifasciste juif.

À l'Ouest, l'effet est immédiat: plusieurs comités d'aide à l'URSS sont créés. Le plus important est états-unien. Il regroupe des écrivains, des artistes et des scientifiques juifs et sera présidé par Einstein en personne! Sur le plan de la propagande, le succès est indéniable.

À Moscou, cette opération de communication est téléguidée par un homme très habile, Lavrenti Beria, le Commissaire aux Affaires intérieures. Il supervise tous les organes de sécurité et les services de renseignements. Premier flic du pays, il n'a pas pour autant les mains entièrement libres. En témoigne une curieuse et dramatique affaire qui est longtemps restée secrète, l'affaire Erlich et Alter.

Ces deux hommes sont deux dirigeants juifs du Bund polonais. En 1939, lorsque la Pologne est dépecée entre l'Allemagne nazie et l'URSS, Erlich et Alter choisissent de fuir à l'Est. Ils sont immédiatement arrêtés par le NKVD! Accusés d'être des espions, ils sont mis au secret. En fait, ce qui leur est reproché, c'est d'être résolument hostiles au pacte germano-soviétique! Leur situation n'est pas immédiatement reconsidérée lorsque Hitler attaque l'URSS. Ils sont même condamnés à mort un mois après l'invasion allemande. Toutefois, leurs peines sont commuées. Finalement, Beria, qui envisage de les utiliser, décide de leur libération.

Il pense en effet que ces deux politiques aguerris pourraient prendre la tête de ce Comité antifasciste juif qu'il envisage de créer. Beria leur fait part de son projet. Toutefois, trois mois à peine après leur libération, les deux hommes sont à nouveau arrêtés sur ordre de Staline !

Le dictateur n'a pas oublié qu'Erlich et Alter l'ont vigoureusement critiqué lors de la signature du pacte germano-soviétique. Il ne supporte plus tout ce qui lui rappelle qu'il a été le complice objectif d'Hitler ! D'autre part, il lui apparaît que ces deux socialistes ne sont pas assez souples : ils ont surtout le tort d'avoir compris que le sort des Juifs importe peu à Staline. Seule compte pour lui cette possibilité de s'attirer la sympathie du monde occidental, et en particulier des communautés juives, afin de lever les fonds indispensables à la poursuite de son effort de guerre.

Trop lucides, rétifs à l'idée d'être manipulés, Erlich et Alter ont disparu à tout jamais. L'un a, semble-t-il, été fusillé tandis que l'autre se serait suicidé dans sa cellule !

Quoi qu'il en soit, cette sinistre affaire ne compromet pas les efforts de Beria visant à créer ce Comité antifasciste juif. S'il se trouve quelques étrangers curieux pour s'interroger sur le sort des deux dirigeants du Bund, on leur répond invariablement qu'ils étaient des espions hitlériens. Et l'affaire est entendue ! C'était la guerre, et l'URSS était l'alliée des démocraties occidentales !

À la fin 1941, Beria est arrivé à ses fins. Mais ce Comité antifasciste, qui regroupe la fine fleur de l'intelligentsia juive de l'URSS, sera toujours étroitement contrôlé par le NKVD, et donc par Beria lui-même : si le président du Comité est Solomon Mikhoels, une grande vedette du théâtre yiddish en URSS, le secrétaire en est un certain Epstein, une créature du NKVD ! L'antisémitisme a seulement été mis entre parenthèses, le temps de la guerre.

Le premier objectif de ce Comité antifasciste juif consiste à recueillir le maximum d'informations sur la situation des Juifs dans les territoires occupés par les armées du IIIe Reich. Ensuite il s'agit de susciter la création d'autres comités antifascistes à l'étranger et d'informer l'opinion sur les atrocités antisémites commises par les nazis. Enfin il faut – et ce n'est pas le but le moins important – collecter à l'étranger de l'argent, des vivres, des vêtements, à la fois pour l'armée Rouge et les populations déplacées. Dans ce but, le président du Comité, Mikhoels, dirige une délégation chargée de se rendre en Occident. Un voyage triomphal ! L'acteur est reçu par tout ce qui compte aux États-Unis mais aussi au Canada et en Grande-Bretagne : Chaplin, Chagall, Einstein.

La collecte remporte un franc succès, à la fois pour le mouvement juif mais aussi pour l'Union soviétique ! Seul Staline n'a pas goûté, comme il l'aurait dû, ce triomphe. Il craint que ce succès ne monte à la tête de Mikhoels et suscite chez lui des velléités d'indépendance. D'autant que le célèbre acteur revient en URSS avec une idée explosive : la création d'une république juive en Crimée ! Un nouveau Birobidjan, mais un Birobidjan qui serait viable et qui récompenserait les Juifs soviétiques pour leur participation à l'effort de guerre et rendrait justice à toutes les victimes des crimes nazis.

Staline n'a jamais vraiment envisagé de donner la Crimée aux Juifs. Mais dans le cadre des négociations toujours difficiles entre Alliés, il n'était pas mauvais de laisser entendre que le projet pourrait se réaliser un jour. D'autant que des Américains, membres d'une organisation juive, le Joint Commitee, ont tout de suite fait savoir qu'ils financeraient le projet !

Le maître du Kremlin a donc fait semblant. Et il a longtemps laissé penser qu'il y aurait un jour une république juive en Crimée. Les dirigeants du Comité antifasciste, eux, ont cru que c'était arrivé. Surtout lorsqu'ils ont appris que Staline déportait les populations de Tatars installées en Crimée. Mais c'était un piège ! Un piège destiné à Mikhoels et à ses amis ! L'affaire des Blouses blanches ne sera qu'un lointain avatar de ce piège et du retour progressif de l'antisémitisme en URSS après la guerre, dès que le rideau de fer sera tombé entre l'Est et l'Ouest.

À Moscou, néanmoins, on parle de cette fantomatique république de Crimée jusqu'en 1945 : Staline a encore besoin de l'Occident. 1945, c'est l'année de Yalta et du grand partage du monde. Au cours de cette négociation capitale, Staline doit séduire ses partenaires anglo-saxons. Le projet d'une république juive en Crimée est un atout de poids. Ayant déjà les faveurs des Juifs américains, il ne peut déplaire aux Britanniques qui craignent la création d'un État juif en Palestine qui signifierait la fin de leur mandat et donc leur départ. Une république juive de Crimée attirerait les Juifs du monde entier et affaiblirait donc le mouvement sioniste en Palestine !

Dès que la conférence de Yalta est terminée et que Staline a obtenu ce qu'il désirait, il n'est plus question de république juive en Crimée. Le sujet devient même tabou. Mikhoels et son Comité antifasciste juif doivent renoncer à leur rêve. Mais, fidèles à leur idée de créer une Palestine soviétique, ils se rabattent sur le Birobidjan qui est toujours une Région autonome juive. Ça arrange le Kremlin : le retour des Juifs survivants dans les régions d'où ils ont été déportés n'est pas sans poser quelques difficultés. Surtout en Ukraine, république où l'antisémitisme demeure vivace, malgré la révélation du génocide juif ! Nikita Khrouchtchev, secrétaire du Parti communiste ukrainien, ne s'est-il pas plaint de tous ces Juifs qui s'abattent sur l'Ukraine comme des vols de corneilles ?

Des milliers de nouveaux pionniers juifs partent donc pour le Birobidjan. Mais, depuis les années 30, rien n'a changé là-bas. Les conditions de vie sont toujours aussi difficiles. L'échec est certain. Déjà, les jours du Comité antifasciste sont comptés.

Des changements sont en effet intervenus en URSS. Andreï Jdanov, membre éminent du Politburo et futur théoricien du réalisme soviétique en art, a été chargé de la reprise en main des intellectuels. À la faveur de la guerre, des artistes, des écrivains ont pris quelques libertés. Pire, ils ont noué des relations avec leurs homologues des pays alliés. On peut craindre qu'ils soient influencés par ces représentants de la société capitaliste décadente. Jdanov reçoit donc l'ordre de remettre ces égarés sur le droit chemin, de veiller à la pureté idéologique et d'opérer un repli sur les valeurs traditionnelles du peuple russe en extirpant de sa culture tout ce qui est occidental ou étranger. C'est-à-dire dans le langage de l'époque, «*cosmopolite*»!

Cet effort de purification culturelle s'accompagne d'une campagne contre les nationalismes, à l'exception du nationalisme grand-russe évidemment. Des peuples entiers sont déportés en Asie centrale ou en Sibérie sous le prétexte qu'ils ont collaboré avec les Allemands.

Les Juifs soviétiques sont bien sûr concernés au premier chef par cette campagne. L'adjectif «cosmopolite» semble même avoir été créé pour eux. C'est ainsi qu'on parlera d'eux en URSS: ce sont des «*cosmopolites dépourvus de racines*»!

Cette absence de racines sous-entend que, par nature, ils ne peuvent se comporter loyalement vis-à-vis de l'Union soviétique. Insidieusement, on commence à reprocher au Comité antifasciste juif son «*sionisme petit-bourgeois*». Autre expression en vogue: le judéo-centrisme! Dans le jargon stalinien, il faut traduire que Mikhoels et ses amis sont accusés, dans leurs écrits ou leurs actes, de toujours mettre en valeur l'action des Juifs!

Il est clair que le maître du Kremlin s'est choisi de nouveaux boucs émissaires. Avant guerre, c'étaient les trotskistes. Aujourd'hui, ce sont les Juifs! C'est d'autant plus surprenant qu'en agissant ainsi, Staline est obligé de faire le grand écart, eu égard à sa politique au Proche-Orient.

Dès 1946, la guerre froide commence. Les Alliés d'hier sont devenus des adversaires. Tout est bon pour les combattre ou, encore mieux, les diviser ! La question palestinienne se prête parfaitement à cet exercice de style.

Les États-Unis et la Grande-Bretagne sont alors en compétition au Proche-Orient à cause du pétrole, les Américains voulant en finir avec la chasse gardée des Britanniques dans la région.

Après guerre, l'Empire britannique vacille. La Grande-Bretagne sort du second conflit mondial très affaiblie. Les États-Unis comptent en profiter. Leur proposition d'autoriser cent mille Juifs à entrer en Palestine n'est pas tout à fait innocente. Il s'agit d'embarrasser la Grande-Bretagne, mandataire de la région et farouchement hostile à de nouvelles immigrations de Juifs.

Staline essaie donc d'exploiter cette rivalité entre les Américains et les Britanniques. Malgré leurs divergences, Washington et Londres ont soigneusement veillé à ce que les Soviétiques ne soient pas mêlés à l'affaire. Mais Staline a décidé de s'imposer. D'une façon parfaitement cynique, il se sert des rescapés des camps de la mort pour enfoncer un coin entre ses deux anciens alliés !

Le leader soviétiques commence par faciliter sinon encourager le départ des Juifs de l'Europe de l'Est qui se trouvent dans les territoires qu'il contrôle vers les camps de personnes déplacées installés à l'Ouest, essentiellement en Allemagne et en Autriche. Au total, ce sont plusieurs dizaines de milliers de personnes qui font le voyage ! L'objectif est clair : plus il y a de Juifs dans ces camps et plus s'accroît l'urgence de trouver une solution décente pour leur installation définitive qui, pour l'opinion occidentale, ne peut désormais se situer qu'en Palestine.

Mais, là-bas, la puissance mandataire s'arc-boute et réprime les activités sionistes. La politique de Staline vise donc à gêner les Britanniques alors même que Moscou feint d'être toujours hostile à l'émigration des Juifs. Et d'abord pour ne pas fâcher les Arabes.

En réalité, depuis déjà longtemps, les Soviétiques ont noué des contacts avec les dirigeants sionistes de l'étranger et les soutiennent secrètement. Le paradoxe est donc celui-ci : Staline lutte contre le sionisme à l'intérieur des frontières de l'URSS mais l'appuie à l'extérieur.

Pour le maître du Kremlin, il ne s'agit que d'un calcul. Le dictateur se moque bien du sort des Juifs. Mais en donnant un coup de main au sionisme, il affaiblit la Grande-Bretagne et tente, par la même occasion, de prendre position au Proche-Orient !

En mai 1947, coup de tonnerre : Andreï Gromyko, vice-ministre soviétique des Affaires étrangères, révèle devant l'Assemblée générale de l'ONU le changement officiel de cap de l'URSS au sujet de la Palestine. Pour la première fois, un dirigeant de Moscou établit un lien entre les souffrances du peuple juif et la légitime aspiration des sionistes ! Ensuite, il affirme qu'en Palestine, il n'y a que deux solutions : ou bien la création d'un État judéo-arabe ; ou, si les deux peuples ne parviennent pas à s'entendre, la création de deux États distincts. L'une ou l'autre solution signifient en tout cas le départ des Britanniques de la Palestine. C'est l'objectif prioritaire des Soviétiques.

Les sionistes sont ravis. Ils auraient presque pu prononcer eux-mêmes ce discours sans y changer une virgule... Ce qui leur va surtout droit au cœur, c'est que Gromyko a prononcé l'expression « peuple juif » !

Dans les semaines, les mois qui suivent, la lune de miel se poursuit entre Moscou et l'Agence juive. Des liens renforcés par une certaine connivence idéologique : beaucoup de sionistes viennent de la gauche et du socialisme. Et les kibboutz ne sont ni plus ni moins que des sortes de kolkhozes.

Pendant le temps qui précède la création du nouvel État, les services de renseignements de Moscou ne restent pas inertes. Ils tentent d'infiltrer les organisations sionistes et, au besoin, les aident. Ainsi, il est vraisemblable que des agents soviétiques ont été mêlés à l'assassinat, par le groupe extrémiste Stern, du comte Bernadotte, le médiateur suédois nommé par l'ONU. Ce dernier proposait un plan de partage de la Palestine violemment combattu par les sionistes. Il fallait donc le faire disparaître.

Le Kremlin joue ensuite un grand rôle dans le processus qui aboutit à la création d'Israël en mai 1948. Moscou sera la première capitale à reconnaître officiellement l'État hébreu, avant même Washington.

Cette reconnaissance diplomatique s'accompagne d'une aide totale et assez surprenante. Moscou colle étroitement à la politique du gouvernement Ben Gourion. Par exemple sur la douloureuse question des réfugiés arabes. Le Kremlin épouse la thèse sioniste selon laquelle ce sont les dirigeants arabes qui ont appelé les Palestiniens à fuir leurs maisons et leurs villages. Et il refuse même tout débat à l'ONU sur cette question.

D'autre part, – et ce n'est pas le moins important –, Staline a très certainement permis la victoire militaire des Juifs sur la coalition arabe en leur octroyant des fournitures d'armes massives, alors même que Washington, par exemple, imposait un sévère embargo sur les ventes d'armes à destination de la Palestine. Staline a fait pression sur les Tchèques pour qu'ils livrent du matériel aux organisations sionistes puis à l'État d'Israël ! Des tanks, de l'armement lourd et des avions. Des pilotes israéliens ont même été formés en Tchécoslovaquie ! Cette coopération militaire se poursuivra très tard, jusqu'au début des années 50. C'est d'autant plus étonnant qu'à cette date, les rapports entre l'URSS et Israël se seront alors notoirement dégradés.

Cette évolution était à terme inévitable : le social-démocrate Ben Gourion nourrissait une profonde aversion pour le communisme. Bien vite, contrairement aux vœux de Staline, il a mis cap à l'ouest et s'est rapproché des États-Unis. Il a pu ainsi bénéficier d'un prêt de plusieurs dizaines de millions de dollars. Mais c'est surtout la situation des Juifs en URSS qui met fin à la lune de miel ! Prudemment, tant que Moscou aidait le jeune État à remporter la guerre contre les Arabes, les dirigeants sionistes ont mis cette question entre parenthèses. Mais, à partir de 1949, alors que les menaces s'estompent, Tel-Aviv feint de s'étonner : pourquoi Staline, qui a encouragé l'immigration des Juifs d'Europe vers la Palestine, refuse-t-il le départ des Juifs soviétiques ?

Il y a encore plus grave : le réveil de l'antisémitisme en URSS et dans les nouvelles démocraties populaires.

Dès janvier 1948, cinq mois avant la création d'Israël, Solomon Mikhoels, président du Comité antifasciste juif, est invité dans une datcha. Il est accompagné de son secrétaire. Tous deux, au cours de la soirée, sont habilement piqués par une aiguille empoisonnée. Puis leurs cadavres sont jetés sous les roues d'un camion. Officiellement, ils ont été victimes d'un accident de la route.

Personne en URSS n'ose mettre en cause cette version accréditée par le Kremlin qui offre par ailleurs à Mikhoels des funérailles officielles et solennelles.

Avec cette liquidation, on enterre définitivement cette vieille lune de la création d'une république juive en Crimée. Mais Staline poursuit aussi un autre objectif.

Pour bien comprendre, il faut être un kremlinologue averti. Qui a été à l'origine de la création du Comité antifasciste juif ? Qui en a fait un formidable outil de propagande extérieure en faveur de l'URSS ? Lavrenti Beria ! À travers Mikhoels, c'est donc Beria qui est visé. Mais pourquoi ?

Géorgien comme Staline, Beria, le premier flic de l'Union soviétique, a toujours été un serviteur fidèle du « Petit Père des peuples». Après guerre, Staline lui confie la supervision de la fabrication de la bombe atomique. Une tâche dont Beria s'acquitte avec succès puisque, dès 1949, l'URSS sera en mesure de faire exploser sa première bombe. Mais il n'est plus le patron des organismes de sécurité, même s'il a pris soin de conserver un œil sur le ministère de la Sécurité d'État. Cependant, signe inquiétant, Staline élimine peu à peu les hommes que Beria y a personnellement nommés !

Ce désamour s'explique aisément : Staline, comme il l'a déjà fait par le passé, a décidé de liquider sa vieille garde, les Vorochilov, Molotov, Mikoyan et donc Beria, afin de les remplacer par des hommes plus jeunes. Le dictateur, qui n'a pas oublié la façon dont il s'est lui-même emparé du pouvoir, craint en permanence la montée en puissance de ses proches. Des proches qui pourraient être tentés un jour ou l'autre de l'éliminer !

Toutefois on ne se débarrasse pas si facilement d'un homme qui a été témoin de la plupart de vos crimes ! Témoin et souvent acteur principal !

L'assassinat de Mikhoels et la liquidation du Comité antifasciste juif ne sont donc que les premières étapes d'une lutte à mort dans les cercles du pouvoir, lutte où les Juifs joueront le rôle de boucs émissaires !

En 1949, les premiers signes de la purge qui se prépare deviennent visibles. Ce sont bien sûr des Juifs soviétiques qui en sont les premières victimes.

Cela commence par l'arrestation de l'épouse juive de l'un des dirigeants les plus importants du Parti, Molotov. Sous un prétexte quelconque, elle est accusée, jugée et envoyée dans un camp. Son illustre mari courbe l'échine et ne bronche pas. Il en est de même pour le propre secrétaire de Staline. Sa femme, juive elle aussi, est arrêté, jugée et fusillée tandis que son époux continue à servir Staline comme si de rien n'était.

La peur a gagné les esprits. Chacun sent qu'une purge se prépare, aussi sanglante que celle de 1937, l'année de la Grande Terreur !

Des centaines d'intellectuels juifs accusés de cosmopolitisme sont arrêtés. Parmi eux, tous les dirigeants du Comité antifasciste juif. Jugés à huis clos en 1952, beaucoup sont immédiatement passés par les armes. Dans le même temps, Staline prépare la purge dans le Parti et les organismes d'État. Il frappe d'abord à Léningrad, la rivale de Moscou, dont le dictateur s'est toujours méfié. La plupart de ses dirigeants sont arrêtés dans le plus grand secret ! Condamnés à mort, ils sont aussitôt exécutés. D'autres militants plus modestes sont exclus et chassés de leur emploi.

Ces anti-parti, comme on les a appelés, auraient non seulement entretenu des rapports avec des agents de l'Intelligence service britannique mais aussi – ce qui est presque plus grave – diffusé des textes de Trotsky, Zinoniev et Kamenev, trois éminents dirigeants juifs éliminés physiquement par Staline. Il a été aussi reproché aux communistes de Léningrad d'avoir favorisé la promotion des Juifs au détriment des Russes ! La preuve : ces mauvais communistes auraient placé des médecins juifs dans tous les organismes de santé.

Il s'agit de l'amorce du « complot des Blouses blanches ». Un peu plus tard, en 1950, un célèbre professeur de médecine, Yaacov Etinguer est en effet arrêté. Déjà, on veut lui faire avouer qu'il existe un complot de médecins juifs. Sous la torture, on avoue n'importe quoi : Etinguer en mourra !

Après Léningrad, c'est au tour des organismes de sécurité d'être victimes des purges. Là encore, ce sont les officiers juifs qui sont d'abord visés. Des hommes qui ont souvent été des collaborateurs de Beria. L'étau se resserre !

Simultanément s'ouvre le monstrueux procès de Prague ! Ce n'est pas innocent. Les accusés, dont beaucoup sont juifs, étaient au pouvoir lorsque la Tchécoslovaquie a armé les sionistes et Israël.

L'affaire des Blouses blanches débute officiellement en janvier 1953. Ce mois-là, l'agence Tass publie un communiqué qui fait sensation : il y est annoncé l'arrestation d'un groupe de médecins-saboteurs. Des praticiens qui ont provoqué la mort de deux dirigeants éminents du Parti, Jdanov, membre du Politburo, et Chtcherbakov, secrétaire du Comité central.

Ces médecins auraient sciemment prescrit des médicaments contre-indiqués qui ont aggravé l'état de santé de ces deux dirigeants. Ils avaient l'intention de récidiver en assassinant des chefs militaires soviétiques.

Tous ces médecins ne sont pas juifs, mais beaucoup le sont. Ils ont aussi en commun d'être des professionnels éminents puisqu'il leur revient de soigner les dignitaires du régime.

Accusés d'être des agents des services d'espionnage judéo-anglo-américains, ils sont aussi mis en cause pour avoir entretenu des relations avec le Comité antifasciste juif dirigé par Mikhoels.

Pour la nomenklatura soviétique, c'est le signe que des événements graves se préparent. Il se dit très vite que Beria est le plus menacé. D'ailleurs n'aurait-il pas dissimulé ses origines juives ?

L'insinuation est parfaitement mensongère mais, propagée par le ministère de la Sécurité d'État, elle prouve à l'évidence que Beria est sur la sellette et que Staline ne va pas tarder à s'en débarrasser. C'est même peut-être le véritable objectif poursuivi par le dictateur qui a ordonné de monter de toutes pièces ce complot des Blouses blanches.

Cependant, quelques historiens ont soutenu que cette prétendue conjuration n'était que le prélude d'une vaste campagne antisémite qui se serait terminée par la déportation de tous les Juifs en Sibérie. Hypothèse douteuse : Staline avait beau être d'un cynisme absolu, il lui était quand même difficile de mettre tout à fait ses pas dans ceux de Hitler !

Quoi qu'il en soit, le communiqué de Tass et la révélation du fait que des médecins juifs pourraient tuer leurs patients provoquent une vraie panique dans la population qui propage le fantasme du médecin-assassin. Il n'en faut pas plus pour exacerber l'antisémitisme traditionnel des Russes !

On sait aujourd'hui qu'à l'origine de toute cette affaire, il y a une lettre : en 1948, une femme, médecin elle aussi, le docteur Timachouk, écrit à Staline. Selon elle, Jdanov aurait été mal soigné par ses confrères.

Le maître du Kremlin a donc gardé cette lettre de dénonciation sous le coude pendant presque trois ans, le temps de peaufiner sa machination et de la rendre publique.

Mais, au début du mois de mars 1953, l'attaque dont est victime Staline intervient opportunément pour Beria. Beria qui a sans doute tout fait pour que Staline ne se relève pas de la congestion cérébrale qui l'a frappée le 1er mars. Un petit coup de pouce au destin : l'ancien premier flic de l'URSS s'est arrangé pour que les médecins de Staline n'arrivent pas trop tôt dans sa datcha.

Avec la mort de Staline, l'affaire des Blouses blanches s'éteint d'elle-même. Usant d'une célérité étonnante, Beria, devenu le numéro un de l'Union soviétique avant d'être lui-même éliminé, fait publier un communiqué un mois seulement après l'extinction du dictateur : tous les médecins impliqués sont innocentés et réhabilités. Le dossier était vide ! Le complot des Blouses blanches a vécu !

21.

Les vrais faux nazis

Henriette Trémeaud était une jeune femme mince, douce, au teint éclatant, à l'allure princière. Pour sa grande beauté, on eût pu la comparer à Grace de Monaco. Et si son nom n'a pas laissé de grandes traces dans l'histoire de notre pays, sa mort horrible a provoqué une intense émotion en 1957. Qui pouvait en vouloir à cette femme belle et délicate ? N'était-ce pas plutôt son mari, le préfet Trémeaud, qui était visé ? Pour quelles raisons ? La police, les services spéciaux ont enquêté pendant de longs mois. Leurs soupçons se sont portés vers les milieux néonazis. Autant le dire tout de suite, cette piste n'a donné aucun résultat probant. Le juge d'instruction chargé de l'affaire a fini par prononcer un non-lieu. On a peu à peu oublié la belle Henriette Trémeaud. Sa mort, vraisemblablement, était donc promise à rester à jamais une énigme... Jusqu'au jour où, bien des années plus tard, l'on a enfin découvert la terrible mystification qu'elle dissimulait.

Mais, raison d'État oblige, rien ne s'est passé. L'enquête n'a pas été rouverte et les mêmes journaux qui avaient fait de grands titres sur la mort d'Henriette Trémeaud se sont contentés de publier de brefs articles sur la nouvelle. Comme si cette vérité était trop dérangeante ou trop sulfureuse !

Mai 1957. André Trémeaud est préfet du Bas-Rhin depuis deux ans. C'est un homme d'une cinquantaine d'années qui a déjà fait une belle carrière dans la préfectorale. Après des passages à Poitiers, Orléans, Alger, Nantes, il atteint pratiquement le sommet de sa carrière quand le gouvernement le nomme à Strasbourg.

La capitale alsacienne, en ces années 50, est devenue la ville-symbole du renouveau européen après la Seconde Guerre mondiale. Le traité de Rome vient d'être signé, la Communauté européenne du charbon et de l'acier est en place, on évoque même dans les couloirs des différents ministères une future coopération nucléaire, l'Euratom. Enfin, il existe aussi le Conseil de l'Europe où siègent des représentants des pays de l'Europe occidentale. De nombreuses réunions de ces différents organismes se tiennent à Strasbourg, ville européenne par excellence où le préfet, naturellement, est en première ligne...

En ce matin du 17 mai 1957, la journée des Trémeaud promet d'être très active. Lui a déjà présidé l'assemblée générale de la Chambre d'agriculture et, à cette occasion, on lui a remis la rosette du Mérite agricole – ce que les initiés appellent le poireau. Quant à elle, elle se livre à une activité coutumière en préparant une réception que doit donner son préfet de mari. De l'avis général, Henriette Trémeaud est une excellente maîtresse de maison qui veille à ce que ses invités soient parfaitement traités.

La réception prévue est destinée à honorer quelques dirigeants de la Régie des tabacs venus inaugurer un nouveau magasin. Mme Trémeaud mène rondement son affaire. Dans la salle à manger de la préfecture, tout est en place. Après le déjeuner, on ira prendre le café dans un salon voisin. Henriette Trémeaud pense aux cigarettes, ce qui lui paraît indispensable pour des fonctionnaires de la Régie des tabacs. Elle fait donc préparer un plateau où elle dispose plusieurs paquets. Mais, soudain, elle se rappelle : il y a très peu de temps, son mari a reçu une splendide boîte de cigares de La Havane. Il voulait les offrir lors d'une autre brillante réception qui a eu lieu trois jours plus tôt, mais il a oublié.

Brillante réception, en effet, car il s'y trouvait des hommes politiques importants, plusieurs anciens présidents du Conseil. L'occasion ou jamais d'offrir de prestigieux cigares... Mais Trémeaud ne s'est donc pas souvenu du cadeau qu'on lui avait envoyé. L'épouse du préfet demande donc à sa femme de chambre d'aller quérir cette boîte arrivée quelques jours plus tôt à la préfecture. Le service du courrier qui l'a réceptionné a noté que le paquet contenant un coffret de cigares de la marque Upmann a été expédié depuis un bureau de poste du XIIe arrondissement de Paris. Il était accompagné d'une carte de visite émanant du représentant pour l'Europe de cette fabrique de cigares cubains. Les employés du courrier l'ont aussitôt transmis au secrétariat du préfet. Aucune précaution spéciale n'a été prise. Et pourquoi en aurait-il été autrement ? Ce cadeau, comme il arrivait assez souvent au préfet d'en recevoir, ne semblait aucunement suspect.

Ce matin du 17 mai, la femme de chambre apporte donc la boîte de cigares à sa patronne et s'en retourne pour se préparer à organiser le service du déjeuner. Henriette Trémeaud s'empare d'une paire de ciseaux et entreprend d'ouvrir le coffret. Soudain, c'est l'explosion. Toute la préfecture tremble. L'affolement est général dans le bâtiment. Henriette Trémeaud, elle, est morte sur le coup, littéralement déchiquetée ! C'est son mari, sorti en hâte de son bureau, qui la découvre dans le salon. Un choc épouvantable dont il ne se remettra jamais. Il quittera d'ailleurs définitivement Strasbourg quelques jours plus tard.

Très vite, l'enquête établit que ce n'était pas la pauvre Henriette qui était visée. D'autant que la boîte de cigares était destinée à son époux. La véritable cible de l'attentat était presque certainement les éminents personnages qui avaient été conviés à la préfecture trois jours plus tôt. Si Trémeaud avait ouvert la boîte d'Upmann au milieu de ses brillants invités, c'eût été un beau carnage ! Mais il a oublié les cigares, heureusement pour ces personnalités et malheureusement pour la charmante Henriette.

Étant donné le caractère particulier de cette affaire, l'enquête est confiée à la DST, dont le patron, à l'époque, est le célèbre Wybot. Le bouillant et ténébreux Wybot, en place depuis la Libération, et qui avait déjà débrouillé d'importantes affaires touchant la sécurité de l'État.

Cet éminent policier supervise donc personnellement l'enquête. En 1957, la France est plus que jamais engagée dans la lutte contre la rébellion algérienne. Or André Trémeaud a été préfet d'Alger. Il est donc logique de penser d'abord à un attentat perpétré par le FLN. Mais cette hypothèse est assez vite abandonnée : le modus operandi très sophistiqué n'est pas dans la manière des combattants algériens.

Le système de mise à feu utilisé, la puissance exceptionnelle de la charge indiquent à l'évidence que, derrière, se trouvent des gens très pointus, des professionnels. Après avoir abandonné la piste FLN, les enquêteurs de la DST émettent d'autres hypothèses : et si c'était une machination de la mystérieuse « Main rouge » ? Une organisation contre-terroriste qui lutte contre le FLN et les trafiquants d'armes et dont on apprendra beaucoup plus tard qu'elle est en réalité un faux nez de notre service de renseignements, le SDECE. Mais pourquoi s'attaquer au préfet Trémeaud ? À moins que la « Main rouge » ait organisé cet attentat afin d'en attribuer la responsabilité au FLN.

Mais il s'avèrera que l'organisation contre-terroriste est étrangère à l'attentat qui a coûté la vie à Henriette Trémeaud.

Au fil de l'enquête, les policiers du contre-espionnage vont assez rapidement établir un rapport entre cet attentat et le fait que depuis quelques mois, fin 56 exactement, les deux départements alsaciens sont inondés de tracts et de lettres émanant d'un étrange groupe néo-nazi, le Kampfverband[78].

Ces textes signés par le « Groupe de combat pour une Allemagne indépendante », sont soigneusement analysés. Voici un extrait de cette prose nauséabonde : *« Oppresseurs français, nous avons déjà trop longtemps supporté de vous voir vous pavaner avec arrogance dans Elsass-Lothringen*[79]*, territoire que vous avez impudemment usurpé. Le peuple d'Allemagne ne tolérera plus de vous voir faire litière de nos anciennes traditions et imposer à la population autochtone une culture pourrie et décadente. Non pas vos chansons triviales mais bien notre langue et nos chants sonneront sur cette terre. Quels que soient vos efforts et vos artifices, jamais vous ne parviendrez à faire de nos enfants des Français ! Nous abattrons vos sales mains qui étranglent notre peuple et prétendent le mettre à genoux par le chantage et les menaces. Vos espions, vos agents, vos enseignants qui, au nom de votre pays dégénéré, s'emploient à humilier et déraciner la fierté de nos concitoyens, n'échapperont pas au juste châtiment qui les attend. Nos gens vivent au milieu de vous et sont parfaitement instruits de tous vos crimes. Vous voilà donc avertis et chacun de vos forfaits sera désormais suivi d'une vengeance impitoyable. »*

Qui se cache derrière ce Kampfverband ? Jusque-là, personne n'a jamais pu identifier les membres de ce groupe. Et son existence se limite, semble-t-il, à ces envois de tracts. Il est vrai qu'il s'est toujours trouvé en Alsace des irrédentistes et des autonomistes. Mais ces militants ne se réclament pas forcément de l'idéologie nazie. Or les tracts du prétendu Kampfverband sont tous frappés de la croix gammée.

78. Groupe de combat.
79. Appellation germanique de l'Alsace-Lorraine.

L'intuition des policiers de la DST est confirmée par une expertise technique. La secrétaire du préfet, particulièrement consciencieuse, a conservé l'emballage du paquet contenant la boîte de cigares, afin d'envoyer un mot de remerciement à l'expéditeur. L'adresse de celui-ci (évidemment fausse) a été tapée à la machine. Or les tracts néo-nazis du Kampfverband ont été dactylographiés sur la même machine !

L'enquête s'oriente donc vers les milieux néonazis, et tout d'abord en Allemagne ! La guerre est encore toute proche et la dénazification a été trop souvent incomplètement accomplie. Les nostalgiques du IIIe Reich sont encore légion de l'autre côté du Rhin, même s'ils demeurent discrets dans une Allemagne fédérale qui mène une politique délibérément européenne. Il faut noter par ailleurs que, quelques mois avant le drame de Strasbourg, le chancelier Adenauer a échappé à un attentat : il a reçu un livre piégé. Heureusement pour le chancelier, les services de sécurité allemands ont détecté à temps l'engin meurtrier. Il n'empêche que la coïncidence avec le drame de Strasbourg est frappante et accrédite l'hypothèse de l'existence d'un dangereux groupe néonazi qui a décidé de passer à l'action.

Policiers allemands et français redoublent d'efforts pour découvrir ces hommes. Ils enquêtent aussi en France où il existe encore des nostalgiques du régime de Vichy et de la Collaboration. Toutefois, les investigations se poursuivent sans que l'on trouve l'ombre d'une piste crédible. Même si on a pu croire un instant qu'un groupuscule néonazi de Hambourg dissimulait les activités coupables du Kampfverband.

En l'absence de résultats, les policiers en viennent à se demander si ce groupe de nazis a réellement une existence.

La lumière commence à percer quand les policiers de la DST émettent l'hypothèse que les véritables auteurs de l'attentat ont sciemment choisi de taper les tracts néonazis et l'adresse du préfet sur la même machine ! Cela voudrait dire que les instigateurs de l'attentat ont voulu que leur méfait soit attribué aux néonazis. Une signature indirecte et très habile. Revendiquer l'attentat au nom du groupe Kampfverband aurait été trop simple. Trop grossier. Le coup de la machine à écrire est au contraire très subtil. Car il permet de mettre en valeur le travail de la police : ainsi l'identification devient irréfutable !

S'ils ont vu juste, les enquêteurs savent désormais que l'opération criminelle a été conduite par un cerveau particulièrement machiavélique qui a tenté de les égarer en les orientant sur la piste des néonazis.

Pourtant, et c'est troublant, les activités de ces prétendus nostalgiques du IIIe Reich continuent après l'attentat de Strasbourg. Non seulement en Europe, mais dans le monde entier : à Cologne, à Londres, à New York et même en Australie, des synagogues sont barbouillées de slogans nazis ou de croix gammées, des monuments sont profanés, des magasins appartenant à des Juifs sont aussi touchés. Au total, des centaines et des centaines d'actes antisémites sont perpétrés. De Noël 1959 à la mi-février 1960, la police ouest-allemande enregistre 833 manifestations d'antisémitisme.

S'agit-il d'une contagion perverse, les actes des uns conduisant d'autres à les imiter ? Il est procédé à quelques arrestations. Mais généralement il s'avère qu'on a affaire à des débiles ou des malades mentaux. Toutefois, des faits curieux finissent par émerger. Deux jeunes Allemands, qui sont pris alors qu'ils peignaient sur la synagogue de Cologne *« L'Allemagne réclame l'expulsion des Juifs »*, déclarent appartenir à un mouvement d'extrême droite. Pourtant il est établi qu'ils ont effectué à plusieurs reprises des voyages en Allemagne de l'Est. Mieux, les policiers découvrent que l'un d'eux porte, caché au revers de son manteau, un insigne du Parti communiste. Ensuite, le trésorier d'une organisation néonazie reconnaît avoir reçu, depuis la

RDA, l'ordre de noyauter les milieux d'extrême droite pour y propager des sentiments antisémites...

Peu à peu, policiers et membres des services spéciaux prennent conscience que derrière tous ces actes antisémites se dissimulent une volonté et une organisation !

Mais à qui profite le crime ?

Il faut d'abord observer que, dès que l'information attribuant l'attentat de Strasbourg aux néonazis a été rendue publique, une violente campagne de presse a été déclenchée. Non seulement dans les journaux français mais aussi dans le monde entier. Douze ans seulement après la fin de la Seconde Guerre mondiale, il semblait que « la bête immonde », pour reprendre l'expression de Bertolt Brecht, se réveillait. Cela ne pouvait laisser indifférent.

L'Allemagne était bien sûr aussitôt montrée du doigt : c'était elle la coupable. Coupable d'abriter des néonazis, coupable de ne pas avoir pu, ou su, rompre radicalement avec son passé totalitaire. Il est vrai que de nombreux nazis avaient échappé aux purges et que d'anciens dignitaires du IIIe Reich avaient pignon sur rue en RFA ! Par conséquent, si l'Allemagne n'en avait pas terminé avec ses vieux démons, rien n'empêchait qu'un jour une nouvelle guerre éclatât. Car, chaque semaine, un nouvel acte d'antisémitisme confortait cette opinion.

Et le thème bien connu des « revanchards de Bonn » d'être battu et rebattu ! Un argument ordinairement utilisé par la propagande communiste.

Qui avait intérêt à envenimer les rapports entre l'Allemagne et ses alliés occidentaux ? Qui avait intérêt à mettre l'Allemagne fédérale au ban des nations, L'URSS, bien sûr ! L'URSS qui voulait empêcher le rapprochement franco-allemand et désirait faire échec à la construction européenne. Tant les Soviétiques étaient persuadés que cette union s'édifiait contre le bloc de l'Est, avec le soutien des États-Unis. Paradoxalement, à la même époque, l'URSS entamait un rapprochement avec la République fédérale allemande. Mais la contradiction n'était qu'apparente : quand on commence à négocier avec un partenaire, quel qu'il soit, il est préférable d'avoir en face de soi un partenaire affaibli !

Or, réellement, cette vraie ou fausse résurgence du nazisme a causé beaucoup de torts à l'Allemagne. Il était donc légitime de penser que l'URSS se trouvait derrière cette éventuelle manœuvre d'intoxication.

Encore fallait-il le prouver !

La lumière n'est apparue que dix ans après la mort d'Henriette Trémeaud, grâce à un agent de l'Est qui a choisi de faire défection. Ce transfuge a révélé ce qu'il savait : les organisateurs de la campagne néonazie étaient les services secrets tchèques ! Mais les véritables commanditaires étaient évidemment les Soviétiques, via la division D du KGB. Ce secteur était alors dirigé par un personnage que les services occidentaux connaissaient bien, le général Agayants. Dès 1943, à Alger, Agayants avait noué des contacts politiques de premier plan. Puis, sous couverture diplomatique, cet homme brillant avait été le résident du KGB à Paris.

Yvan Ayagants, qui connaissait donc bien la France, y avait recruté sinon des taupes, mais pour le moins des agents d'influence très efficaces. Puis, de retour en URSS, il était devenu un spécialiste des opérations de désinformation. Cet Arménien de haute taille, grognon, mais au charme indéniable, possédait plusieurs langues, dont le persan et le français. Il devait sa nomination à la tête de la division D aux succès qu'il avait remportés dans le lancement de faux mémoires et d'ouvrages du même genre. Il avait en particulier supervisé la rédaction des pseudo-mémoires du général Vlassov. Ou encore une fausse correspondance entre Staline et Tito où ce dernier reconnaissait ses sympathies trotskistes. Bref, Agayantz était un spécialiste du faux et de la contrefaçon. C'est donc presque naturellement qu'on lui aurait confié la mission qui consistait à faire de l'Allemagne une république minée par la résurgence du nazisme.

Toujours selon le transfuge, ce général du KGB a minutieusement préparé son affaire. Il l'a même testée in vivo avant de l'exécuter. Un épisode assez incroyable !

Une nuit, Agayants a envoyé un commando d'hommes du KGB dans un village perdu aux confins de l'Oural. Ces agents ont investi un cimetière juif, peint des croix gammées sur les tombes et écrit un peu partout des slogans antisémites. Puis ils ont disparu. Le but de cette mascarade était d'observer ce qui allait suivre. Ce fut très révélateur. Parce que si beaucoup de villageois ont manifesté leur indignation, quelques autres ont vu se réveiller spontanément l'antisémitisme latent qui sommeillait en eux. Le « succès » de cette diabolique opération a convaincu Agayants qu'il était possible de procéder de la même façon de l'autre côté du rideau de fer. Mais à grande échelle !

Les Soviétiques ont-ils mesuré qu'il était extrêmement dangereux d'ouvrir la boîte de Pandore et de réveiller les vieux démons du nazisme sans pouvoir les contrôler ? Apparemment, ils n'ont pas éprouvé ce genre de scrupules. La malheureuse Henriette Trémeaud l'a payé de sa vie !

La manifestation de la vérité, grâce aux révélations de ce transfuge, n'a eu aucune conséquence. La France aurait pu émettre une protestation, imaginer des représailles. Eh bien, non ! Dix ans avaient passé et l'affaire a été promptement étouffée. Lorsque la réalité de cette conspiration a été découverte, au début des années 70, la France amorçait un rapprochement avec la Tchécoslovaquie, maillon faible du bloc de l'Est. Est-ce que l'affaire Trémeaud valait de ruiner ces efforts ? Les gouvernants de l'époque en ont jugé autrement.

22.

Les mensonges de Budapest

Les chars de l'armée Rouge ! Une obsession qui dura un demi-siècle, le temps de la guerre froide... Mais il s'est trouvé des pays où ces chars si redoutés sont réellement entrés. Avant même l'Afghanistan et la répression du Printemps de Prague. En 1953, par exemple, ils ont été utilisés à Berlin pour massacrer les ouvriers révoltés. Cependant les images les plus spectaculaires demeurent celles des chars entrant dans Budapest.

Novembre 1956. Pendant cent cinquante heures, les Hongrois qui ont secoué le joug soviétique se croient libres. Moscou leur a fait même croire que les chars de l'armée Rouge ont reflué vers la frontière. C'est un mensonge. Bientôt, la révolution aura vécu.

Ces événements vont déclencher un véritable séisme dans l'univers communiste. Toutefois, on ne sait peut-être pas toute la vérité sur leur déroulement et les véritables enjeux de cette tragédie où les services secrets de l'Est et de l'Ouest ont joué un rôle essentiel.

L'Europe de ces années-là vit sous la menace nucléaire et la perspective d'une troisième guerre mondiale. Un homme comme le général de Gaulle y croit absolument : le conflit aura lieu tôt ou tard. Le monde est alors en noir et blanc et les affrontements idéologiques sont d'une extrême violence.

Staline meurt en 1953. Pour reprendre le mot d'un auteur soviétique, le dégel commence, c'est à dire la déstalinisation. Curieusement, c'est Beria, l'homme de la police et des services secrets, qui donne le « la », en entrouvrant le Goulag, par exemple. Ou encore en amorçant la réconciliation avec le maréchal Tito.

Une fois Beria éliminé, Khrouchtchev poursuit sur la même lancée. Pour l'opinion occidentale qui s'illusionne, ce nouveau numéro un soviétique est un bon gros, un paysan, un gentil avec lequel on devrait pouvoir s'entendre. Il n'empêche qu'au Kremlin le changement est en marche. On en a la preuve avec le coup de tonnerre du XXe Congrès du Parti communiste de l'Union soviétique. En 1956. Khrouchtchev y dénonce les crimes de Staline et le culte de la personnalité. Le choc est considérable pour les communistes du monde entier. Le traumatisme est si important que certains partis communistes – en France en particulier – dissimulent le rapport Khrouchtchev et nient même purement et simplement son existence ! Ça leur est d'autant plus aisé qu'en principe, ce rapport devait demeurer secret.

En Europe de l'Est, les révélations de Khrouchtchev produisent le plus grand effet : les dirigeants de ces pays sont presque tous des « enfants » de Staline dont le pouvoir risque de vaciller. Le premier signe vient de Pologne. Un mois après le XXe Congrès, le leader communiste Gomulka sort de prison. Arrêté à la fin des années 40, au moment des grandes purges, parce qu'il défendait l'idée d'un socialisme à la polonaise, tenant compte des spécificités de son pays, il est l'un des rares leaders communistes qui jouisse d'une incontestable popularité.

En juin, Gomulka n'étant pas encore revenu au pouvoir ni même réintégré dans le parti, des émeutes éclatent à Poznan. Les manifestants réclament d'abord des augmentations de salaires. Très vite, ces événements dégénèrent. Le régime communiste est visé. Les contestataires bénéficient certainement d'appuis extérieurs. Les Américains n'ont en effet jamais renoncé à fomenter des troubles de l'autre côté du rideau de fer. Après avoir renoncé à constituer des maquis anticommunistes, ils ont choisi la propagande : tracts parachutés par des ballons et émissions de radio. Un seul exemple : en 1954, un officier de la police secrète polonaise fait défection et passe à l'Ouest. Pris en charge par la CIA, il révèle plusieurs cas de corruption au sein du gouvernement polonais et dans les organes de sécurité. Ses propos sont aussitôt enregistrés et diffusés sur Radio Free Europe, une radio qui émet vers les pays d'Europe de l'Est et qui n'est pas sans liens avec la CIA. Ces émissions provoquent un tel scandale que le gouvernement polonais se résout à limoger plusieurs responsables compromis.

Les émeutes de 1956 sont durement réprimées par la police et l'armée. Il y a une cinquantaine de morts. Toutefois, il est évident que les autorités polonaises ont été déstabilisées. À Moscou, on est très inquiet. Khrouchtchev et les membres du Praesidium les plus réformateurs imaginent le retour de Gomulka. Premier acte, il redevient membre du PC. Deuxième acte, il va lui être permis de revenir au premier plan.

Apparemment, il s'agit d'un coup d'État : Gomulka s'empare du pouvoir avec le soutien de l'armée et d'une fraction notable du Parti communiste, la moins stalinienne. Gomulka devient donc le champion d'un communisme plus libéral et novateur. Cependant, il doit faire face à ses propres ultras, des officiers en particulier, qui veulent sortir du Pacte de Varsovie, ce pacte militaire qui lie entre elles les démocraties populaires. Cette demande est naturellement irrecevable pour les Soviétiques.

Pour la contrer et assurer du même coup le succès de Gomulka, une manœuvre machiavélique est élaborée, en parfait accord avec le Kremlin.

Des chars soviétiques stationnés en Pologne se rapprochent dangereusement de la capitale polonaise. Aussitôt, Gomulka demande solennellement au Kremlin de retirer ses troupes. Ainsi, jouant sur la peur d'une intervention militaire de Moscou au cas où la Pologne romprait le Pacte de Varsovie, le leader polonais peut repousser les exigences de ses partisans les plus extrémistes sans apparaître comme étant un valet du Kremlin.

La connivence entre Gomulka et Khrouchtchev deviendra évidente un peu plus tard. Le Polonais n'était pas tout à fait le communiste novateur qu'il affirmait être. Bien au contraire, tout en ménageant l'Église, il s'attachera à revenir sur les principales concessions qu'il avait faites pour arriver au pouvoir.

Toutefois, les événements polonais ne sont pas sans conséquences car ils ont donné des idées aux Hongrois.

La Hongrie est devenue une démocratie populaire en 1948 en dépit du fait que les premières élections, juste après la guerre, ont montré que les communistes étaient très minoritaires dans le pays. Mais l'armée Rouge qui avait libéré le pays était toujours présente et les communistes, avec l'aide de conseillers soviétiques, contrôlaient la police et les services de sécurité. En outre, les accords de Yalta avaient placé la Hongrie dans l'orbite soviétique. Le Kremlin pouvait donc y agir comme il le voulait. Après avoir institué le parti unique, communiste bien entendu, Moscou confie la réalité du pouvoir à Mathias Rakosi qui commence par décimer les opposants.

Toutefois un homme lui fait de l'ombre, Laszlö Rajk, ministre de l'Intérieur et dirigeant communiste le plus populaire, en raison d'un passé prestigieux. Ancien des Brigades internationales, il s'est réfugié en France où il a été interné dans un camp de réfugiés. Il s'en est échappé, a réussi à passer en

Hongrie où il est devenu secrétaire du Comité central clandestin et l'un des dirigeants éminents de la Résistance alors même que les autres principaux dirigeants communistes ont, eux, passé la guerre à Moscou. Arrêté par la Gestapo, Rajk a été ensuite envoyé dans un camp de concentration avant de revenir dans son pays après la défaite du IIIe Reich.

Cette biographie glorieuse incommodait Staline qui s'était déjà débarrassé de presque tous les anciens des Brigades internationales. « Le Petit Père des peuples » n'aimait ni les esprits indépendants – c'était le cas de Rajk – ni les héros, des hommes sur lesquels il n'avait pas prise. À Moscou, il a donc été décidé de se débarrasser de ce personnage encombrant. Mais, ce faisant, Staline tombe involontairement dans un piège tendu par Allen Dulles, chef de l'OSS en Suisse pendant la guerre et futur patron de la CIA. Le maître-espion a manipulé un citoyen américain, sympathisant communiste, Noël Field, qui s'est occupé d'un camp de réfugiés en France où sont passés de nombreux futurs dirigeants d'Europe de l'Est. En manœuvrant pour faire savoir que ce Field est en réalité un agent double, Dulles compromet tous ceux qui l'ont approché. La paranoïa de Staline aidant, tous ces vieux bolcheviks sont les premières victimes de la terrible purge de 1949-1951.

Rajk est donc l'un des premiers à tomber. Il est arrêté, torturé. Sa famille est menacée. Accusé d'avoir fomenté un complot en liaison avec les services secrets occidentaux et Tito, Rajk, à qui on a promis la vie sauve, finit par signer des aveux. Par patriotisme de parti, comme on disait alors. Mais en 1949, Rajk est jugé, condamné à mort malgré l'absence de preuves, et aussitôt exécuté ! Rakosi peut donc diriger la Hongrie d'une main de fer et liquider ses éventuels concurrents, dont un certain Janos Kadar qui échappe de peu à l'exécution grâce à la mort de Staline.

La fin du tyran impose à Moscou d'éloigner quelques satrapes locaux un peu trop voyants. Rakosi, exécuteur des purges staliniennes, est de ceux-là. Il garde son poste de secrétaire général du parti mais un nouveau Premier ministre, Imre Nagy, est nommé. Ce communiste patriote, plutôt modéré et d'apparence paisible, est à peine nommé qu'il soulève le couvercle de la marmite : il dresse un bilan catastrophique de la situation politique et économique de son pays. Bref, selon lui, depuis que la Hongrie est devenue une démocratie populaire, tout va à vau-l'eau ! Quinze ans avant le Tchèque Dubcek, Nagy ose parler de communisme à visage humain. Incontestablement, un vent nouveau souffle sur la Hongrie.

Les nouveaux dirigeants de l'URSS n'ont-ils pas pris un risque énorme en permettant à cet homme d'accéder au pouvoir à Budapest ? Dans leur esprit, non. Pour deux raisons : Nagy, qui a longtemps vécu à Moscou, a sans doute des liens avec le KGB. Ensuite, c'est un homme seul qui ne dispose pas de réseaux ou d'appuis solides dans l'appareil du Parti. On peut donc, le cas échéant, se débarrasser facilement de lui.

Toutefois, la marionnette échappe très vite à ses maîtres. Nagy, qui n'ignore rien de sa propre fragilité, s'adresse directement aux Hongrois et joue l'opinion publique contre le parti. Il s'agit d'une première dans une démocratie populaire. Les intellectuels, les premiers, commencent à bouger. Écrivains, journalistes, étudiants mettent en cause la politique passée du parti et exigent désormais de s'exprimer librement. Une véritable révolution. D'autant que les portes des prisons se sont ouvertes et que les rescapés des purges staliniennes réclament réparation.

Combien de temps les dirigeants soviétiques peuvent-ils supporter une telle situation susceptible de contaminer d'autres pays d'Europe de l'Est ? Khrouchtchev, qui s'est débarrassé de ses rivaux et règne en maître au Kremlin, siffle la fin de la partie : au printemps 55, avec l'appui de Moscou, le chef du parti hongrois reprend les choses en main : Nagy est destitué. Cependant, cet obstiné refuse de faire son autocritique. Aussitôt exclu du parti, il vit sous la surveillance de la police secrète.

Mais des graines ont été semées qui vont inévitablement germer un jour. D'autant que tous ces intellectuels qui ont commencé à murmurer, ne sont pas décidés à se taire. Le trouble se répand même au sein des Jeunesses communistes où se crée un cercle contestataire, le cercle Petöfi, du nom d'un poète nationaliste du XIXe siècle, héros de la Révolution de 1848.

Rakosi riposte en réprimant, censurant, purgeant. Cela ne suffit pas à museler la contestation qui grandit dans les milieux intellectuels. On s'arrache les journaux où les écrivains les plus connus n'hésitent pas à critiquer le régime avec vigueur et il se crée des cercles de discussion, à l'imitation des clubs de la France pré-révolutionnaire du XVIIIe siècle.

Quant à Nagy, il apparaît maintenant comme le recours.

Le calme n'est donc pas revenu quand, soudain, éclate le coup de tonnerre du 20e congrès du Parti communiste de l'Union soviétique. Aussitôt, les contestataires hongrois réclament à cor et à cri la déstalinisation dans leur propre pays et, très symboliquement, commencent par réclamer la réhabilitation de Laszlö Rajk. Ils mettent donc personnellement en cause Rakosi qui a orchestré le procès de son rival. La pression de la contestation est telle que le numéro un hongrois doit céder et rendre publiques les conditions dans lesquelles l'ancien combattant des Brigades internationales a été jugé et condamné. Le tollé est général. Il est clair que le secrétaire général du Parti communiste devra tôt ou tard se démettre. D'autant qu'une autre affaire fait grand bruit.

Un gisement d'uranium aurait été découvert près de la frontière avec la Yougoslavie. Pour les Hongrois, dont le pays est dépourvu de toute richesse énergétique, la nouvelle est capitale. Mais elle est à peine divulguée qu'on murmure que Rakosi aurait conclu un accord secret avec l'URSS, au terme duquel les Soviétiques exploiteraient l'uranium en échange d'une compensation financière dérisoire. Rakosi est immédiatement accusé de brader les intérêts de son pays au profit du grand frère soviétique.

Toutefois, cette information est sans doute le fruit d'une manipulation. L'existence de ce gisement d'uranium et la rumeur d'un accord avec les Soviétiques auraient été purement et simplement inventées par des services occidentaux dans le but d'affaiblir le système communiste. Quoi qu'il en soit, l'objectif est atteint : ce ne sont plus seulement les écrivains et les artistes qui contestent le pouvoir mais la majeure partie de la population hongroise. Rakosi a beau clamer que les intellectuels sont des agents de la bourgeoisie qui veulent restaurer le capitalisme, son discours n'est plus crédible. Même les militants communistes purs et durs sont ébranlés. Moscou s'inquiète une nouvelle fois.

La solution la plus sage aurait sans doute constitué à remplacer Rakosi par Nagy. Ainsi, les Hongrois auraient peut-être fait l'économie de l'insurrection de 1956. Mais non, Nagy fait trop peur. Le Kremlin, craignant qu'il aille trop loin dans la déstalinisation, choisit un bureaucrate qui n'est pas moins stalinien que Rakosi, un nommé Ernö Gerö, qui était jusque-là le numéro deux du Parti.

La décision est confirmée par l'envoyé spécial de Khrouchtchev, Anastase Mikoyan. Cet apparatchik, plutôt considéré comme un modéré au sein du Politburo, oblige néanmoins Gerö à accepter un certain nombre de concessions. Des tortionnaires de la police secrète sont arrêtés. Un certain nombre de leurs victimes sont réhabilitées ou libérées. Et l'archevêque Mindszenty, bête noire du régime, à qui l'on prête l'intention d'en revenir à la monarchie, peut ainsi quitter sa prison pour être placé en résidence surveillée.

Ces quelques mesures ne font pourtant guère illusion. La contestation est allée trop loin pour pouvoir reculer.

En témoigne la réunion d'un Congrès des écrivains qui ressemble plus à la tenue d'États généraux révolutionnaires qu'à une réunion professionnelle ou syndicale.

Dans le même temps, Radio Free Europe ne cesse d'entretenir ses auditeurs de l'évolution de la situation. Cependant, il y a débat dans cette station proche de la CIA. Certains des journalistes et des dirigeants pensent qu'il faut informer les auditeurs d'Europe de l'Est de façon objective, sans en rajouter. C'est la meilleure façon, selon eux, de montrer les tares du système communiste, laisser les auditeurs se faire une opinion eux-mêmes et surtout se différencier des radios officielles qui font de la propagande. Mais pour d'autres, au contraire, Radio Free Europe doit être une radio de combat dont la vocation est de prendre fait et cause pour tous les éléments de la société hongroise qui s'opposent au système communiste. Bref, convaincre avant d'informer.

Cette deuxième ligne, la plus dure, a bien sûr la préférence de la CIA et cette tendance l'emportera pendant les dramatiques événements de Budapest. Non sans de terribles conséquences.

Rakosi, démis à l'été 1956, est envoyé en exil en URSS. Dès le début de l'automne, les étudiants et les jeunes du Cercle Petöfi s'agitent. Ils réclament un nouveau gouvernement dirigé par Nagy, l'octroi de la liberté totale de la presse et exigent le départ des troupes soviétiques qui se trouvent toujours dans le pays depuis la fin de la Seconde Guerre mondiale.

Étudiants et écrivains ont aussi une autre revendication : ils veulent que Laszlö Rajk, déjà réhabilité à titre posthume, bénéficie d'obsèques officielles. Car, à l'époque, sa dépouille et celles de ses prétendus complices, ont été ensevelies dans la plus grande discrétion. Les autorités hongroises sont contraintes d'accepter tant le vent de la contestation souffle fort. Mais elles essaient de récupérer l'événement en étant présentes. Toutefois, personne ne s'y trompe : ces obsèques qui sont célébrées au début du mois d'octobre et qui rassemblent en silence des dizaines de milliers de personnes sont bel et bien une manifestation d'opposition au régime. Encore une fois, il s'agit d'un événement inédit dans une démocratie populaire et un grave affront pour le gouvernement et l'URSS.

L'opposition est maintenant chauffée à blanc. Les rapports envoyés par l'ambassadeur soviétique, Youri Andropov, sont de plus en plus alarmistes. Si alarmistes même que le patron du KGB, Serov, prend la décision de se rendre lui-même sur place, dans une quasi-clandestinité. La nomination de Gerö, trois mois plutôt, a été un échec. Il convient donc de réagir vite. Contrairement à ce que l'on a longtemps pensé – les derniers documents soviétiques déclassifiés le prouvent –, Khrouchtchev n'a guère hésité : la décision de réduire par la force les opposants hongrois a été prise très tôt ! Et si certains dirigeants conservateurs liés au KGB ont laissé la situation s'envenimer, c'était uniquement dans le but de mettre en difficulté Khrouchtchev, l'homme du XXe Congrès, celui qui avait osé dénoncer les crimes de Staline.

Quinze jours après les obsèques de Laszlö Rajk, les cercles oppositionnels organisent une nouvelle manifestation afin de célébrer la victoire du Polonais Gomulka qui vient de prendre le pouvoir à Varsovie. En appelant à ce rassemblement, les organisateurs veulent aussi mettre en avant leurs propres revendications. Très vite, il apparaît que cette manifestation va connaître un grand succès. Entre deux cent cinquante mille et trois cent mille personnes se réunissent. Une foule énorme à l'échelle d'un petit pays de dix millions d'habitants.

En début de soirée, alors que la manifestation a commencé tôt dans l'après-midi, l'homme fort du pays, le secrétaire général du parti, Ernö Gerö, intervient à la radio. Au lieu du discours conciliateur qu'on pouvait attendre, il prend violemment à partie les manifestants, accusés d'être des fascistes et des contre-révolutionnaires. En même temps, il se livre à un éloge du grand pays frère, l'URSS. Pour répliquer à cette provocation, la foule se rassemble devant l'immeuble de la radiodiffusion et devant le Parlement. Soudain, des coups de feu claquent. Des agents de la police politique et peut-être aussi des éléments provocateurs ont tiré. Plusieurs personnes sont tuées.

Les manifestants en colère assiègent la radio tandis que d'autres déboulonnent une gigantesque statue de Staline. Maintenant, on se bat dans les rues de Budapest. Des policiers municipaux et même des militaires ont donné leurs armes aux insurgés. La révolution hongroise a commencé.

Le pouvoir a apparemment réagi de façon absurde. C'est oublier que Ernö Gerö est complètement sous contrôle. En prononçant à la radio cette allocution provocatrice, il a agi sur ordre d'Andropov et surtout de Serov, un spécialiste de la manière forte. L'objectif des Soviétiques consiste à provoquer le désordre afin, plus tard, de légitimer leur intervention armée.

Dans la nuit, les dirigeants communistes se réunissent en urgence. Serov, le véritable patron, est naturellement présent. Les décisions qui sont prises étonnent : d'un côté, on nomme Imre Nagy au poste de Premier ministre. Et de l'autre, on fait appel à l'armée soviétique. En réalité, ce n'est nullement contradictoire : les Soviétiques veulent que Nagy assume la responsabilité de la répression afin de le couper de ses partisans.

Dans un premier temps, ce calcul semble réussir. Alors que les chars soviétiques commencent à intervenir et que de violents combats se déroulent un peu partout dans le pays, Nagy prononce un discours radiodiffusé très décevant. Il est clair qu'il n'a pas encore pris la dimension de la protestation. À la tête d'un gouvernement à peine différent du précédent, il annonce qu'il faut juguler l'insurrection. Seul point positif, il déclare qu'il a refusé de signer un appel écrit à l'armée soviétique.

Dès la première journée de l'insurrection, on compte déjà près de 350 morts. Des policiers et des militaires hongrois soutiennent les rebelles. Plus grave encore pour le pouvoir, de nombreux ouvriers combattent les envahisseurs et la police politique alors que le Parti espérait couper les intellectuels de la classe ouvrière.

Autre échec, l'intervention des chars ne parvient pas à réduire rapidement l'insurrection. Les soldats russes ne sont pas préparés à mater ce genre de mouvement populaire. D'autre part, ni les Soviétiques ni les communistes au pouvoir n'ont prévu que la révolution gagnerait tout le pays. Le Parti, fort d'un million d'adhérents, s'est effondré sur lui-même. Il n'existe pratiquement plus.

Devant ce désastre, Moscou décide de reculer. Au moins provisoirement. En chassant d'abord le secrétaire général du Parti qui personnalise tous les excès du régime et en le remplaçant par Janos Kadar. Acteur des purges staliniennes de la fin des années 40, ce dernier a fini lui-même par en devenir une victime avant d'être réhabilité. Toutefois, pour les insurgés, ce n'est pas assez… Le Kremlin donne alors l'impression d'être déboussolé et d'osciller entre le désir de réprimer et celui de composer. Cette supposée hésitation est symbolisée par la composition de la mission que Khrouchtchev envoie à Budapest. Un modéré, Mikoyan, est accompagné d'un dur, Souslov, tandis que sur place Serov continue à jouer sa partition conservatrice. Il ordonne par exemple à certains agents du KGB implantés à l'Ouest de rejoindre la Hongrie afin d'y fomenter des provocations. On assiste ainsi à de curieux lynchages de membres de la police politique. Autre fait étrange : fin octobre, des forces de sécurité, pourtant ralliées aux insurgés, tirent soudain à la mitrailleuse sur une foule pacifique réunie devant le Parlement. On relève deux cents morts.

Simultanément, les observateurs notent que les revendications de la rue sont de plus en plus radicales. Si, au début, les intellectuels et les cercles Petöfi créés au sein des Jeunesses communistes voulaient libéraliser le système sans rompre avec le socialisme, il se mêle maintenant à ces révolutionnaires des gens de droite et même d'extrême droite, nostalgiques du régime fasciste d'antan[80].

Nagy s'est ressaisi. Sous la pression de la rue, ce dirigeant qui prônait autrefois la construction d'un communisme à visage humain est peu à peu amené à rompre avec le système.

Le 26 octobre, les insurgés décrètent la grève générale. Le lendemain, Nagy remanie son gouvernement et y introduit des têtes nouvelles dont la plupart sont des chefs de partis autrefois interdits. Deux jours plus tard, après avoir appelé au cessez-le-feu sans être franchement entendu, il franchit un pas supplémentaire : il prend fermement position en faveur du multipartisme et reconnaît la légitimité de la lutte contre la police politique et les unités soviétiques.

Les émissaires de Khrouchtchev, Mikoyan et Souslov, semblent approuver les propos de Nagy. Il s'agit d'une position uniquement tactique qui a pour seul but de tromper la méfiance des Hongrois. Les deux Soviétiques persuadent même Nagy que le Kremlin veut sincèrement aboutir à une solution politique de la crise hongroise. Ils en donnent la preuve : les chars rebroussent chemin et abandonnent la ville de Budapest.

Les insurgés peuvent donc penser qu'ils ont gagné. Imre Nagy, rasséréné, leur emboîte le pas. Il procède à un nouveau remaniement gouvernemental et ne garde auprès de lui qu'une poignée de ministres communistes. En outre, pour couper le cordon ombilical avec le Parti, il quitte symboliquement son siège pour s'installer au Parlement et annonce officiellement qu'il dissout la police politique et met fin au système du parti unique.

80. Ça permettra aux communistes – en particulier les français – d'affirmer plus tard que tous ces révolutionnaires hongrois n'étaient que des réactionnaires et des revanchards fascistes.

Le Kremlin ne bronche toujours pas. Mieux, Nagy, toujours poussé par les insurgés, affirme sa volonté de faire de la Hongrie un pays neutre. Ce qui signifierait la désintégration du bloc de l'Est.

Pour la première fois depuis 1948, les Hongrois se sentent libres. Un sentiment qui engendre une euphorie certaine mais trompeuse. La manœuvre d'intoxication des Soviétiques a réussi. Les chars font leur retour en Hongrie dans la nuit du 31 octobre. Nagy, aussitôt informé, appelle en toute hâte l'ambassade soviétique. Andropov lui affirme avec le plus grand sérieux qu'il ne s'agit pas d'une invasion. L'armée Rouge doit seulement organiser la sécurité de ses troupes qui quittent le territoire hongrois. Nagy est provisoirement rassuré. Il l'est d'autant plus que, dans le même temps, la *Pravda* publie un article annonçant que le gouvernement soviétique est prêt à engager des négociations avec son homologue hongrois afin d'examiner la question de la présence des troupes de l'armée Rouge sur le territoire hongrois. Il est même proposé à Nagy d'envoyer une délégation à Varsovie pour renégocier le pacte du même nom et examiner les modalités du départ des militaires soviétiques.

Trop confiant, le Premier ministre hongrois aurait pourtant dû être alerté par un curieux événement : le 1er novembre, le nouveau patron du Parti communiste, Janos Kadar, déclare à la radio que grâce au soulèvement, le peuple hongrois a conquis la liberté et l'indépendance. Puis il disparaît mystérieusement.

Où est-il allé ? On ne l'apprendra que quelques jours plus tard quand il réapparaîtra dans les fourgons de l'armée soviétique : Kadar s'est rendu à Moscou.

Quoi qu'il en soit, en ce tout début du mois de novembre, les Hongrois, abusés par les Soviétiques, peuvent donc croire qu'ils ont triomphé. L'armée s'est mise spontanément aux ordres des nouvelles autorités et, un peu partout dans le pays, se sont créés spontanément des conseils ouvriers qui sont les véritables détenteurs du pouvoir. Seule ombre au tableau : l'attitude du cardinal Mindszenty. À peine libéré, ce prélat issu de l'aristocratie, prend aussitôt position contre le gouvernement de Nagy en l'accusant d'être l'héritier du régime communiste.

Le 3 novembre, les généraux hongrois sont invités à se rendre au QG de l'armée soviétique dans la banlieue de Budapest. Ils sont aussitôt arrêtés dans le plus grand secret par des hommes du KGB. Simultanément, les chars soviétiques se rapprochent de Budapest.

Dans la nuit qui suit, alors que Imre Nagy s'entretient avec Youri Andropov, il reçoit un coup de téléphone d'un général qui l'informe de l'avancée des chars de l'armée Rouge. Le Premier ministre hongrois interroge l'ambassadeur : qu'en est-il ? Le futur numéro un soviétique nie avec le plus grand sang-froid : le Kremlin n'a pas donné l'ordre d'envahir la Hongrie.

Nagy ne comprendra qu'à l'aube de ce 4 novembre. Mais il est trop tard. Il s'adresse une dernière fois à son peuple en annonçant à la radio l'attaque soviétique et en lançant un appel à la communauté internationale. Un discours pathétique qui bouleverse le monde entier. Mais c'est bien tout. Car Moscou n'est pas intervenu au hasard. Les Soviétiques ont choisi d'attaquer au moment même où les premiers paras français et britanniques sautaient sur l'Égypte ! Ils pouvaient donc agir en toute impunité et ils auront beau jeu de dénoncer l'agression colonialiste commise par deux pays membres de l'OTAN. Ils sont d'autant plus sûrs de leur coup qu'ils savent que Washington ne réagira pas !

Cela ne signifie pas que la Maison Blanche se désintéresse de la Hongrie. Bien au contraire. Les spécialistes de la CIA suivent depuis longtemps, et très attentivement, la situation dans les pays d'Europe de l'Est. Grâce à leurs agents infiltrés au-delà du rideau de fer, ils observent les progrès de la dissidence hongroise. En haut lieu, on se pose la question : est-ce que cette contestation peut déboucher sur une vraie résistance qui pourrait être éventuellement appuyée par une action directe des États-Unis ? Pour des raisons à la fois politiques et géographiques, la réponse est négative. La Pologne, la Tchécoslovaquie et même la Roumanie apparaissent, pour reprendre le jargon des hommes du renseignement, comme des terrains plus prometteurs.

En outre, le président américain, Ike Eisenhower, craint qu'une intervention, quelle qu'elle soit, ne débouche sur une guerre totale avec l'URSS. Paradoxalement, il observe avec une grande inquiétude les premiers soubresauts de la révolution hongroise car il a peur que les Américains ne soient accusés d'entretenir la contestation. Lorsque la situation empire à la fin du mois d'octobre 1956, il prend même une décision étonnante : son ambassadeur à Moscou, Charles Bolhen, est chargé d'informer les maîtres du Kremlin que les États-Unis ne profiteront pas des événements pour essayer de détacher la Hongrie du bloc militaire du pacte de Varsovie. Eisenhower n'entend pas remettre en cause le partage de l'Europe tel qu'il a été décidé à Yalta.

Toutefois, il existe aux États-Unis des gens qui, eux, ont choisi d'exploiter la crise hongroise, essentiellement à la CIA. Leur instrument, c'est Radio Free Europe où les partisans de la désinformation l'ont emporté sur les vrais journalistes. Cela leur a été d'autant plus facile que les bulletins sont assurés par des émigrés anticommunistes dont certains ont été autrefois les zélateurs du régime fasciste du dictateur Horthy.

Radio Free Europe, dans ses émissions en langue magyare, a d'abord participé à créer ce climat d'euphorie trompeuse en exaltant le patriotisme des Hongrois, en les encourageant à se lever contre le régime communiste et en les poussant à se montrer toujours plus intransigeants. Ainsi, alors qu'il eût été logique que les journalistes de cette station applaudissent aux initiatives d'Imre Nagy, ils prennent une position opposée. Le Premier ministre est accusé de ne prendre que des demi-mesures. Dirigeant communiste, même s'il a pris ses distances avec l'URSS, il ne peut pas représenter le peuple hongrois. Il y a encore plus grave : lorsque les milliers de chars soviétiques déferlent sur la Hongrie, Radio Free Europe appelle non seulement à la résistance mais laisse entendre clairement que les insurgés vont recevoir de l'aide des Occidentaux. Bref, tenez bon, on arrive !

Il s'agit d'un mensonge cruel : la CIA est bien placée pour le savoir, les États-Unis n'ont nullement l'intention de venir au secours des Hongrois, sinon en émettant des protestations auprès des instances internationales. Quant aux autres pays occidentaux qui auraient pu agir, essentiellement les Français et les Britanniques, ils ont déjà fort à faire avec leur aventure égyptienne pour envisager d'envoyer des troupes en Hongrie.

Radio Free Europe a donc trompé les révoltés hongrois mais les a aussi envoyés à la mort ou contraints à l'exil. Ce que feront plus de deux cent mille Hongrois.

Très curieusement, la plupart des archives de Radio Free Europe ont été détruites. Il fallait oblitérer cet épisode peu glorieux de l'histoire de la station et surtout masquer les véritables objectifs de ses commanditaires. En réalité, la CIA voulait briser l'image bonhomme et libérale de Khrouchtchev en démontrant que le champion de la déstalinisation n'était qu'un dictateur et un boucher. Plusieurs milliers de Hongrois l'ont payé de leur vie. Mais du strict point de vue de l'efficacité, les Américains ont gagné : Khrouchtchev a été discrédité et l'écrasement de la révolution de Budapest a créé un véritable schisme chez les communistes. En 1956, des militants du monde entier ont rendu leur carte et des compagnons de route ont rompu avec le Parti.

L'armée Rouge est intervenue avec deux cent mille hommes et plus de quatre mille chars. Les insurgés, même épaulés par l'armée hongroise, n'ont pu résister longtemps et ont perdu entre deux et trois mille hommes.

Quant à Nagy, dès que les Soviétiques se sont rendus maîtres de Budapest, il s'est réfugié avec quelques compagnons à l'ambassade yougoslave. Tito est embarrassé : il vient à peine de se réconcilier avec le Kremlin et n'a pas très envie de subir à nouveau les foudres des dirigeants moscovites. Heureusement pour lui, Kadar, le nouveau maître de la Hongrie, déclare publiquement que, malgré ses crimes, aucun procès ne sera intenté à Nagy. Confiant, ce dernier et ses compagnons quittent donc l'ambassade de Yougoslavie. Mais ils sont à peine sortis qu'ils sont arrêtés par le KGB.

Ils sont immédiatement emmenés en Roumanie où ils sont emprisonnés sous bonne garde. Interrogés, peut-être même torturés, ils sont reconduits en Hongrie en 1958 puis jugés. Nagy et quatre de ses amis, reconnus coupables, sont condamnés à mort et bientôt exécutés.

La répression ne se limite pas à l'exécution de Nagy. Des intellectuels, des savants sont jugés. Des dizaines sont exécutés et des milliers condamnés à de longues peines de prison. Il faudra attendre 1963 pour qu'ils soient enfin amnistiés.

23.

Melouza : propagandes autour d'un massacre

Ce fut l'un des pires drames qu'ait connu cette terre qui n'était pourtant pas économe du sang de ses enfants : l'Algérie. Une tuerie de masse ! Plus de trois cents villageois assassinés à coups de fusil, de hache, de couteau…

C'était en mai 1957. Depuis la Toussaint 1954, premier jour de l'insurrection, la violence n'avait pas cessé. L'armée française réprimait sans pitié, brûlait les mechtas, torturait les prisonniers, sans parvenir à juguler la rébellion. De l'autre côté, les combattants indépendantistes faisaient fi de la vie humaine et n'hésitaient pas à user de moyens extrêmes pour punir ceux qui tardaient à les rejoindre ou refusaient de payer l'impôt révolutionnaire… Mais il y avait encore pire : en 1957, la rébellion ne présentait toujours pas un front uni. Deux mouvements indépendantistes se disputaient la prépondérance dans le combat contre le

colonialisme : le FLN et le MNA. Deux organisations qui poursuivaient des objectifs à peu près semblables mais qui se sont livré une lutte sans merci. Bref la guerre dans la guerre.

Le massacre de Melouza est une conséquence directe de cette sanglante rivalité. Une compétition qui n'a pas cessé avec la mort de ces villageois. Car les propagandistes ont aussitôt pris le relais des tueurs !

Melouza est un bourg prospère situé au nord de la ville de M'sila, à la lisière du Constantinois et de la Kabylie. Dans la région, en 1956, un groupe rebelle tend une embuscade à une section de soldats français. Un capitaine est tué. Sur ordre du lieutenant-colonel Antoine Argoud qui s'illustrera par la brutalité de ses méthodes, des représailles sont ordonnées. Quelques suspects sont raflés et immédiatement fusillés. Leurs cadavres seront placés sur le toit d'un autocar qui déambulera sur les routes et pistes autour de Melouza. Argoud, propagateur de l'action psychologique, croyait à la vertu de l'exemple par la terreur !

Cependant, lorsque les troupes françaises appelées ailleurs durent se replier, la population du bourg se rallia aussitôt à la rébellion. Pour le FLN, l'affaire était d'importance. La grosse tribu des Beni-Illemane qui peuplait la région était plutôt acquise aux frères ennemis du MNA. Melouza pouvait donc devenir une tête de pont qui lui permettrait de rallier la tribu à sa cause.

Les deux organisations sont pourtant issues du même creuset : le MTLD, créé dès 1937, c'est-à-dire le Mouvement pour le triomphe des libertés démocratiques dont le grand homme était le chef indépendantiste historique et charismatique, Messali Hadj. Mais après la Seconde Guerre mondiale, et les massacres de Sétif, des dissensions apparaissent. Tandis que les Messalistes donnent la priorité à l'action politique – sans toutefois récuser complètement la violence –, les activistes qui vont créer le FLN privilégient l'action armée. Et si les premiers sont qualifiés de réformistes par les seconds, ceux-ci sont eux-mêmes considérés comme des gauchistes par leurs rivaux. Le divorce est inéluctable et la fracture va aller en l'élargissant. Le 1er novembre 1954, plusieurs attentats anti-français scellent la naissance du FLN, le Front de libération nationale. La guerre d'Algérie commence. Trois jours plus tard, le MTLD est dissous par les autorités. Les messalistes ripostent en créant le MNA, Mouvement national algérien.

D'abord idéologique, la confrontation s'exacerbe. En décembre 1955, un responsable du MNA d'Alger est assassiné par deux militants du FLN. Le sang ne cessera plus de couler. Au total, cette guerre civile provoquera quatre mille victimes.

Le FLN, qui veut être le seul représentant exécutif du peuple algérien, prend un ascendant militaire certain sur son rival. Mais le MNA résiste. C'est le cas dans la région de Melouza et dans le Sud-Algérois où un chef militaire d'exception, Mohamed Bellounis, continue à tenir la dragée haute aux moudjahidin du FLN.

Cette confrontation sanglante ne peut pas laisser indifférentes les autorités françaises. Certes le MNA lutte contre la France. Mais ne peut-on nouer un dialogue avec ces nationalistes algériens beaucoup moins radicaux que les « durs » du FLN ? Des approches discrètes sont tentées. Bellounis lui-même ne semble pas hostile à une entente qui déboucherait sur une « paix des braves »… D'autant que, manquant d'armes et de munitions et ayant perdu beaucoup d'hommes, il est alors affaibli. Le drame de Melouza va précipiter sa décision.

À Melouza, justement, le FLN qui s'était imposé un an plus tôt, est en perte de vitesse. La population arabe ne supporte plus l'autoritarisme de ses militants, en général kabyles, et rechigne à payer l'impôt révolutionnaire. Le mécontentement grandit.

Bientôt, il devient explosif. Quatre cadres du FLN sont dénoncés aux autorités militaires françaises. Étape supplémentaire, trois agents de liaison des rebelles sont abattus. Enfin, un sergent et son secrétaire qui demandaient asile à la tribu des Beni-Illemane sont massacrés à coups de hachette.

Le FLN ne peut pas ne pas réagir. À la tête de deux sections, son responsable local, Si Abdelkader, prêt à sévir, demande des comptes aux chefs de la tribu des Beni-Illemane. Mais les hommes de Bellounis s'interposent. Les moudjahidin sont encerclés. La population du douar, femmes et hommes mêlés, crie son hostilité. Les maquisards du FLN doivent se replier sous les huées de la foule tandis que les militants du MNA manifestent bruyamment leur joie.

Cette humiliation soulève la colère du chef de la wilaya 3, Mohammedi Saïd. Il ordonne à l'un de ses adjoints, le capitaine Arab, de réunir une importante troupe afin de punir les Beni-Illemane. Le 27 mai 1957, trois cent cinquante moudjahidin, fortement armés, montent vers les douars de la tribu. Les ordres sont stricts : en cas de riposte, tous les hommes doivent être exécutés !

À 8h du matin, l'alerte est donnée lorsque les premiers moudjahidin sont repérés sur les collines avoisinantes. À l'affolement succède la mobilisation. Les hommes de Bellounis présents organisent la résistance. Des coups de feu claquent. Jusqu'à midi, les moudjahidin sont tenus à distance. Mais les assiégés ont épuisé leurs munitions. Le dernier défenseur est abattu à l'entrée du village. La force reste à l'ALN[81].

Les maquisards investissent les lieux. Les hommes sont sortis des gourbis, où ils ont trouvé refuge, à coups de crosse. Les femmes, les enfants hurlent. La population masculine est rassemblée. Sous la menace des fusils et des mitraillettes, il lui

81. Armée de libération nationale, force armée du FLN.

est ordonné d'emprunter un sentier de chèvres qui conduit au hameau de Mechta-Kasba, à l'extérieur du village. Le lieu n'a pas été choisi au hasard : c'est là que Bellounis établit son QG lorsqu'il se trouve dans la région.

Femmes et enfants ont été chassés de cette dizaine de petites maisons basses situées dans un décor aride de rochers. À 14h, la colonne arrive dans les douars. Les hommes sont entassés dans les gourbis. Et, aussitôt, les tueurs entrent en jeu. Une vraie folie sanguinaire, maison après maison. Au couteau, au fusil et même à coups de pioche. Hurlements, gémissements, ahans de bûcherons. Un ruisseau de sang coule au milieu du hameau. Les rares fuyards sont abattus d'une rafale de mitraillette. Une demi-heure plus tard, tout est fini. Des dizaines de corps[82] jonchent le sol en terre battue des maisons. Le silence tombe enfin sur le hameau dont quelques mechtas brûlent.

Hébétés, ensanglantés, les tueurs fuient et regagnent leur maquis. Qui dans les forêts, qui dans les grottes de la région. Mohammedi Saïdi auquel ses adjoints adressent un rapport exprime sa satisfaction : la punition a été exemplaire.

Une reconnaissance aérienne a repéré les incendies. Le capitaine Combette, chef d'une SAS[83] voisine de Melouza, est alerté. Escorté d'une quinzaine de soldats, il atteint le bourg en début de soirée et trouve une population féminine terrorisée qui peine à lui expliquer ce qui s'est passé. Dans l'urgence, l'officier choisit d'abord de s'occuper des blessés qui se trouvent à Melouza. Il ne se rend à Mechta-Kaba que le surlendemain. La puanteur est effroyable et le spectacle est difficilement soutenable.

82. Selon les chiffres les plus fiables, trois cent quarante-sept hommes ont été tués.
83. Section administrative spécialisée : créées en 1955, ces unités militaires chargées d'apporter une assistance aux populations sont aussi le vecteur de la propagande dans le bled en faveur de l'Algérie française.

Malgré l'horreur qui le saisit, le capitaine Combette réalise vite l'exploitation qui peut être faite de ce massacre. Une telle cruauté ne peut que soulever l'indignation générale…

C'est aussi ce qu'on se dit à Alger en haut lieu. La presse est informée. Au plus vite, un voyage sur place mobilisant plusieurs hélicoptères est organisé. Magistrats, généraux et journalistes du monde entier ont pris place dans les appareils. Déjà, on a écrit le scénario. Pas question d'évoquer la rivalité entre le MNA et le FLN : les habitants de Melouza ont été massacrés parce qu'ils avaient choisi de rallier la France.

Au milieu des mechtas règne toujours un relent de putréfaction. Mais les cadavres ont été enterrés à cause de la forte chaleur. Ce qui suscite la protestation des photographes. Heureusement, il reste dans les ruelles ce sang caillé qui macule le sol et les murs et témoigne de la réalité du massacre.

La version française est largement reprise par la presse nationale et internationale. Paris y trouve de nouvelles raisons de conduire son combat contre les « fellaghas ». Rétroactivement, Bellounis y apporte sa caution : révulsé par le massacre, ce soldat du MNA annonce qu'il combattra désormais au côté de l'armée française contre les tueurs de l'ALN.

Les rebelles ne tardent pas à comprendre que leur image a été durement ternie. Il leur faut réagir. Par le biais de sa radio basée au Caire et de ses publications clandestines, le FLN rejette toute responsabilité dans le massacre. Bien au contraire, il soutient que les hommes de Melouza ont été assassinés par la soldatesque coloniale et ses harkis qui se sont ensuite livrés à une misérable mise en scène. Et l'organisation indépendantiste et ses alliés des pays arabes d'exiger une enquête internationale.

Cela demeurera, et longtemps encore après l'indépendance, la version officielle du FLN et plus tard du gouvernement algérien. Contre toute évidence car, avant d'accuser l'armée française, la rébellion s'était trahie : la wilaya 3, commandée par le redoutable Mohammedi Saïd[84], avait publié un tract à destination des Beni-Illemane : *« Ces exécutions débarrassent notre région des traîtres et portent un soulagement à tous les Algériens dignes de ce nom. Elles montrent clairement ainsi notre volonté d'en finir avec ceux qui ne veulent pas marcher avec la glorieuse ALN. »*

Mais le vent de la propagande a emporté cet aveu qui avait dangereusement échappé à ses auteurs.

84. En 1991, Saïd m'a personnellement affirmé (et devant une caméra de télévision) qu'il avait donné l'ordre de tuer tous les hommes de Mélouza.

24.

Des avions au très long nez

« Les avions renifleurs » ! Ainsi *Le Canard enchaîné* a-t-il baptisé de drôles d'appareils volants qui étaient censés détecter en vol les gisements de pétrole cachés dans les entrailles de la terre. Une affaire qui a coûté très cher au contribuable et n'était rien d'autre qu'une gigantesque arnaque. Et si elle a provoqué l'hilarité générale, c'est qu'elle a piégé d'importants personnages et même un président de la République. Les grandes lignes de cette affaire sont aujourd'hui connues. La compagnie pétrolière Elf a donc dépensé une fortune en finançant les études et le développement d'un procédé inédit devant permettre à la société de procéder à des forages à coup sûr et donc de réduire ses très coûteux frais de recherche. Malheureusement, l'invention n'en était pas une et Elf a tout perdu, sauf le ridicule !

Mais les dirigeants de la compagnie n'ont pas été les seuls à porter la responsabilité de ce désastre. Car les autorités politiques de l'époque ont été régulièrement informées et ont donné leur feu vert : Elf était, en effet, encore une compagnie dont l'État était l'actionnaire majoritaire.

Toutefois, deux questions essentielles n'ont pas entièrement trouvé leur réponse à l'issue de cette affaire. Premièrement, où est passé l'argent ? Deuxièmement, à quoi a-t-il servi ? Et les réponses débouchent sur des réalités beaucoup plus sérieuses, voire inquiétantes...

C'est bien connu : dès qu'on sent une odeur de pétrole, les services secrets ne sont pas bien loin. De plus, il est notoire qu'Elf Aquitaine a toujours été un vivier d'agents français ; beaucoup de personnes du SDECE, et ensuite de la DGSE, y ont été recyclées. Politique pétrolière et politique extérieure empruntent souvent les mêmes filières, et les autorités françaises, quelles qu'elles soient, se sont régulièrement servies de la compagnie pour effectuer des opérations discrètes ou financer divers gouvernements ou mouvements... Il faut ajouter qu'Elf Aquitaine, dans les années 70, a disposé d'un service de renseignements interne, qui était en quelque sorte le rival du SDECE, mais qui collaborait avec lui, à l'occasion.

L'histoire des avions renifleurs commence en 1976. À son origine se trouvent deux personnages passablement originaux, les « inventeurs » du fameux procédé de détection aérienne.

Le premier est un Italien, Aldo Bonassoli, un individu pour le moins pittoresque, agriculteur autodidacte, passionné de sciences et avide de publicité. Il a quelques connaissances en physique et en électronique, mais ses talents les plus notoires s'exercent dans la manipulation et la prestidigitation.

L'autre est un authentique aristocrate, le comte Alain de Villegas de Saint-Pierre-Jette, que nous appellerons plus simplement Villegas. Il est né en France mais vit en Belgique, dans un château proche de Bruxelles. L'homme, bien que possédant un diplôme d'ingénieur, est plutôt farfelu. Rêvant de découvrir un jour l'invention du siècle, il est d'autre part persuadé que le monde courra de grands périls en l'an 2000, mais qu'il sera sauvé par les extraterrestres.

Dès la fin des années 60, ces maniaques de l'invention sont associés. Bonassoli, en particulier, prétend alors avoir mis au point un appareil capable de détecter les nappes d'eau souterraines.

Est-ce que le procédé fonctionnait ? Mystère. En tout cas, les deux compères réussissent à intéresser à leur invention un industriel italien, membre par ailleurs de la loge P2[85], qui les finance généreusement. Encouragés par ce succès, ils décident de voir plus grand. Bonassoli, le technicien du couple, se dit que son appareil pourrait bien repérer d'autres liquides et, pourquoi pas, les nappes de pétrole. D'un seul coup, la mirifique invention prend une autre dimension.

Afin de trouver le précieux liquide, les compagnies doivent d'abord effectuer des études géologiques en surface et ensuite pratiquer des forages qui confirmeront ou infirmeront la présence de pétrole. Autant de recherches très coûteuses. La méthode Bonassoli, elle, est infiniment plus économique puisqu'il s'agit seulement de survoler les zones à prospecter avec un avion équipé de l'appareil qu'il a inventé.

Sur les caractéristiques « techniques » de l'invention, on sait peu de choses. L'Italien se contente d'affirmer que sa machine détecte des ondes gravitationnelles et restitue sur un écran la composition du sous-sol survolé par l'avion. C'est évidemment bien peu convaincant, mais l'appât du gain est tel que cela devrait suffire à intéresser une compagnie pétrolière.

Un homme, en tout cas, en est persuadé et s'entremet entre les inventeurs et Elf. Celui-ci, le personnage clé de cette histoire, est un avocat français, Me Violet. C'est un homme très

85. Loge pseudo-maçonnique qui rassemblait des chefs de l'armée et des services secrets, des hommes politiques, des ecclésiastiques, des financiers et qui a comploté lors des « années de plomb ».

mystérieux, qui a joué un rôle important au sein des services secrets français. L'une de ses principales activités a consisté à monter des opérations subversives dans les pays communistes. Également très proche du Vatican, il a été le principal artisan de l'opération « Pax », destinée à soutenir ce que l'on appelait au temps de la guerre froide « l'Église du silence », c'est-à-dire les communautés religieuses des pays de l'Est. Cette activité anticommuniste était financée par le SDECE, avec le soutien de plusieurs personnalités religieuses éminentes. Me Violet était alors un des agents les plus importants de l'espionnage français. Et l'un des mieux payés ! Renvoyé en 1970, après l'élection de Georges Pompidou, il est resté néanmoins très proche des services.

Toujours est-il qu'il fait la connaissance de Bonassoli et Villegas grâce cet industriel italien membre de la Loge P2, ce qui met en évidence les connivences qui existaient entre certaines institutions religieuses et cette pseudo-société maçonnique. Me Violet est immédiatement conquis ! Il se propose de faire aboutir ce projet d'avions renifleurs, grâce à ses nombreuses relations : parmi ses proches figure en particulier Antoine Pinay, l'ancien président du Conseil, qui vit retraité à Saint-Chamond et fait figure d'autorité morale de la droite française. Un autre de ses amis n'est autre que l'un des patrons de la puissante Union des banques suisses, l'UBS.

Me Violet rencontre ces éminents personnages et leur parle avec enthousiasme de l'invention de Bonassoli et Villegas. Puis, il prend rendez-vous avec le patron d'Elf, qui est alors un ancien ministre du général de Gaulle, Pierre Guillaumat, un homme qui a appartenu aux services secrets pendant la guerre et avec lequel il se trouve donc en terrain de connaissance.

Guillaumat lui prête une oreille attentive, surtout lorsqu'il entend dire que le président Pinay en personne et l'un des patrons de l'UBS encouragent l'entreprise. À partir de cet instant, la grande manipulation peut commencer !

Bien entendu, Pierre Guillaumat n'est pas fou. Aussi mirifique que soit le projet, aussi prestigieuses que soient ses cautions, il veut des preuves. Une expérimentation est donc décidée. Un avion est équipé de l'appareil de Bonassoli et Villegas. Les ingénieurs d'Elf choisissent des sites qu'ils connaissent, où ils ont déjà repéré la présence de pétrole, et font voler l'avion renifleur au-dessus. C'est un sans-faute parfait ! Les gisements sont tous détectés et, à chaque fois, la composition du sous-sol décrite par Bonassoli est exactement celle que les experts de la compagnie pétrolière ont eux-mêmes analysée.

En fait – mais les dirigeants de la compagnie pétrolière ne pouvaient le savoir –, l'expérience était truquée. Au sein d'Elf Aquitaine, une taupe a livré à Bonassoli et Villegas les plans des sous-sols des sites survolés. À l'intérieur de la compagnie pétrolière se trouvent par conséquent des individus qui veulent absolument que Villegas et Bonassoli signent avec Elf. C'est ce qui arrive. Peu après cette expérience réussie, le PDG d'Elf Aquitaine passe contrat avec une société créée par les deux inventeurs et domiciliée à Panama. Son fondé de pouvoir n'est autre que le discret et toujours omniprésent Me Violet.

Les conditions consenties sont proprement fabuleuses. Pour l'exclusivité de leurs recherches, les deux hommes reçoivent deux cents millions de francs suisses, soit quatre cents millions de francs de l'époque. Une somme qui leur est définitivement acquise ! Même s'ils ne trouvent pas une goutte de pétrole !

La direction d'Elf a naturellement informé les pouvoirs publics : on n'engage pas de telles sommes sans en référer à la tutelle. Guillaumat a personnellement informé le président de la République, Valéry Giscard d'Estaing, qui a donné son feu vert. Les deux hommes, d'un commun accord, ont décidé qu'une telle affaire devait rester secrète. Il y allait des intérêts supérieurs de la France : l'invention pouvait fort bien avoir des implications militaires, la détection aérienne des sous-marins, par exemple...

Quant à nos compères, l'argent en poche, ils s'équipent et achètent une véritable flotte aérienne, les fameux avions renifleurs, parmi lesquels figure même un Boeing 707 ! Et ils feignent de travailler d'arrache-pied. En tout cas, leurs premiers résultats semblent si prometteurs qu'en 1977 un deuxième contrat est signé, toujours avec l'aval du président Giscard d'Estaing, et l'approbation du Premier ministre, Raymond Barre, qui a été mis dans la confidence. Le fait que la compagnie pétrolière ait un nouveau PDG, Albin Chalandon, ne change rien : Elf Aquitaine continue à suivre.

En 1978, troisième contrat. Il y en a pour plus de six cents millions de francs. Elf Aquitaine a reçu l'autorisation des pouvoirs publics d'emprunter cette somme à l'UBS, l'Union des banques suisses, dont l'un des présidents a justement joué un rôle important dans la genèse de cette histoire. Bien entendu, l'affaire ne doit rien au hasard.

Comme d'habitude, ces largesses sont justifiées par des résultats, en réalité truqués, mais en apparence mirobolants. Bonassoli affirme avoir mis au point un appareil encore plus perfectionné. Au cours d'une nouvelle expérience au-dessus du golfe du Lion, l'avion renifleur confirme la présence de onze gisements, qui avaient déjà été repérés par les ingénieurs de la compagnie.

Pourtant, le nouveau patron, Albin Chalandon se méfie. Il prend une initiative : deux jeunes physiciens sont priés de regarder d'un peu plus près les appareils de Bonassoli. Ils en reviennent déconcertés : ils n'ont strictement rien compris aux explications de l'inventeur. Sur le coup, cette expertise est sans conséquences. On estime que les physiciens, trop jeunes, étaient donc insuffisamment expérimentés. Mais, pour la première fois, le soupçon s'est installé. Et bientôt, en haut lieu, on va sérieusement s'inquiéter. Il est grand temps !

Au printemps 1979, dans le plus grand secret, une expérience est organisée à l'intention du président de la République en personne : au ministère de l'Industrie, mais aussi à la direction d'Elf Aquitaine, on veut se couvrir.

Valéry Giscard d'Estaing assiste à la démonstration, qui est tout aussi triomphale que les précédentes. Deux versions circulent à propos des réactions du président lors de cette expérience. D'après les inventeurs, il se serait déclaré convaincu de l'efficacité des appareils. Mais plus tard, lorsque le scandale éclatera, Giscard rendra publique une note qu'il a écrite après cette expérience et où il exprime ses doutes et même sa crainte de se trouver devant une escroquerie. Quoi qu'il en soit, il est certain qu'après l'expérimentation présidentielle, les événements vont s'accélérer.

La direction d'Elf, sur injonction du ministre de l'Industrie, gèle les versements d'argent. Bonassoli et Villegas poussent des cris d'orfraie. Si on n'a plus confiance en eux, ils vont vendre leur invention à la concurrence ! Mais Elf Aquitaine ne cède pas. D'autant qu'une recherche pétrolière effectuée en Afrique du Sud grâce au miraculeux avion renifleur se traduit par un véritable désastre, la compagnie perdant dans l'affaire une bonne centaine de millions. En outre, la Cour des comptes commence à s'intéresser aux sommes faramineuses qui ont été versées aux inventeurs.

L'affaire sent sérieusement le brûlé. L'homme qui va asséner le coup de grâce est un scientifique, un savant incontestable, le professeur Horowitz, directeur du CEA. À la demande du ministre de l'Industrie, il va tester lui-même l'appareil magique de Bonassoli et il va prendre les deux mystificateurs à leur propre jeu.

Pour prouver l'efficacité de son invention, Bonassoli a l'habitude de procéder ainsi : il dispose un objet derrière un mur, puis il braque son appareil sur la paroi : l'image de l'objet apparaît sur un écran. L'expérience se déroule donc devant Horowitz. L'objet choisi est une simple règle. Bientôt, l'image de la règle apparaît sur l'écran de l'appareil. Bonassoli triomphe. Pour peu de temps. Car le facétieux professeur a pris soin de tordre la règle avant de la disposer derrière le mur. Or l'image qui est révélée sur l'appareil de Bonassoli est celle d'une règle bien droite. La supercherie est dévoilée : Bonassoli avait triché, en disposant une simple photographie de la règle dans son appareil !

Une fois l'escroquerie démasquée, le souci des autorités mais aussi de la direction d'Elf Aquitaine est double : d'abord essayer, autant que faire se peut, de recouvrer l'argent disparu ; ensuite, garder un secret absolu sur cette malheureuse affaire, qui peut politiquement coûter très cher. Mais, entre-temps, la Cour des comptes a terminé son enquête. Elle révèle les pratiques coupables de la compagnie pétrolière et met en cause la légèreté des pouvoirs publics. Il faut éviter à tout prix que ce rapport ne fuite ! Le Premier ministre Raymond Barre exige d'être l'unique destinataire du rapport de la Cour. Et lorsque son premier président prendra sa retraite, il aura soin de détruire l'exemplaire qu'il possédait.

Malheureusement, un journaliste trop curieux, Pierre Péan, tombera presque par hasard sur l'affaire. *Le Canard enchaîné* la rend publique en 1983 : c'est un énorme scandale !

Mis en cause, l'ancien président et son Premier ministre se défendent. Valéry Giscard d'Estaing accuse le pouvoir socialiste de répandre des « *rumeurs et des calomnies* ». Il déclare qu'il ne tolérera ni « *qu'on mette en cause son honneur personnel* » ni « *qu'on prenne le risque honteux de l'abaissement de la France.* » Raymond Barre s'élève, de son côté, contre ce qu'il appelle « *une opération politique basse et indigne* » et fait remettre un exemplaire du rapport de la Cour des comptes à son successeur, Pierre Mauroy, tandis que le PDG d'Elf, Albin Chalandon, demande au président de la République de « *mettre fin à cette misérable querelle.* »

Le président Mitterrand entendra son prédécesseur puisqu'il interviendra personnellement pour éviter à Valéry Giscard d'Estaing de comparaître devant la commission d'enquête parlementaire. L'affaire des avions renifleurs n'aura donc pas de conséquences politiques. Elle peut être considérée comme terminée...

Reste le problème de l'argent. Une partie a pu être récupérée, mais d'après les meilleures estimations, ce sont trois cents quatre-vingts millions qui ont été définitivement perdus par Elf dans cette affaire... Mais pas perdus pour tout le monde.

Pour comprendre la clé de cette affaire, il faut en revenir à Me Violet, le personnage central de l'histoire. Cet avocat est tout sauf un plaisantin. Quand ce vétéran des services secrets est mis en contact avec Bonassoli et Villegas, il comprend très vite qu'il a affaire à deux fumistes. Menant une enquête dans les milieux scientifiques, il apprend que ces pseudo-inventeurs n'ont jamais rien inventé, jamais rien publié. Il n'est pas dupe et, pourtant, il joue leur jeu, puisque c'est grâce à lui qu'ils vont accéder au patron d'Elf Aquitaine. Alors, pourquoi ?

Me Violet est au confluent de plusieurs cercles politiques discrets et influents où se rencontrent des gens proches de l'extrême droite. On y trouve des agents de renseignements, des hommes politiques, des industriels et beaucoup d'ecclésiastiques. Leur but est officiellement la défense du monde occidental mais, officieusement, il s'agit d'une entreprise séditieuse. On retrouvera ces cercles dans tous les scandales qui ont secoué récemment l'Italie : la banqueroute de la banque Ambrosiano, le faux suicide du banquier Roberto Calvi et, bien sûr, l'affaire de la Loge P2.

Telle est l'inquiétante réalité qui se cache derrière l'arnaque un peu bouffonne des avions renifleurs... Ces hommes ont vu dans la pseudo-invention de Bonassoli et Villegas un moyen de financer leurs activités occultes. Cet argent, si plaisamment escroqué, a donc probablement servi à financer des opérations beaucoup plus ténébreuses.

Quant à Bonassoli et Villegas, la suite de l'aventure a montré qu'ils étaient peut-être plus des illuminés que des malfaiteurs. Leurs avions renifleurs, ils y croyaient sans doute et, s'ils ont truqué les expériences, c'était pour poursuivre leurs recherches, avec, malgré tout, l'espoir d'aboutir un jour. Bonassoli n'a presque rien gagné dans l'affaire et a continué à perfectionner ses « inventions ». Quant au comte de Villegas, aux dernières nouvelles, il s'est envolé pour l'Amérique du Sud où il a fait construire de coûteuses pistes d'aviation susceptibles d'accueillir les extraterrestres qui ne manqueront pas de lui rendre prochainement visite !

25.

L'empereur cannibale

L'image devait frapper les imaginations : l'homme à la robe chamarrée, portant sur ses épaules un manteau de douze mètres en velours rouge entièrement doublé d'hermine et brodé d'aigle de soleils et d'étoiles d'or, se lève, se saisit d'une énorme couronne aux milliers de brillants, surmontée d'un diamant de cinquante huit carats, et se la pose sur la tête, se sacrant ainsi empereur. Exactement comme un certain Napoléon Bonaparte, 173 ans plus tôt...

L'image devait frapper les imaginations. Elle fit surtout rire. Comment un ancien sous-officier de l'armée française pouvait-il avoir l'audace de singer Napoléon Ier ? Comment un dictateur africain avait-il la prétention de se livrer à un aussi grotesque simulacre ? Bokassa Ier ! Quelle rigolade ! Tout ce qui restait en nous d'esprit colonialiste et de racisme latent se réveillait : voilà maintenant que les rois nègres osent se faire empereurs !...

C'est vrai, ce sacre, cette cérémonie somptueuse, ce trône démesuré en or représentant un aigle, cette débauche de richesses, pouvaient prêter à rire. C'était oublier un peu vite que la République française avait largement contribué à l'organisation et au financement du sacre, que notre pays était officiellement représenté par l'un de ses ministres, que le directeur de l'information d'Antenne 2 s'était déplacé pour interviewer en direct Bokassa Ier, preuve évidente de l'importance de l'événement. Et puis, si l'on s'en tient à l'actualité récente, l'intronisation d'un empereur africain est-elle moins digne d'intérêt que les obsèques mondiales et télévisuelles d'une princesse morte dans un accident de la route ?

Deux ans plus tard, Bokassa Ier était déposé. À l'initiative de la France. Et par des militaires français. L'opération, à l'évidence, dissimulait, et dissimule encore bien des mystères. Bokassa Ier faisait rire. Mais il faisait peut-être aussi peur. C'est pourquoi il fallait se débarrasser de lui au plus vite. Quitte à forger une ébouriffante manipulation !

Deux ans avant l'élection présidentielle de 1981, Valéry Giscard d'Estaing a été accusé d'avoir reçu des diamants de la part de Bokassa à qui il donnait bien volontiers du *« cher parent »*. Cette affaire des diamants révélée par *Le Canard enchaîné*, a pesé lourd dans la défaite du candidat Giscard d'Estaing.

La République centrafricaine a toujours été un enjeu stratégique pour la France. D'abord à cause de sa position géographique. Cette ancienne colonie, qui s'appelait autrefois l'Oubangui-Chari, est en effet un trait d'union entre la zone soudanaise et le bassin du Congo, le ventre de l'Afrique. Au nord se trouve le Tchad, perpétuellement instable et surtout perméable à l'influence libyenne et islamique. Et à l'ouest, il y a le riche Gabon, un état pétrolier étroitement lié à la France. Ce n'est donc pas par hasard si notre pays a toujours entretenu une importante garnison militaire en Centrafrique dont les propres richesses ne sont pas négligeables. Douzième producteur mondial de diamants, la Centrafrique possède d'énormes réserves d'uranium (plusieurs milliers de tonnes selon les experts).

Officiellement, la France a accordé l'indépendance à ses ex-colonies africaines en 1960. Mais elle n'a jamais cessé d'y exercer sa tutelle, même si c'est moins vrai aujourd'hui car elle n'a plus les moyens d'être le gendarme de l'Afrique... Ce n'était pas encore le cas en 1979. L'histoire exemplaire de la chute de Bokassa Ier témoigne avec éloquence des méthodes utilisées par les services secrets français lorsqu'ils veulent déstabiliser un gouvernant africain.

Bokassa, ancien sous-officier de la coloniale, a terminé sa carrière dans l'armée française avec le grade de capitaine. Même s'il est resté pour l'opinion, toujours condescendante lorsqu'il s'agit d'Africains, l'ancien adjudant devenu maréchal puis empereur !

En 1979, il approche de la soixantaine. Malgré une intempérance notoire, c'est encore un solide gaillard. Il faut l'être pour partager la vie de ses nombreuses épouses et élever son abondante progéniture.

Prénommé Jean-Bedel parce qu'il est né le jour de la Saint Jean-Baptiste de la Salle – sur le calendrier, c'était orthographié Saint-Jean B.D.L, d'où Bedel –, Bokassa, orphelin très tôt, a été pris en charge par des pères blancs dont il a reçu une bonne éducation. Il a même failli devenir prêtre. Ce n'est donc pas la brute avinée et stupide qu'on a trop souvent présentée. Même si de Gaulle, qui le recevait pourtant en grande pompe, se plaisait à l'appeler « le soudard », Bokassa était loin d'être sot.

Il renonce donc à la prêtrise et choisit la carrière des armes. Il s'engage dans les fameux tirailleurs sénégalais et, au sein des premières Forces françaises libres, il sera l'un des libérateurs de la Provence en 1944. Ensuite, c'est la coloniale et l'Indochine.

Au début des années 60, lors de l'indépendance de son pays, le capitaine Bokassa, qui arbore nombre de décorations dont la Légion d'honneur, devient presque naturellement le commandant en chef de la nouvelle armée centrafricaine… Ça lui est d'autant plus facile que le président de la République du nouvel État est son cousin, David Dacko. Cela n'empêchera pas Bokassa, quelques années plus tard, de débarquer son parent et de prendre le pouvoir à sa place avec l'aide de la France qui voit d'un mauvais œil Dacko se rapprocher de la Chine populaire.

Président, c'est encore trop peu. Bokassa se fait nommer président à vie. Et bientôt empereur. Bokassa Ier ! Comme son illustre modèle corse, il se couronnera lui-même et après lui son épouse favorite, l'impératrice Catherine !

En 1979 éclate l'affaire des diamants. Incontestablement, ce scandale accélèrera la chute de Bokassa. En réalité, Paris a des raisons encore plus sérieuses pour vouloir se débarrasser au plus vite de Bokassa. Toutefois on ne chasse pas le dirigeant d'un pays, fût-il africain, d'un simple coup de baguette magique.

L'affaire est longuement mitonnée. Les plus hautes instances de l'État français ont chargé les services secrets d'exécuter une très subtile manœuvre de désinformation.

La désinformation a longtemps été une spécialité soviétique. Mais elle est vieille comme le monde. Codifiée cinq siècles avant notre ère dans *L'art de la guerre* du Chinois Sun Tzu, qui écrivait en substance que la plus grande des victoires ne consiste pas à gagner sur le champ de bataille mais à condamner son ennemi à l'impuissance sans avoir à le combattre.

Cette spécialité de la guerre psychologique passe par l'intoxication. Les experts en répertorient trois formes : l'intoxication blanche, d'abord. Elle consiste à révéler à l'opinion publique des faits réels mais restés secrets en particulier pour des raisons d'État. Ensuite vient l'intoxication grise qui mêle informations vraies, demi-vérités et contrevérités. Bref, on glisse dans un schéma cohérent, qui a toutes les apparences de l'authenticité, de réels mensonges qui seront particulièrement difficiles à détecter. Enfin, il y a l'intoxication noire : l'information est fausse, totalement inventée mais si habilement imaginée qu'elle sera longue à démentir.

Dans le cas de Bokassa Ier, c'est l'intoxication grise qui a été préférée : c'est-à-dire la révélation d'informations fausses glissées à l'intérieur d'une trame vraie.

Bokassa n'était pas un tendre. Il ne faisait pas bon le contrarier. Le colonel Banza, soupçonné d'avoir ourdi un complot contre l'empereur, a non seulement été arrêté et promptement fusillé mais bon nombre de ses parents ont été appréhendés et ne sont jamais réapparus. C'est donc un tyran qui ne s'embarrasse guère des lois et qui, à l'occasion, n'hésite pas à mettre lui-même la main à la pâte... Cette réalité sera mise à profit pour échafauder une opération de désinformation. La manœuvre est simple : Bokassa a tué ou fait tuer dix personnes. Pourquoi n'en tuerait-il pas cent ou mille ? Encore faut-il un début de preuve.

À la fin 1978, le Premier ministre centrafricain Henri Maidou prend une curieuse décision : il impose aux écoliers et étudiants le port d'un uniforme. Aussitôt, c'est le tollé. La plupart des parents sont incapables d'assumer la dépense. Les lycéens descendent dans la rue mais aussi, curieusement, de jeunes adultes. Ceux-là ne sont venus que pour casser !

Pendant que se déroulent ces premières manifestations très violentes, le Premier ministre centrafricain se trouve à Paris, à l'invitation du président de la République français, Valéry Giscard d'Estaing. Trois mois plus tard, comme le gouvernement n'est toujours pas revenu sur sa décision, les manifestations recommencent. Très vite, elles dégénèrent en quasi-émeute. Les premières victimes sont des policiers et des soldats. Pourquoi ? Parce que ceux-ci ne sont pas armés. Bokassa a tellement peu confiance dans ses troupes qu'il préfère les voir sans armes !

Quand on sait combien de chefs d'État africains ont été destitués par leurs militaires, on le comprend sans peine.

Cependant, devant l'ampleur de la révolte, Bokassa est bien obligé d'autoriser le gouvernement à distribuer des armes. Des manifestants tombent à leur tour. D'autres sont arrêtés, emprisonnés. Certains, de très jeunes gens, sont même fusillés dans la prison où on les a enfermés. Vite, très vite, on parle de bain de sang. Un véritable massacre, plusieurs centaines de victimes ! Pour la plupart, des gosses, des adolescents.

L'opération de désinformation est bien engagée : d'abord, on suscite des manifestations, puis on encourage la répression et on exagère considérablement le nombre des victimes.

L'empereur, au moment de ces événements tragiques, réside dans son palais, à quatre vingts kilomètres de Bangui. Il n'a pas commandé ces fusillades et ces exactions. D'ailleurs, aussitôt après, il ordonne une enquête et limoge plusieurs responsables, dont certains ministres. C'est trop tard, le mal est fait : Bokassa, aux yeux du monde entier, est devenu un buveur de sang, un massacreur d'enfants !

Ici, il faut se reporter au procès qui lui sera fait en 1986. Une première fois, l'empereur déchu est condamné à mort par contumace. Quand il comparaît en personne lors d'un deuxième procès, les juges n'ont donc aucune raison d'être cléments. Pourtant, le ministère public ne parvient pas à prouver la culpabilité de Bokassa dans l'affaire des lycéens. L'ancien capitaine de la coloniale est simplement accusé de complicité !

L'ex-empereur a donc été victime d'une machination ourdie par les services français avec la complicité de hauts responsables centrafricains et d'opposants. Il fallait à tout prix faire de Bokassa un monstre. Et donc justifier son éviction du pouvoir ! La désinformation ne s'arrêtera pas là : quand Bokassa aura été renversé, on prétendra avoir trouvé dans les congélateurs du palais impérial de la chair humaine. Bokassa cannibale ! Là aussi l'accusation sera rejetée par les juges centrafricains lors du procès de l'ex-empereur !

En vérité, rien n'était trop énorme pour salir Bokassa ! Ce sont des agents du SDECE qui ont pénétré les premiers dans le palais impérial lors de l'opération « Barracuda » visant à destituer Bokassa. Ces mêmes hommes qui ont répandu la rumeur du cannibalisme... L'empereur est alors l'égal d'un Néron, d'un Caligula ou encore d'un Gilles de Rais. Un aventurier, collaborateur occasionnel des services de renseignements français, explique que Bokassa n'était pas un anthropophage habituel. S'il est exact qu'il gardait de la chair humaine dans ses frigos, c'était pour honorer certains de ses collègues chefs d'État africains qui continuaient à manger de la chair humaine...

Petit retour en arrière. En septembre 1979, l'empereur centrafricain a commis une erreur fatale : il se rend en Libye pour rencontrer le colonel Kadhafi. La nuit qui suit son départ, deux Transall du SDECE décollent de Villacoublay. L'opération « Barracuda » commence. À bord se trouvent des militaires sans grades ni insignes. Ce sont des agents du SDECE et des hommes du 1er RPIMA, un régiment parachutiste d'infanterie de marine qui sert traditionnellement d'auxiliaire au service « action » du SDECE. Dans l'un des avions, il y a aussi un Africain, David Dacko, le cousin de Bokassa. Celui-là même qu'il a chassé du pouvoir. C'est le successeur choisi par la France !

Les deux Transall se dirigent vers Bangui. Sur place, tout se passe très vite. Les principaux bâtiments officiels et la radio sont occupés sans incident. David Dacko, nouveau président installé par la France, déclare à la radio que Bokassa est destitué. Le coup d'État est une réussite parfaite. L'opération « Barracuda » n'est pas terminée pour autant. Il faut s'emparer des documents détenus par Bokassa. S'ils étaient rendus publics, ils pourraient se révéler embarrassants pour la France et ses dirigeants. C'est pourquoi l'équipe du SDECE procède à un déménagement en bon ordre des deux résidences de Bokassa. Tout est emporté, y compris une fortune en diamants et en devises. Un vrai trésor.

Les documents sont acheminés rapidement en France et mis à l'abri par les hommes du SDECE. Quant au trésor, mystère !

Bokassa est donc en Libye lorsqu'il apprend sa destitution. Paradoxalement, il dédaigne l'hospitalité que lui offre Kadhafi et, d'une façon assez insensée, il choisit la France ! Pourquoi ? Parce qu'il possède en principe la double nationalité.

Dès que la Caravelle présidentielle centrafricaine est signalée, des Mirage l'escortent et obligent le pilote à se poser sur l'aérodrome militaire d'Évreux. Pendant trois jours, l'avion est bloqué : Bokassa est mis au secret dans son appareil ! Il lui est interdit de communiquer avec qui que ce soit.

Au bout de ces trois jours, Bokassa est envoyé en Côte d'Ivoire où il est en quelque sorte assigné à résidence surveillée et gardé par des hommes du SDECE.

D'un point de vue purement technique, le renversement de Bokassa est un succès. Mais dans les opérations apparemment les mieux réussies se glisse parfois un méchant grain de sable. Dans l'affaire Bokassa, ce grain de sable s'appelle Roger Delpey.

Delpey, à l'origine, est un baroudeur. Il a combattu en Indochine comme Bokassa dont il a été le compagnon d'armes. Après l'Indochine, Delpey publie un livre à succès sur sa guerre et se lance dans la politique. Il est gaulliste jusqu'au moment où le général choisit de donner l'indépendance à l'Algérie. À partir de là, ses amitiés politiques vont plutôt le porter vers l'extrême droite. En 1979, l'ancien combattant apprend les massacres d'enfants à Bangui. Son sang ne fait qu'un tour : il écrit à Bokassa et lui demande des comptes ! Au nom de leur ex-fraternité d'armes ! Bokassa lui répond immédiatement et lui demande de venir à Bangui. Il veut s'expliquer, se justifier.

Delpey, ébranlé par les protestations d'innocence de Bokassa, entreprend une enquête en République centrafricaine sur les massacres de Bangui. Le baroudeur est rapidement persuadé que Bokassa est victime d'une manipulation et que plusieurs de ses ministres sont complices. Il avertit Bokassa. Mais il est trop tard. À Paris, on a déjà décidé de mettre en branle l'opération « Barracuda ».

Après la déposition de l'empereur, Delpey est décidé à innocenter son ancien camarade de combat en démontant la manipulation dont il a été victime. Il s'agite beaucoup, devient son défenseur, son homme de confiance. Contre toute attente, il réussit même à rencontrer l'ancien empereur en Côte d'Ivoire malgré la surveillance imposée par les hommes du SDECE.

À l'occasion de cette rencontre, Bokassa parvient à lui remettre de précieux documents qu'il a emportés avec lui en Libye et qui ont donc échappé aux sbires du SDECE.

Une fois en possession de ces papiers, Delpey commence à démarcher des éditeurs. Il veut écrire un livre qui innocentera son ami Bokassa. Toute cette agitation ne passe pas inaperçue. En haut lieu, on se décide à intervenir ! Heureusement pour le pouvoir, Delpey commet une erreur. À peu près la même erreur que celle qu'a commise son grand ami Bokassa. Il se rend à l'ambassade de Libye à Paris. À sa sortie, la DST lui met la main au collet et l'accuse illico d'espionnage au profit de Kadhafi. Une accusation qui ne sera étayée par aucun élément sérieux. À l'époque, en relatant son arrestation, de nombreux journaux évoqueront les lettres de cachet de l'ancien régime ! Delpey finira par bénéficier d'une ordonnance de non-lieu, après l'élection de François Mitterrand et donc la défaite de Valéry Giscard d'Estaing. Il aura quand même passé presque sept mois en prison.

En fait, ce qui intéressait le pouvoir, c'étaient les documents que détenaient Delpey. Beaucoup concernaient le président de la République. Il était question des diamants, bien sûr, mais aussi des territoires de chasse qu'appréciaient Giscard d'Estaing et sa famille. Et encore d'affaires beaucoup plus privées qui témoignaient du grand intérêt du président français pour l'Afrique et ses beautés.

Delpey, après sa libération, a publié tout cela. Inutile d'y revenir. Mais la réalité, la vraie réalité, est restée soigneusement dissimulée.

La question importante est celle-ci : pourquoi fallait-il éliminer Bokassa Ier à tout prix ? Pourquoi prendre autant de risques en s'immisçant si ouvertement dans les affaires d'un État indépendant ?

En 1979, Bokassa, qui se sent progressivement lâché par la France, entend se rapprocher du leader libyen. Le procédé s'apparente à une sorte de chantage. L'empereur s'adresse indirectement à Paris : « *Si vous ne continuez pas à me soutenir et à m'aider, je vais voir ailleurs...* » Officiellement, il s'agit de demander une petite contribution financière à un État ami. La Libye, par exemple. Officieusement, il s'agit de tout à fait autre chose. Et c'est la clé de cette affaire !

La République centrafricaine dispose de ressources importantes en uranium. Bokassa veut exploiter ces richesses. Il lui faut l'aide technique et financière de Paris. Curieusement, le gouvernement français rechigne. Les experts prétendent que l'exploitation ne serait pas rentable. En fait, ils considèrent ces ressources comme une réserve. À exploiter plus tard. Bokassa, lui, ne l'entend pas de cette oreille. Excédé par les atermoiements de la France, il va chercher ailleurs. En Libye. Mais aussi en Irak. Deux pays arabes soupçonnés d'encourager le terrorisme international qui vont pouvoir ainsi acquérir des tonnes d'uranium. Le contrat est prêt, il va bientôt être signé. La France ne peut l'accepter. Bokassa doit donc disparaître de la scène politique centrafricaine !

Dans cette affaire, les diamants ont pesé bien peu.

L'ex-empereur est mort en 1996. Après avoir séjourné plusieurs années en Côte d'Ivoire, il est revenu en France dans un château qu'il possédait. En 1986, déjouant la surveillance dont il était toujours l'objet, il a réussi à fausser compagnie à ses gardiens et il est revenu chez lui en Centrafrique. Condamné à la réclusion perpétuelle, il a ensuite bénéficié d'une remise de peine. Il a fini tranquillement ses jours dans un mysticisme exacerbé, au milieu des siens.

26.

La Guerre des étoiles n'aura pas lieu

L'idée était ébouriffante et relevait de la science-fiction.

Le 23 mars 1983, depuis le bureau ovale de la Maison Blanche, le président Ronald Reagan annonce à ses concitoyens qu'il a l'intention de doter les États-Unis d'un gigantesque bouclier anti-missiles. L'imagination aidant, la presse rebaptise aussitôt l'« IDS » (Initiative de Défense Stratégique) en « Guerre des étoiles » ! Et de découvrir un ciel (notre ciel !) parcouru de machines tueuses de fusées et de satellites. Canons à laser ou à infrarouges, missiles d'interception, stations orbitales transformées en forteresses de l'espace, un véritable décor de bande dessinée conçu par un Stanley Kubrick qui serait sous l'emprise d'un autre Dr Folamour !

Divagations, chimères ? Non, car ce sont de vrais dollars qui vont être réellement injectés dans les laboratoires de recherche scientifique et militaire. Une pluie de dollars, trente milliards au bas mot. En même temps, les états-majors du monde entier se rendent compte que si l'IDS est mise en œuvre, elle bouleversera tous leurs plans. Et d'abord ce dogme qui régit les rapports entre les « super-Grands », la dissuasion nucléaire, autrement appelée « la destruction mutuelle assurée » ! C'est-à-dire l'équilibre de la terreur. Un principe qui, bon gré, mal gré, a la mérite de garantir la paix depuis la fin de la Seconde Guerre mondiale.

Et pourtant, il est aujourd'hui légitime de penser qu'il y avait chez le président américain une large part de bluff. Alors l'IDS n'aurait-elle été qu'un formidable mensonge ?

La Guerre des étoiles n'est pas née de la seule imagination de Ronald Reagan. Derrière se trouvent un groupe d'études, « High Frontier » et surtout un cerveau, Edward Teller, le père de la bombe H. Ce dernier, conservateur et anticommuniste virulent[86], après avoir conçu et permis en 1951 l'expérimentation de la bombe thermonucléaire, a dirigé le centre de recherches militaires de Livermore où il a travaillé à l'élaboration de la bombe à neutrons et d'une bombe atomique propre qui pourrait être utilisée dans la réalisation de grands travaux civils. Conseiller scientifique écouté des milieux politiques états-uniens, Teller a toujours été l'avocat d'une défense forte face au bloc de l'Est.

L'ambition de l'IDS est démesurée : il ne s'agit ni plus ni moins que de changer le cours de l'Histoire humaine en rendant les armes nucléaires impuissantes et donc inutiles. L'idée phare consiste à doter les États-Unis d'un bouclier terrestre et spatial capable de neutraliser les missiles soviétiques dès qu'ils seront tirés. Une ligne Maginot futuriste qui protègera définitivement le territoire américain de la menace de Moscou.

Pour arriver à un tel résultat, Teller imagine plusieurs armes inédites. La plus spectaculaire est un puissant faisceau laser

86. Lors de la « chasse aux sorcières » initiée par le sénateur McCarthy, Teller refusera de soutenir son collègue Oppenheimer accusé d'être crypto-communiste et même un agent soviétique.

susceptible de détruire n'importe quelle fusée. Plus étonnants encore sont les « cailloux futés » ! Ce sont des petits objets pesant tout au plus trois kilos. Ne contenant pas d'explosifs mais équipés de mécanismes de propulsion et de guidage à infrarouge gérés par un micro-ordinateur, ces armes miniatures sont censées anéantir leurs cibles du seul fait de leur impact à grande vitesse sur celles-ci. Naturellement, ce système défensif doit être couplé avec un réseau d'observation, essentiellement satellitaire. L'IDS envisage la fabrication de dizaines de milliers de « cailloux futés ». Une production qui sera confiée à la société Hughes. Enfin, dans la panoplie des nouvelles armes du bouclier, il faut aussi mentionner les particules neutres qui pourraient faire la différence entre les leurres envoyés dans l'espace et les engins réellement chargés d'ogives nucléaires.

Dès le début de l'année 1984, l'IDS est mis en musique sous l'autorité du général Abrahamson qui dispose d'un budget prévisionnel de vingt-six milliards de dollars. Cinq programmes de recherche ont été retenus qui balaient tout le spectre de ces nouvelles armes défensives.

Les critiques fusent aussitôt. À commencer par les généraux du Pentagone qui n'acceptent pas sans réticences la remise en cause des règles d'un jeu qui prévaut depuis des décennies. Mais les condamnations les plus fermes viennent sans surprise de l'URSS. L'IDS bouleverse les relations traditionnelles qui existent entre les deux « super-Grands » depuis que l'Ouest et l'Est ont décidé à Yalta de fixer leurs sphères d'influence. Désormais, que valent encore les traités Salt1 et Salt2 aux termes desquels le déploiement des missiles était strictement encadré ?

Cette déstabilisation inquiète aussi les alliés des États-Unis qui craignent que ces derniers, à l'abri de leur parapluie anti-nucléaire, ne se replient sur eux-mêmes et négligent la défense de leurs amis. La France, qui dispose de sa propre force de dissuasion, s'interroge également : si, à l'imitation des Américains, les Soviétiques se dotaient d'un tel bouclier, les bombes françaises deviendraient obsolètes. Après avoir hésité, le président français, François Mitterrand, qui doute par ailleurs de l'efficacité de l'IDS, se déclare ouvertement hostile à toute forme de bouclier spatial et refuse la proposition de Reagan d'associer ses alliés aux recherches. Cependant, ayant l'intuition que l'IDS et les milliards de dollars qui y sont affectés permettront aux États-Unis d'enregistrer un formidable bond en avant scientifique et technologique, le président français estime que l'Europe ne peut pas rester passive. Il convainc donc son meilleur allié, la République fédérale allemande, de prendre une initiative commune. D'abord réticent, le chancelier Kohl finira par accepter la création d'« Eureka », une initiative de sécurité européenne qui a pour ambition de répondre au défi technologique de l'IDS et regroupera dix-sept pays.

Aux États-Unis même, l'initiative de Ronald Reagan fait souvent sourire les sceptiques. Ne serait-ce que parce que beaucoup d'experts considèrent que jamais le bouclier spatial ne sera totalement étanche. Il suffirait qu'il laisse passer deux ou trois bombes thermonucléaires pour que soient anéantis des millions de personnes. Dès lors, est-il raisonnable de confier la sécurité des États-Unis à un système aussi vulnérable et hasardeux ?

Par ailleurs, dans le secret de ses laboratoires, Edward Teller finit par se rendre compte que ses recherches ne donnent pas les résultats escomptés : en particulier, l'expérimentation de son redoutable laser X, capable de pulvériser n'importe quel missile, se traduit par un échec. Il reste que dans de nombreux domaines, la recherche scientifique, dopée par cet afflux de dollars, comptabilise de nombreuses avancées.

Mais là n'est pas le plus important. À l'Est, où malgré les habituelles rodomontades statisticiennes, on accuse un déficit grandissant en matière de recherche et développement, le pouvoir soviétique essaie de suivre et de ne pas se laisser dépasser dans cette course coûteuse aux armements du futur. En vain. Gorbatchev, numéro un d'un Empire exsangue, devra reconnaître que l'URSS n'est plus en mesure de rivaliser avec les États-Unis. La « Guerre des étoiles » aura donc contribué à ruiner l'empire soviétique. Et par conséquent à hâter sa fin ! Ce dont, non sans raison, se glorifieront les sectateurs les plus enthousiastes du cow-boy de la Maison Blanche. Ronald Reagan a peut-être bluffé, mais il a gagné sa partie de poker menteur.

La guerre froide terminée, l'IDS avait-elle encore une raison d'être ? Peu à peu, la grenouille se dégonfle. Les faramineux budgets de la Guerre des étoiles sont rognés. Le président George Bush senior transforme le projet reaganien en GPALS, acronyme désignant un système de protection globale limitée. C'est-à-dire l'élaboration d'intercepteurs sol-air destinés à détruire des missiles ennemis. Des engins dont la mise au point, longue et fastidieuse, n'aboutira qu'au XXIe siècle. En tout cas, cela signifie que la partie spatiale du rêve (ou du mensonge) de Reagan a déjà été abandonnée. Ce que confirmera Bill Clinton qui, en 1993, sifflera la fin de la partie.

Il reste qu'aujourd'hui, presque trente ans après le discours d'anticipation de Reagan, les Américains ne désespèrent pas de construire un bouclier anti-missiles qui ne protègerait plus le territoire des États-Unis de tirs provenant de l'ex-URSS mais de fusées qui seraient lancées par exemple depuis l'Iran, la Corée du Nord ou un pays musulman tombé aux mains des islamistes.

27.

Le journal d'Hitler

Ce 25 avril 1983 fut le plus grand jour de sa vie de journaliste ! Gerd Heidemann, reporter au magazine allemand *Stern*, présentait devant ses confrères venus du monde entier son retentissant scoop : il avait retrouvé le journal d'Hitler, soixante carnets noirs couverts de l'écriture du Führer, rédigés entre 1932 et 1945. Enfin, on allait pénétrer au plus profond de la pensée du chef du IIIe Reich. C'était à coup sûr un document d'une importance considérable qui allait obliger à réécrire l'histoire de l'Allemagne nazie et celle de la Seconde Guerre mondiale.

Le *Stern* commence à publier dès ce jour les premiers extraits et annonce un tirage mirobolant de plus d'un million et demi d'exemplaires. Peter Koch, son rédacteur en chef, jubile. Et, face aux sceptiques, il annonce, péremptoire, que les meilleurs spécialistes de la période ont été consultés et qu'ils ont tous reconnu qu'on se trouvait devant un témoignage aussi authentique qu'essentiel. Déjà, de grands hebdomadaires étrangers, tels *Paris Match*, ont fait savoir qu'ils avaient racheté les droits de publication. La révélation du scoop, au-delà de son incontestable intérêt historique, se double d'une opération financière très juteuse.

Mais, le 6 mai, alors que le *Stern* publie une deuxième tranche d'extraits et que *Paris Match* en fait sa une, la bombe éclate : le prétendu journal d'Hitler est un faux, une forgerie comme on disait autrefois. Les historiens, qui s'étaient imprudemment engagés, tels le célèbre Hugh Trevor-Roper qui a même rédigé une préface pour la première publication, font vite marche arrière et dénoncent à leur tour la supercherie. Le ballon se dégonfle. Pour toujours.

Le journal d'Hitler, le vrai, a-t-il jamais existé ? On peut en douter. Cependant, il est probable que le Führer a couché par écrit certaines réflexions ou des commentaires sur son action. En avril 1945, alors que l'agonie du IIIe Reich semble inexorable, il ordonne la destruction de quelques documents et en range d'autres dans une ou plusieurs cantines qui sont expédiées par avion et doivent être dissimulées en un lieu sûr. Mais l'un des appareils s'écrase en Saxe à Börnersdorf, près de la frontière tchèque. La cantine qu'il transportait aurait été détruite dans l'incendie qui a suivi. Averti, Hitler aurait traversé une véritable crise de désespoir, tant le contenu de la malle lui était précieux.

Mais cette cantine, même au milieu d'une fournaise, aurait pu protéger en partie les documents qui y avaient été placés. Surtout s'ils ont été rangés très serrés. Lorsqu'il découvre cette information dans les années 70, le jeune Heidemann est fasciné. Né en 1942, sous le IIIe Reich, ce journaliste du *Stern* est littéralement obnubilé par l'histoire du nazisme. Bon chien de chasse selon ses confrères, il est déjà parti en Amérique du Sud sur les traces des anciens dignitaires hitlériens. Mais il n'a pas emprunté un moyen de transport ordinaire : il a voyagé à bord du *Carin II*, le yacht de Goering. Un bateau qu'il a, malgré son modeste salaire, racheté et commencé à restaurer. Fortement endetté, le journaliste a dû son salut au directeur du *Stern* qui lui a consenti un bel à-valoir pour l'écriture de deux livres sur le nazisme.

En attendant, Heidemann part à la recherche de la cantine perdue, de l'autre côté du rideau de fer, en Saxe. Dans le cimetière de Boernersdorf, il découvre deux tombes surmontées de croix portant les mentions « inconnu » et « inconnue ». Or le reporter sait qu'une des secrétaires d'Hitler se trouvait dans l'appareil qui s'est crashé. Le début de piste est prometteur. Il interroge les habitants du village. L'accident, oui, ils en ont entendu parler. Mais ils n'ont aucune information à lui donner sur la cantine que l'appareil transportait. Se pourrait-il qu'un paysan l'ait récupérée et soigneusement conservée ?

Cette idée ne le quitte plus.

En 1980, ses finances étant au plus bas, Heidemann se résigne à vendre le *Carin II*. À cette occasion, il entre en relation avec un autre fanatique du IIIe Reich, Fritz Stiefel. Celui-ci a édifié un véritable musée Hitler dans sa maison de Stuttgart. Il y a entassé des drapeaux, des médailles, des insignes, des uniformes, des documents. Certaines de ces pièces sont rarissimes. Le reporter est subjugué. Mais il n'est pas encore au bout de ses surprises. Le collectionneur lui présente un mince cahier noir portant les initiales « A. H. » et comprenant une centaine de pages dont certaines sont écrites, tantôt à l'encre, tantôt au crayon. Sur quelques-unes apparaît la signature d'Adolf Hitler. Heidemann, bouleversé, est sûr de tenir entre ses mains l'un des fragments du journal d'Hitler. Peut-être l'un de ceux qui se trouvaient dans la cantine transportée dans l'avion accidenté.

« D'où vient ce carnet ? »

Stiefel, tout en rangeant soigneusement le cahier dans son coffre-fort, répond qu'il lui a été vendu par un antiquaire qui l'aurait lui-même reçu de son frère, un policier résidant en RDA. À sa connaissance, cet Allemand de l'Est posséderait d'autres carnets. Tout colle ! Policier, cet homme a donc réquisitionné de gré ou de force le contenu de la cantine chez des villageois qui ont fouillé l'épave de l'avion après le crash.

Désormais, Heidemann est possédé par une idée fixe : il lui faut tout faire pour récupérer ces précieux documents qui doivent constituer la totalité du journal du Führer. Un trésor inestimable !

Méfiant, Stiefel finit quand même par accepter de lui donner le nom de l'antiquaire. Lui aussi habite Stuttgart. C'est un nommé Konrad Fischer, un Saxon qui a fui la RDA et s'est spécialisé dans la vente d'objets ayant trait à Hitler : autographes et surtout aquarelles peintes par le Führer lorsqu'il n'était encore qu'un jeune et modeste artiste autrichien. En réalité – mais Heidemann ne peut pas le savoir – Fischer est un faussaire qui a déjà été plusieurs fois arrêté pour escroquerie sous son vrai nom, Kujau. Il a en particulier réussi à vendre pour deux cent cinquante mille marks, une collection de tableaux d'Hitler contrefaits à l'un de ses clients.

D'emblée, le reporter abat son jeu : il veut acheter la totalité des carnets d'Hitler. Fischer se garde d'afficher un trop grand enthousiasme. Il lui faut éviter de compromettre son frère, fonctionnaire de l'État est-allemand. En outre, il est évident que celui-ci demandera beaucoup d'argent. Sans doute des millions de marks. Qu'importe ! Heidemann, excité au dernier point, est prêt à signer une option d'achat.

De retour à son journal, c'est la douche froide. Ses patrons sont las de sa passion hystérique sur le nazisme. Il est lui est dorénavant interdit de continuer à faire des recherches dans ce domaine. Mais Heidemann, si près de récupérer son trésor, n'est pas décidé à obéir. Il se confie au Dr Thomas Walde, chef du secteur historique du *Stern*, et réussit à le circonvenir.

Officieusement, le reporter peut poursuivre ses recherches. Mieux, il parvient à convaincre quelques personnages éminents de son journal de l'intérêt extraordinaire de ses trouvailles : il lui est accordé de pouvoir disposer d'importantes sommes d'argent. Un investissement qui sera vite rentabilisé quand le *Stern* produira ce scoop mondial.

À Stuttgart, Fisher fixe ses conditions : il livrera carnet après carnet, au fur et à mesure des envois de son frère qui doit se défier en permanence de ses collègues de la Stasi. Chaque livraison sera payée quatre-vingt-cinq mille marks. Et il y en aura trente-six au total ! Heidemann signe sans barguigner.

Fisher-Kujau travaille pendant trois ans à confectionner les carnets. Pour rédiger les premiers, il fait preuve d'une incontestable conscience professionnelle. Rat de bibliothèque, il fouille, consulte les archives, respecte une stricte chronologie et veille à vieillir son papier en le plongeant dans du thé ou en roussissant artificiellement les bords. Quant au texte lui-même, il donne l'image d'un Hitler trivial, toujours préoccupé de lui-même et exprimant des sentiments d'une grande banalité. N'est pas romancier qui veut. Si le faussaire est un artiste, lorsqu'il a une plume à la main, il ne brille guère par l'imagination.

Heidemann, lui, malgré l'impatience qui le saisit, ne doute à aucun instant. Certes, c'est long, très long, mais il arrive à ce perpétuel impécunieux de distraire un peu de l'argent destiné à payer Fisher. Ça lui est d'autant plus facile que le faussaire est de plus en plus gourmand. Arguant des difficultés que rencontre son frère, obligé d'acheter le silence de quelques-uns de ses supérieurs, il demande deux cent mille marks pour ses dernières livraisons.

Au début du mois d'avril, Fischer rend l'ultime carnet. Il rejoint les autres dans un coffre-fort de Zurich après avoir été photocopié. Au *Stern*, l'affaire a transpiré. Les comploteurs de la première heure ont été rejoints par les principaux cadres de la maison et les dirigeants de la maison d'édition, propriétaire du titre. Hasard, la plupart de ces hommes sont des nouveaux venus au *Stern*. Et ils découvrent avec un certain effarement les sommes colossales qui ont été englouties dans l'aventure. Il faut publier au plus tôt pour éponger le trou et rentrer dans ses frais. Déjà, des émissaires ont démarché des éditeurs du monde entier. Les nouvelles sont rassurantes. Partout, on est prêt à signer des contrats : le *Journal d'Hitler* promet de remporter un succès inouï. Cependant, pour conforter ce triomphe, on demande à quelques historiens de confirmer l'authenticité du document. Trevor-Roper est de ceux-là. Il le regrettera durablement[87].

Dès la conférence de presse du 23 avril, des critiques fusent. Mais les responsables du *Stern* ont réponse à tout. Le numéro du journal se vend comme des petits pains. Toutefois, les concurrents de l'hebdomadaire ne sont pas décidés à en rester là. Ils lancent leurs propres enquêteurs sur la piste du *Journal d'Hitler* tandis qu'on débat dans tout le pays. Le premier à dégainer est le plus grand rival du *Stern*, le *Spiegel*. L'un de ses reporters démolit l'histoire de l'accident d'avion. Si le crash a bien eu lieu, l'épave n'a pas pris feu. Premier mensonge, qui en annonce d'autres. Car ce sont maintenant les experts scientifiques qui, à la demande des journalistes, entrent en scène. Leur verdict est impitoyable : papier et encre sont postérieurs à la Seconde Guerre mondiale ! Le *Journal d'Hitler* est un faux !

Au *Stern*, c'est la consternation. L'hebdomadaire est raillé par l'ensemble de la presse allemande et internationale. Ses patrons, humiliés, se retournent vers Gerd Heidemann,

87. Il est à noter que ce même Trevor-Roper, dont les travaux sur le IIIe Reich ont longtemps fait autorité, fut anobli par la reine et se déshonora un peu plus tard en accablant Salman Rushdee, alors condamné à vivre dans la clandestinité après la fatwa de mort prononcée contre lui par l'ayatollah Khomeiny.

qui, convaincu d'escroquerie aux dépens de son entreprise, est emprisonné. Accablé, et même suicidaire, le reporter doit dévoiler le nom du faussaire. Fisher-Kujau est aussitôt arrêté tandis qu'on observe une cascade de démissions dans les cercles dirigeants de l'hebdomadaire.

Les deux compères sont jugés à Hambourg en 1985. Au cours de ce procès très médiatisé, au contraire d'un Gerd Heidemann prostré qui remâche sa honte, Konrad Kujau se pavane. Il est d'ores et déjà devenu une vedette de la presse et a vendu l'histoire de sa vie au *Bild Zeitung* pour une somme rondelette. Le journaliste et celui qui se présente désormais comme « le roi des faussaires » sont néanmoins condamnés à quatre ans et six mois de prison.

Libérés – Heidemann a purgé sa peine jusqu'à son terme mais Kujau a été élargi plus tôt pour raison de santé –, les deux hommes suivent des trajectoires différentes. L'ancien reporter du *Stern* choisit de se faire oublier tandis que le faussaire résiste rarement à la tentation d'exhiber son talent. Y compris dans sa propre maison où il affiche sur un mur de son salon une lettre manuscrite d'Hitler qui l'autorise à publier son journal !

Il exécute encore de vraies-fausses œuvres du Führer puis, plus ambitieusement, peint des toiles qu'il prétend inspirées par Monet ou Klimt. Ce qui lui vaut des poursuites par des fondations artistiques. Et comme Kujau demeure autant assoiffé de gloire que d'argent, il continue clandestinement son petit métier de contrefacteur. Au cours d'une perquisition, la police découvre ainsi des dizaines de faux permis de conduire.

Toutefois, c'est un autre faussaire qui lui administrera la dernière leçon de son existence, deux ans avant sa mort. En 1998, cet humoriste publia les *Mémoires* de Kujau. Celui-ci n'en avait pas écrit la moindre ligne. Furieux, il menaça le farceur de l'attaquer en justice. Mais ses proches n'eurent pas trop de mal à lui conseiller de s'abstenir.

Il reste une question à laquelle il ne fut jamais répondu. Le journaliste Heidemann avait-il eu conscience de participer à une escroquerie ? Ou, tout comme ses patrons du *Stern*, abusé par le faussaire, a-t-il vraiment cru à l'authenticité du *Journal d'Hitler* ?

28.

La révolution truquée

Ces images télévisées ont frappé l'opinion publique internationale. Alors que le monde célébrait les fêtes de fin d'année, on voyait soudain apparaître sur nos écrans un couple, deux vieillards interrogés et jugés par des magistrats invisibles. Des inquisiteurs anonymes en face desquels les deux accusés opposaient une résistance inattendue et une incontestable dignité. Bientôt, au bout d'une petite heure, la sentence tombait : deux condamnations à mort. Les exécutions suivaient aussitôt. Mais sur le film, on n'assistait pas à la scène. On ne voyait que sa conclusion : deux corps gisant près d'un mur… Les cadavres de Nicolae Ceausescu et de sa femme Elena. Et malgré le peu de sympathie qu'inspirait ce couple de dictateurs, on avait honte d'avoir assisté à ce simulacre de justice.

C'était à la fin du mois de décembre 1989. Le temps fort d'une révolution qui s'est déroulée en direct à la télévision et qui a donné lieu à un déluge de fausses nouvelles et à une formidable opération de désinformation. À tel point qu'aujourd'hui, on peut légitimement se demander si cette révolution roumaine était réellement une révolution ou bien un immense truquage qui n'avait pour but que de liquider la dictature guère présentable de Ceausescu sans porter atteinte aux fondements mêmes du régime communiste.

En 1989, Ceausescu vient alors tout juste de dépasser les soixante-dix ans. Cet ancien cordonnier a adhéré très jeune au Parti communiste. Ça lui a valu d'être incarcéré au moins à deux reprises avant la Seconde Guerre mondiale. Ensuite, il grimpe très vite les échelons. À la faveur de la prise du pouvoir par le Parti en 1947, il prend du galon, devient même plusieurs fois ministre avant de succéder au numéro un roumain, Gheorghiu Dej.

Nicolae Ceausescu se révèle être un modéré : il commence par ordonner la libération des prisonniers politiques roumains et conduit une politique économique efficace puisque son pays connaît alors le plus fort taux de croissance en Europe. En même temps, il semble prendre ses distances avec le bloc soviétique, en particulier au moment de la répression du printemps de Prague en 1968. Non seulement il refuse d'envoyer des chars en Tchécoslovaquie aux côtés des autres contingents des forces du pacte de Varsovie mais il condamne l'invasion soviétique. Dès lors, certains voient en lui un « de Gaulle de l'Est ». Et beaucoup de dirigeants du camp occidental le considèrent très favorablement.

Son flirt avec Pékin, nouvelle provocation vis-à-vis de l'URSS, est une autre manifestation de son indépendance. Au début des années 70, le dirigeant roumain se rend en voyage officiel en Chine populaire. Il est immédiatement séduit. Cet enthousiasme aura pour la Roumanie des conséquences très importantes et réellement catastrophiques : Ceausescu décide d'adapter à son pays quelques-unes des recettes maoïstes.

Des initiatives désastreuses, comme la destruction du vieux Bucarest ou encore celle de nombreux villages. Le Roumain, à l'image de Mao, veut créer un nouvel homme. Ni rural ni urbain. Un citoyen vivant dans des demeures collectives, tout entier attaché au service de l'État et n'existant que par celui-ci. Une civilisation orwellienne, en somme.

Parallèlement, Ceausescu met en place un formidable système de surveillance des citoyens : la Securitate, une police secrète, militairement très bien équipée, toute puissante. Rien ou presque ne lui échappe. Elle dispose d'une nuée de mouchards dans toutes les strates de la société : près d'un Roumain sur quinze travaille pour la Securitate ou la renseigne ! Cela permet à Ceausescu de diriger la Roumanie d'une poigne de fer. La presse est étroitement contrôlée et, à l'intérieur même du Parti, Ceausescu, grâce à une série de purges, règne en maître.

Presque naturellement, ce régime dictatorial en est venu à développer un incroyable culte de la personnalité. Ceausescu se fait appeler le Conducator, un titre que d'autres dictateurs roumains d'extrême droite ont utilisé avant guerre. Dans la presse ou les publications du Parti, ses fidèles le nomment aussi communément le « Danube de la pensée » ou encore le « Génie des Carpates » !

Ce pouvoir sans partage s'accompagne d'un népotisme éhonté. Le Conducator case la plupart des membres de sa famille, à commencer par son épouse dont il fait son vice-Premier ministre. Elena, ambitieuse et autoritaire, s'est autoproclamée d'une façon assez ridicule académicienne et s'est décerné un titre de docteur en chimie. Ce qui lui permet de signer des livres scientifiques écrits par d'autres.

Les Roumains ne sont pas dupes. Même si Ceausescu a longtemps été populaire, en particulier à cause de sa politique d'indépendance vis-à-vis de Moscou, sa position personnelle s'est dégradée à mesure que la vie quotidienne des citoyens est devenue de plus en plus difficile.

La collectivisation à outrance a provoqué une catastrophe dans le domaine agricole. En outre, Ceausescu, toujours dans un souci d'indépendance, s'est mis en devoir de rembourser à tout prix la dette extérieure considérable de la Roumanie. Cette recherche forcenée de devises étrangères se traduit par un appauvrissement du pays et des restrictions de toutes sortes pour la population. La pénurie alimentaire menace alors que les produits agricoles sont exportés en URSS. Le pouvoir décide aussi de façon autoritaire que la température dans les appartements ne doit pas dépasser 14° !

Dans un pays où la délation est généralisée, la population ne peut que subir sans avoir les moyens de protester. Les rares dissidents, souvent des intellectuels, doivent choisir entre l'exil ou la prison. Seuls les mineurs, traditionnellement très puissants en Roumanie, osent se mettre en grève à la fin des années 70.

Toutefois, en 1987, plusieurs événements démontrent que quelque chose est en train de changer.

Il y a d'abord un voyage de Gorbatchev en Roumanie. Ceausescu et l'artisan de la perestroïka se regardent en chiens de faïence. Surtout lorsque le numéro un soviétique plaide ouvertement pour une libéralisation du système roumain. Le Conducator n'y est pas du tout prêt et le fait savoir fermement à Gorby ! Cependant, Ceausescu, même s'il le regrette, ne peut pas se passer de l'URSS dont l'économie roumaine dépend étroitement. Perestroïka ou pas, Moscou demeure l'indispensable grand frère.

À la fin de cette même année 87, on assiste à une véritable révolte à Brasov, une grosse ville industrielle au nord de Bucarest. Les émeutiers protestent contre la décision du gouvernement de procéder à un nouveau tour de vis : restrictions sur le charbon et les salaires. Les ouvriers auxquels se sont joints certains cadres pillent quelques édifices publics et brûlent des portraits du dictateur. Deux policiers sont tués.

Le Conducator envoie aussitôt l'armée. Au prix de nombreux morts, les émeutiers sont matés. Mais cette victoire en force laisse de profondes cicatrices. Pour la première fois, des citoyens roumains ont osé massivement affronter dans la rue le régime et son chef. On s'en souviendra... Il s'agit en fait de la vraie rupture entre la dictature communiste et la classe ouvrière !

Le troisième fait, toujours en 1987, est très curieux. À la suite des émeutes de Brasov, un certain Sylviu Brucan transmet un texte très critique vis-à-vis de Ceausescu à une agence américaine. Cet homme est un personnage qui compte. Rédacteur en chef du Parti à la Libération, il a occupé diverses hautes fonctions avant d'être nommé ambassadeur à Washington.

Ceausescu réagit très modérément à la publication de ce texte critique dans un organe de presse occidental. Pourtant, n'importe quel autre opposant aurait été immédiatement arrêté. Or, Brucan est simplement placé en résidence surveillée. Cela signifie que ce diplomate, homme prudent et avisé, a pris un risque très calculé... Et il a une bonne raison de le croire. Il dispose en effet d'un puissant talisman ! Chaque semaine, il reçoit la visite du correspondant permanent de l'agence Tass à Bucarest !

Les journalistes de l'agence de presse soviétique ne sont pas tout à fait des journalistes comme les autres. Ils sont en quelque sorte la voix de l'URSS pour reprendre une expression qui a fait florès chez nous. Mais, souvent, ce sont aussi des agents.

Il n'est pas très difficile de décrypter cette affaire : en envoyant toutes les semaines le correspondant de Tass chez Brucan, Moscou entend dire à Ceausescu : *« Cet homme est intouchable ! »* Gorbatchev protège donc quasi officiellement un opposant avéré du dictateur.

L'année suivante, Brucan, assigné à résidence, reçoit néanmoins l'autorisation de voyager à l'étranger. Après une étape à Moscou, cet ancien ambassadeur, qui connaît bien l'Occident, se rend à Washington puis à Londres. Dans ces deux capitales, il rencontre des gens importants proches du pouvoir. À chacun de ses interlocuteurs, il explique que la coupure est telle entre le peuple et le Conducator que la chute de celui-ci est devenue inéluctable. Il ne va pas jusqu'à demander qu'on l'aide à renverser Ceausescu, mais il laisse entendre qu'un peu de compréhension ne serait pas inutile. Bref, comme on dit communément aujourd'hui, il faudrait mettre la pression sur Ceausescu.

Peu de temps après, le dictateur roumain est mis en accusation par la Commission des droits de l'homme de l'ONU. Exceptionnellement, l'URSS ne s'oppose pas à cette mise en accusation et son représentant se contente de s'abstenir. Le message est clair. Car Brucan, lors de son voyage en Occident, n'a pas caché que Gorbatchev en personne soutient son action. Le numéro un soviétique a donc décidé d'en finir avec Ceausescu !

L'information circule très vite dans les chancelleries et les services secrets. Reste à savoir comment les Soviétiques vont procéder pour éliminer le Conducator !

Dès la fin de l'hiver 88-89, Brucan, toujours lui, allume la mèche de la bombe. Il est à peine de retour en Roumanie que la presse occidentale fait état d'une mystérieuse lettre envoyée à Ceausescu par six vétérans du Parti dont cet ancien ambassadeur. Certes, il prend un nouveau risque, mais il se sait toujours protégé par Gorbatchev et sa tournée occidentale l'a conforté. Brucan pense qu'il ne risque plus rien.

Nicolae Ceausescu fait le gros dos. Il n'ignore pas qu'il est menacé. Mais il est persuadé qu'il tient encore fermement le Parti et son bras armé, la redoutable Securitate. D'ailleurs, fin novembre 1989, le Conducator, lors du congrès du Parti, est réélu à l'unanimité secrétaire général et président de la République. C'est-à-dire très peu de jours avant sa chute. Rien d'étonnant : ces congrès sont des grands-messes où tout est écrit à l'avance.

Les délégués qui s'y expriment parlent même en play-back, leur discours étant enregistrés à l'avance : à la tribune, ils ne font que mimer leurs propres textes !

La cérémonie est donc bien verrouillée. Pourtant, le processus qui va conduire à l'élimination de Ceausescu est déjà en marche. D'autant qu'un peu partout en Europe de l'Est les régimes communistes viennent de s'écrouler en même temps que le mur de Berlin. Dans la plupart des cas, Gorbatchev a poussé à la roue et tenté de placer au pouvoir des réformateurs proches de lui. Conséquence, le dictateur roumain est de plus en plus isolé au sein de cette Europe autrefois muselée par le Kremlin.

Tout commence dans une ville proche de la frontière hongroise, Timisoara. Dans la région, il existe une forte minorité hongroise très remuante qui demande son rattachement à la mère patrie. Un pasteur protestant, Lazlo Tökes, entend incarner cette revendication nationaliste. En octobre 89, ce gêneur est prié par sa hiérarchie d'aller exercer son ministère ailleurs qu'à Timisoara. En Roumanie, comme dans d'autres pays de l'Est, les autorités religieuses ont souvent collaboré sans états d'âme avec les communistes. Dans ce cas précis, c'est la Securitate qui a fait pression sur l'évêque de Tökes. Toutefois, le pasteur refuse cet exil et s'enferme dans son temple.

Assez étrangement, on l'informe que la police politique l'arrêtera à la mi-décembre. Le procédé est parfaitement inhabituel : dans la Roumanie de Ceausescu, on n'est jamais prévenu à l'avance qu'on va être arrêté ! Il y a donc eu une fuite. Une fuite délibérée qui va mettre le feu aux poudres.

Dès le 15 décembre, les partisans du pasteur Tökes forment une sorte de chaîne humaine autour du temple pour faire obstacle à son arrestation. Cette manifestation est pacifique. Or, en même temps, des actes de vandalisme sont perpétrés au centre-ville. Des débordements qui dégénèrent très vite en émeutes et en manifestations dirigées contre le gouvernement.

L'armée intervient. D'abord impuissante, elle finit par tirer à balles réelles sur les manifestants.

Il y a des morts des deux côtés. Ce n'est pas malheureusement le plus important. Seul compte le retentissement donné à cette affaire par la presse étrangère. Dans un pays bouclé sur ordre des autorités, les seules sources d'information sont les télévisions et les agences de presse des pays voisins, Hongrie et Yougoslavie relayées par la Voix de l'Amérique ou Radio Free Europe, elles-mêmes contrôlées par les États-Unis.

Très vite, ces organes de presse évoquent les dizaines de milliers de morts abattus par l'armée et la Securitate, et affirment que tout le pays serait embrasé par les émeutes et soumis à une répression des plus féroces. Sans guère de précautions, la presse occidentale accrédite ces informations. L'exagération est inimaginable, le clou étant la supercherie du fameux charnier de Timisoara, quelques cadavres extraits de la morgue présentés comme étant les victimes de Ceausescu.

La manipulation est donc patente. Il faut donner l'impression que la dictature du Conducator se livre à de véritables massacres pour mieux justifier l'élimination de ce dernier.

Or, le point de départ de cette manipulation, l'affaire du pasteur Tökes, a été montée de toutes pièces ! La preuve ? Le 22 décembre, c'est-à-dire le jour même où Ceausescu est déchu, cet ecclésiastique qui a refusé de quitter sa paroisse, acceptera bien gentiment de partir comme son évêque le lui a demandé dès le mois d'octobre.

Le pasteur Tökes n'a donc été qu'un instrument. Ceux qui l'ont manipulé sont les mêmes que ceux qui ont mis en œuvre cette opération de désinformation sur le chiffre des morts. D'après les estimations les plus fiables, les combats auraient causé la mort de sept cent soixante personnes – ce qui est déjà beaucoup –, mais on est loin des soixante mille morts annoncés.

Quoi qu'il en soit, la manœuvre a été parfaitement concertée à partir d'un scénario écrit des mois à l'avance. Contrairement à ce que prétendront les hommes qui accèdent au pouvoir après la chute de Ceausescu, la révolution n'était nullement spontanée. Le film des événements le prouve.

Le Conducator, qui n'a pas pris la mesure réelle de la gravité de la situation, commet une erreur fatale – c'est d'ailleurs le seul événement que les comploteurs n'ont pas prévu – en refusant d'annuler une visite officielle en Iran. Dès qu'il revient à Bucarest, le 20 décembre, il se croit capable de reprendre la main. Il remet au pas quelques fidèles qui lui ont manqué, dans l'armée ou la Securitate. Mais il compte surtout sur son charisme personnel. À peine rentré, le Conducator organise le 21 décembre une gigantesque manifestation qui doit lui permettre de reconquérir les ferveurs de la foule.

Des cars, des camions viennent chercher les Roumains jusque sur leur lieu de travail. Le meeting est en somme obligatoire avec, comme à l'habitude, un sévère encadrement de la Securitate et des applaudissements pré-enregistrés. La place du Comité central est rapidement envahie par des milliers de personnes. Les premiers orateurs prononcent des discours sans surprise qui condamnent les événements de Timisoara, provoqués par des éléments fascistes instrumentés par l'Occident. La foule ne réagit pas. Elle attend Ceausescu. Enfin il paraît, sa femme Elena à ses côtés. À peine a-t-il commencé à parler que les spectateurs commencent à s'agiter. Certains quittent même la place en toute hâte. Il ne s'agit pas encore de manifestations d'hostilité, mais on a entendu dans les haut-parleurs des cris et des crépitements d'armes automatiques. Sur la place, les gens prennent peur. Ils ont l'impression qu'on leur tire dessus ! Comme à Timisoara.

En réalité, c'est une bande enregistrée qui est diffusée. Seuls, des agents de la Securitate, maîtres d'œuvre de la cérémonie, peuvent avoir pris cette initiative. La police politique trahit donc délibérément Ceausescu.

À partir de ce moment, la fin du meeting est pitoyable. Le Conducator, complètement dépassé, a beau promettre des augmentations de salaires, la foule le conspue. D'autant que surgissent soudain au milieu des spectateurs des pancartes hostiles à Ceausescu. Du jamais vu en Roumanie !

L'armée intervient contre les manifestants. En vain. Ce sont les opposants qui tiennent la rue. D'ailleurs, bientôt, les militaires fraternisent avec les insurgés, grâce à une nouvelle manipulation. Le 22, c'est à dire au lendemain de ce meeting raté et alors que les opposants au régime tiennent toujours la rue, la radio roumaine annonce le suicide du général Milea, ministre de la Défense. Un véritable choc pour tous les officiers ! Ils ne doutent pas un instant que c'est Ceausescu qui l'a « suicidé », Ceausescu qui lui reprochait sa tiédeur face aux manifestations.

Quelle que soit la vérité – objectivement, le « crime » profite aux comploteurs qui veulent se débarrasser du Conducator –, l'armée tout entière bascule dans le camp des rebelles dès l'annonce de la mort de Milea.

Ceausescu, sans le soutien de l'armée et d'une partie de la Securitate, est désormais condamné. Selon la version officielle, il fuit. Les manifestants qui marchent le 22 décembre sur le palais présidentiel voient s'envoler un hélicoptère blanc. À bord, il y aurait eu Nicolae Ceausescu, sa femme Elena et leurs gardes du corps. Mais le pilote les aurait trahis et se serait posé en pleine campagne, obligeant les Ceausescu à faire de l'auto-stop. Reconnus, ils auraient été arrêtés, comme Louis XVI et Marie-Antoinette à Varennes.

Toutefois cette version semble improbable. Si Ceausescu avait vraiment voulu s'échapper, il en aurait eu la possibilité. Sous la menace au besoin, le pilote de l'hélicoptère aurait pu en deux heures le transporter lui et son épouse hors des frontières du pays. Il s'agit donc là vraisemblablement d'une nouvelle fable qui ajoutait à la vilenie du personnage. La fuite, c'est un aveu, l'expression de la lâcheté.

Vient ensuite ce procès filmé et tronqué. Un procès stalinien où les prétendus avocats de la défense sont encore plus impitoyables que le procureur. Encore une fois, cela ressemble à une pièce écrite à l'avance.

Et que penser du suicide de l'accusateur du procès Ceausescu, le général Popa. Trois mois seulement après cette étrange révolution, en mars 1990. Pourquoi ce général s'est-il donné la mort ? Quel remords le poursuivait ? Ou quel secret détenait-il ?

Une dernière question : les nouveaux dirigeants roumains ont prétendu, après la fuite de Ceausescu, et même après son procès, que ses partisans n'avaient pas renoncé. On a même parlé de mercenaires arabes qui auraient été recrutés par le dictateur. Il est vrai qu'on a entendu de nombreux coups de feu nocturnes dans les rues de Bucarest : les terroristes, comme on les appelait, étaient à l'œuvre !

Mais, dans la plupart des cas, ces snippers étaient des simulateurs de tirs chargés de balles à blanc... Du matériel appartenant à l'armée roumaine ! Il convenait de persuader la population que tout danger n'était pas écarté et qu'il fallait donc faire bloc autour des nouveaux dirigeants.

Alors, qui étaient les comploteurs ? Les hommes qui ont conquis le pouvoir, et aussi beaucoup d'autres qui avaient été tous, à un titre ou un autre, des notables du système Ceausescu. Des communistes, donc, mais des communistes devenus gorbatcheviens. Car le cerveau du complot se trouvait au Kremlin ! Gorby voulait éliminer Ceausescu à condition que le Parti demeure au pouvoir. Ce n'est pas un hasard si les informations sur les prétendus massacres ont été données par des radios influencées par les communistes, relayées ensuite par des radios américaines, contrôlées par la CIA. Il est donc permis de supposer que Gorbatchev avait passé une sorte de marché avec son homologue George Bush senior… Un «deal» préparé par la visite de Brucan en Occident. Les deux Super-Grands étaient tout simplement d'accord pour se débarrasser de Ceausescu ! Par l'intermédiaire de la Securitate, infiltrée au moins à 50% par le KGB. Cela explique aussi pourquoi cette Securitate, qui faisait si peur aux Roumains, n'a pas été épurée après la révolution.

29.

Les couveuses koweïtiennes

C'est l'un des axiomes de la propagande de guerre. Vieux comme la guerre elle-même. C'est toujours l'ennemi qui commet des exactions, viols, incendies, pillages et massacres. Il convient donc de le faire savoir au plus vite et d'en tirer argument pour convaincre l'opinion de la justesse de notre combat.

Et si notre propre armée en vient à s'abandonner à quelques actes contraires à l'honneur, il ne peut s'agir que de bavures...

Les exemples de ces mensonges officiels sont innombrables. Mais le cas des « couveuses koweïtiennes » est particulièrement emblématique. Comme, un peu plus tard, l'existence des fantomatiques ADM (Armes de destruction massives) de Saddam Hussein a servi à justifier l'invasion de l'Irak en 2003[88], cette affaire a permis aux États-Unis de lever une première fois contre le dictateur irakien une formidable coalition internationale et de lancer en 1991 l'opération « Tempête du désert ».

---

88. Voir chapitre 30.

Elle est belle. Ses longs cheveux noirs masquent à peine l'or de ses boucles d'oreille et retombent sur un discret collier. Son visage aux traits fins est celui d'une adolescente : Nayirah a quinze ans. Mais malgré son jeune âge, ce 10 octobre 1990, elle s'exprime crânement devant les représentants des Comités des droits de l'homme des deux chambres du Congrès américain, même si parfois sa voix s'embue et qu'une larme perle au coin de ses yeux.

Nayirah – un prénom d'emprunt destiné à la protéger, elle et sa famille, ont dit le démocrate Tom Lantos et le républicain John Forter – raconte. Engagée comme volontaire à l'hôpital koweïtien al-Addan peu après l'invasion de son pays par les forces irakiennes, elle a été témoin de scènes effroyables. Des soldats armés ont pénétré de force dans la maternité. Ils ont arraché les bébés des couveuses où ils reposaient, se sont emparés des incubateurs et ont précipité sur le sol ces enfants prématurés qui ont agonisé dans le froid.

L'adolescente pleure. Sénateurs et représentants sont saisis par l'émotion. La frêle Nayirah a parlé six bouleversantes minutes.

L'information ne tarde guère à franchir l'enceinte du Congrès. Elle est reprise par tous les médias. La conclusion fait l'unanimité : Saddam Hussein, chef suprême d'une armée capable de se livrer à des actes aussi ignominieux, ne peut être lui-même qu'un monstre ! En fait, déjà au début du mois de septembre[89], un quotidien britannique, le *Daily Telegraph*, avait fait état d'une information semblable. Mais la nouvelle n'avait été que peu reprise. Il est donc certain que si elle figure désormais à la une de tous les journaux, c'est qu'elle a été portée par les déchirantes et sensationnelles déclarations de la jeune Koweïtienne.

89. L'invasion irakienne du Koweït a commencé le 2 août 1990, au prétexte que l'émirat a été autrefois intégré à l'Irak. Saddam Hussein prétend ainsi récupérer la 19e province de son pays. .

Un mois et demi après ce jour où Nayirah s'est présentée devant les élus états-uniens, le 27 novembre, un autre témoignage vient conforter les déclarations de la jeune fille. Un chirurgien koweïtien est auditionné par les quinze membres du Conseil de sécurité de l'ONU. Détail significatif, les murs de la salle ont été préalablement recouverts de photographies atroces représentant des victimes présumées des soldats irakiens.

Le praticien décrit les exactions que subissent ses confrères médecins qui soignent les résistants de son pays. Et il affirme avoir lui-même inhumé une dizaine de ces bébés enlevés de leur couveuse par les soldats irakiens. Deux jours plus tard, faisant preuve pour une fois d'une redoutable célérité, le Conseil de sécurité adopte la résolution 676 qui autorise le recours à la force contre l'Irak s'il n'a pas retiré ses troupes du Koweït au 15 janvier 1991.

Autre confirmation des atrocités irakiennes : elle vient d'une organisation qui ne peut être soupçonnée de faire cause commune avec les boutefeux qui veulent à tout prix en découdre avec Saddam Hussein. Dans un rapport rendu public le 19 décembre, Amnesty international valide les accusations portées contre l'armée de Saddam Hussein : *« Les Irakiens ont laissé plus de trois cents bébés prématurés mourir après le vol de leurs couveuses dans les hôpitaux de Kuwait City. »* Amnesty ajoute que ses enquêteurs ont interviewé plusieurs médecins et infirmières et que tous ont vu les corps de ces malheureux enfants. L'un de ces praticiens aurait même aidé à enterrer soixante-douze cadavres. D'autre part, l'Association pour le Koweït libre, basée à Londres, annonce que sept mille citoyens de l'émirat ont été exécutés par les Irakiens. Un chiffre immédiatement repris par la presse internationale.

L'affaire des « couveuses », la plus symbolique, fournit des arguments en or aux dirigeants politiques qui entendent mettre le dictateur irakien à la raison. Le plus éminent d'entre eux, George Bush senior, ne reprend pas moins de six fois cette information dans ses discours. L'opinion américaine, d'abord réticente quant à l'idée d'une intervention militaire au Koweït, est « chauffée » par son président qui, tout au long de l'automne, a déjà envoyé trois cent mille hommes dans la zone du Golfe arabo-persique. Saddam Hussein est un nouvel Hitler[90] qu'il convient d'aller châtier au plus tôt. D'autant qu'à la tête de la « quatrième armée du monde » équipée de nombreuses ADM, il menace désormais d'envahir l'allié saoudien.

Conséquence, le 12 janvier 1991, trois jours avant la date de l'ultimatum fixé par l'ONU, le Congrès états-unien autorise le président à user de la force au Koweït. Lors des débats, sept sénateurs ont mentionné l'affaire des « couveuses ».

Le 17 janvier, l'opération « Tempête du désert » commence : la coalition internationale rassemble vingt-huit pays et six cent mille soldats. Un déluge de feu s'abat sur l'Irak. En seulement cinquante heures, la prétendue « quatrième armée du monde » est vaincue. Cent mille soldats irakiens et des dizaines de milliers de civils ont trouvé la mort. Saddam Hussein n'a pas osé se servir de ses ADM et s'est contenté d'envoyer quelques missiles dépourvus de charges chimiques sur Israël. Mais, en se repliant, ses soldats ont incendié six cents puits de pétrole qui noient le petit Koweït sous un épais nuage de fumée noire.

Le 27 février 1991, la guerre est officiellement terminée. Le temps de la vérité est arrivé.

Le premier, un journaliste de la chaîne de télévision *ABC*, qui a rencontré des médecins koweïtiens restés dans leur pays, émet des réserves sur l'affaire des « couveuses ». Il est suivi par l'envoyé spécial du journal français *La Croix*, Alain Hertoghe. Enquêtant dans la plus importante maternité de l'émirat, il découvre d'abord que ce service ne reçoit tout au plus que

90. À noter qu'en 1956, après la nationalisation du canal de Suez, la presse franco-britannique avait comparé le président égyptien Nasser à Hitler.

cent cinquante prématurés en même temps. On est donc loin des trois cents bébés qui auraient été arrachés de leur incubateur. Le journaliste apprend ensuite que les soldats irakiens ont bien pénétré dans cette maternité où, par précaution, les infirmières avaient remplacé les couveuses les plus modernes par des modèles anciens. Après avoir posé quelques questions, ces militaires sont repartis comme ils étaient arrivés. Aucun nourrisson n'a été molesté.

Certes, certaines unités spéciales de l'armée irakienne se sont rendues coupables d'actes criminels. Mais la rumeur et la propagande ont grossi les faits. Nulle trace de charnier n'est découverte et le journaliste, enquêtant jusque dans le cimetière, recense pour le mois de septembre, période où aurait été perpétré le plus grand nombre d'exactions, deux cent douze enterrements, soit cent trente-trois de plus qu'en juillet, avant l'invasion irakienne. Encore une fois, le chiffre de sept mille exécutions annoncé par des Koweïtiens en exil paraît disproportionné et purement mensonger.

Un mois plus tard, en avril, Amnesty international publie un rapport en forme de mea culpa. Ses représentants au Koweït n'ont pas trouvé de preuves de la mort en grand nombre de bébés retirés de leurs couveuses.

Cependant, il faut attendre janvier 1992 pour que toute la lumière soit faite. John R. MacArthur est journaliste au *New York Times*. Au terme d'une minutieuse enquête, il révèle la véritable identité de la jeune Nayirah : c'est la fille de Saud Nasser al-Sabah, ambassadeur du Koweït aux États-Unis et membre de la famille de l'émir. La pseudo-Nayirah se trouvait à Washington chez ses parents lorsque son pays a été envahi. Elle ne pouvait donc avoir été témoin des scènes qu'elle a décrites avec tant d'émotion.

Mais si la jeune fille s'est montrée si bonne comédienne, c'est que derrière sa prestation mensongère se trouvaient des metteurs en scène particulièrement talentueux. À commencer par un certain John Rendon, patron de la société de relations publiques « Rendon Group ». Ancien opposant à la guerre du Viêt-Nam, ce spécialiste en communication participe d'abord à la campagne électorale de Jimmy Carter dans les années 70. Mais c'est l'administration Bush qui le met réellement en selle. Pour cent mille dollars mensuels, Rendon est chargé en 1989 de superviser la communication de la CIA et du Pentagone. À ce titre, il met en musique l'opération « Juste cause » destinée à renverser le président panaméen Manuel Noriega.

En 1990, après l'invasion du Koweït, le gouvernement américain débloque dix millions de dollars afin de préparer l'opinion publique à une éventuelle intervention militaire destinée à libérer l'émirat. Rendon touche sa part de ce pactole mais se met aussi directement au service de la riche monarchie koweïtienne. Deux autres sociétés de relations publiques sont associées à l'entreprise : « Neil & Co » (qui recevra cinquante mille dollars par mois) et surtout « Hill and Knowlton », l'une des plus puissantes agences internationales, qui sera le véritable cerveau de cette campagne. Ensemble, ces sociétés suggèrent d'abord au gouvernement koweïtien la création de cette fantomatique Association pour le Koweït libre.

Ce n'est toutefois pas suffisant pour frapper l'opinion. D'où l'idée de fabriquer de toutes pièces des preuves attestant que la soldatesque de Saddam Hussein commet des atrocités au Koweït occupé. L'imagination aidant, l'un de ces spécialistes en communication, peut-être Rendon, suggère que des crimes contre des enfants seraient les plus productifs. Saddam Hussein, assassin d'enfants ! Un effort supplémentaire, et l'idée des couveuses surgit. Mais cette fable doit être étayée par un témoignage humain propre à traumatiser les citoyens du monde entier. Naryiah peut entrer en scène. Ses déclarations devant les deux Comités des droits de l'homme du Congrès seront l'élément déclencheur de la campagne de propagande en faveur de la guerre.

Qui a coaché Nayirah ? Selon certaines sources, le véritable metteur en scène aurait été un certain Mike Deaver, ancien conseiller en communication de Ronald Reagan, un président qui excellait dans cet art.

Quoi qu'il en soit, filmé par les bons soins des opérateurs de l'agence Hill et Knowlton, la vidéo du témoignage de la jeune fille est aussitôt envoyée à sept cent stations de télévision sur tout le territoire des États-Unis. Diffusée dans le «*NBC Nightly News*», elle est vue par trente-cinq millions de téléspectateurs.

D'autres opérations de communication suivent : fabrication de tee-shirts et impression d'autocollants «Koweït libre» et édition d'une plaquette de cent cinquante pages sur les atrocités irakiennes, largement distribuée. L'ambassade koweïtienne en achète pour sa part deux cent mille exemplaires qui seront distribués aux soldats américains. Enfin, ce sont ces mêmes communicants qui afficheront sur les murs de la salle du Conseil de sécurité de l'ONU, avec l'efficacité que l'on a vue, des photographies censées illustrer les exactions commises par les soldats de Saddam Hussein.

Détail révélateur, les deux élus du Congrès, animateurs des Comités des droits de l'homme du Sénat et de la Chambre des représentants, avaient aussi créé une fondation dont le siège était hébergé quasi gracieusement dans l'immeuble de l'agence Hill and Knowlton. Fondation qui avait aussi reçu une importante contribution de cette même agence de relations publiques !

John R. MacArthur, le journaliste américain qui a révélé le pot aux roses, a écrit ultérieurement que de toutes les accusations portées contre le dictateur irakien, aucune n'a eu plus d'impact sur l'opinion publique américaine que celle de soldats irakiens enlevant trois cent douze bébés de leurs couveuses et les laissant mourir sur le sol glacé des hôpitaux de Koweït City.

J'emprunte la conclusion de la relation de ce prodigieux bobard, qui a quand même conduit à provoquer la mort de dizaines de milliers d'hommes, de femmes et d'enfants, à l'universitaire belge Anne Morelli[91] :

« Pour justifier une guerre, la technique est ancestrale : faites de votre ennemi un tyran, un monstre, le responsable des pires atrocités. L'opinion sera alors de votre côté. Lors de la guerre contre l'Irak, Saddam Hussein, présenté auparavant comme notre meilleur allié contre l'Iran des ayatollahs, fut comparé au dictateur nazi, même sous son aspect physique. [...] Les récits des atrocités commises par l'ennemi constituent un élément essentiel de la propagande de guerre. Cela ne veut pas dire que des atrocités n'ont pas lieu pendant les guerres. Tout au contraire. [...] Ce qui par contre est spécifique à la propagande de guerre, c'est de faire croire que seul l'ennemi est coutumier de ces faits tandis que notre propre armée est au service de la population, même ennemie, et aimée d'elle. La criminalité déviante devient le symbole même de la seule armée ennemie, composée essentiellement de brigands sans foi ni loi. »

91. *Principes élémentaires de propagande de guerre*, Éditions Aden, 2010.

30.

Curveball, la balle trompeuse

Il s'agit sans doute de l'une des plus grandes supercheries de l'histoire du renseignement, une supercherie qui a eu des conséquences considérables : rien moins que le déclenchement de l'invasion de l'Irak par la coalition internationale conduite par les États-Unis en 2003, un conflit meurtrier qui a coûté des dizaines de milliers de vies.

Au centre de cette affaire, se trouvent les ADM, ces Armes de destruction massive censées être possédées par Saddam Hussein, des armes chimiques, bactériologiques et même nucléaires qui auraient menacé l'Occident et ses alliés. D'où l'intervention états-unienne destinée à conjurer ce danger potentiel.

Il apparaît que la pseudo-existence de ces ADM n'a été qu'un prétexte pour envahir l'Irak et chasser Saddam Hussein du pouvoir, une manipulation opérée par les faucons de la Maison Blanche, ces néo-conservateurs appelés aussi de façon plus triviale, les néo-cons. Mais on en sait aujourd'hui encore plus :

l'essentiel de cette mystification reposait en effet sur le témoignage d'un mystérieux personnage, nom de code « Curveball ». Curveball est une expression américaine utilisée par les joueurs et supporters de base-ball et qui pourrait se traduire par « balle à effet », une balle destinée à tromper l'adversaire. Passée dans l'argot, l'expression « lancer un curveball » est donc synonyme de mystification : en l'occurrence, il s'agit de l'arme utilisée par ceux que l'on appelle les « escrocs au renseignement », des personnages qui peuvent causer de terribles dégâts si on ajoute foi à leurs déclarations mensongères.

La question des ADM irakiennes a été pendante de longues années. On sait que Saddam Hussein a massivement utilisé des armes chimiques lors de l'interminable guerre Irak-Iran, dans les années 80. En 1988, le dictateur irakien a récidivé en employant à nouveau cette arme monstrueuse contre sa propre population, les Kurdes d'Halabja. Un véritable génocide. Toutefois, il faut noter que lors de la première guerre du Golfe en 1991, Saddam Hussein n'a pas fait usage de ces ADM contre les armées de la coalition. Sans doute parce que s'il avait usé d'armes chimiques ou bactériologiques, il se serait exposé à de terribles représailles. Ainsi les quelques missiles qu'il a envoyés sur Israël étaient dépourvus de têtes chimiques.

En 1991, quelques mois après la fin de la guerre du Golfe, et à la suite d'un accord avec Bagdad, l'ONU envoie en Irak une commission d'inspection, l'Unscom. Il s'agit de repérer les armes de destruction massive pour ensuite les détruire. Pour ce faire, l'Unscom a le droit d'inspecter tous les sites, d'ouvrir tous les dossiers et d'installer des appareils permanents de surveillance. Mais, pendant sept longues années, Irakiens et inspecteurs de l'ONU jouent au chat et à la souris. Les Irakiens multiplient les obstacles pour échapper à ces contrôles. Ils affirment ainsi, non sans raison, que ces inspections constituent une violation flagrante de leur indépendance nationale. Mais, défaits, ils n'avaient guère d'autre choix que d'accepter le principe de ces inspections. D'autant plus qu'ils espéraient, en autorisant ces inspections, que le régime des sanctions qui étranglait leur pays serait finalement levé. Cependant, en multipliant les obstacles, ils n'ont fait que le prolonger.

D'autres raisons expliquent la mauvaise volonté irakienne. La première est évidente : Bagdad soupçonnait l'Unscom de dissimuler une véritable opération d'espionnage, menée essentiellement par la CIA.

Siégeaient en effet dans cette commission d'inspecteurs de l'ONU beaucoup de citoyens américains. Des experts, des spécialistes scientifiques mais aussi des hommes rompus aux techniques de recherche du renseignement. Or, où trouve-t-on ces hommes sinon dans les services secrets ?

Des agents de la CIA se sont donc glissés dans l'Unscom. Un membre démissionnaire de la commission d'inspection, Scott Ritter, l'a révélé en 1998 en affirmant que l'Unscom avait permis aux États-Unis d'introduire des espions en Irak. Peu après, Washington a dû confirmer.

D'autre part, les inspecteurs, qui travaillaient dans des conditions difficiles à cause de l'hostilité permanente des Irakiens, avaient besoin, afin de vérifier qu'on ne les dupait pas, de moyens sophistiqués. Des systèmes d'écoute par exemple. Encore une fois, seuls les services secrets possédaient ces techniques. La dérive était donc quasi-inévitable, ce qui ne signifie pas pour autant que tous ces inspecteurs de l'Unscom étaient des espions. Nombre d'entre eux travaillaient réellement à découvrir les sites des armes secrètes de Saddam Hussein puis à détruire celles-ci. Et, après tout, s'ils ont bénéficié des précieuses informations fournies par leurs collègues-espions, ils ne pouvaient que s'en féliciter.

Autre conséquence collatérale de ces manœuvres d'espionnage, les Américains ont découvert que les communications irakiennes utilisées par les militaires impliqués dans les industries d'armement, (ceux qui seraient éventuellement chargés de dissimuler les ADM), empruntaient un code identique à celui qui était employé par les hommes chargés de la sécurité du président irakien. S'il était donc possible de casser ce code, on saurait tout sur la sécurité de Saddam Hussein. Pour arriver à ces fins, des agents de la CIA ont introduits en Irak, sous couvert de l'Unscom, des scanners très perfectionnés et d'autres appareils d'écoutes, certains de ces matériels ayant été fournis dans le plus grand secret par les Israéliens.

Après être parvenus à casser le code, les Américains ont donc eu accès à des informations très précises sur l'Irak et ses services de sécurité. Bien entendu, les Irakiens n'ont pas manqué de s'apercevoir qu'ils étaient espionnés. Preuve en est qu'ils demanderont que les Américains ne fassent plus partie de l'Unscom, obligeant son chef à décider du départ de tous les inspecteurs.

De fait, en 1998, les inspecteurs de l'Unscom quittent l'Irak. Ils y reviendront beaucoup plus tard, en 2002 : Saddam Hussein, devant la menace de plus en plus évidente d'une intervention armée des États-Unis, a compris, mais trop tard, qu'il ne fallait plus jouer avec le feu. Entre-temps ont eu lieu les attentats du 11-Septembre 2001 et l'élection de George Bush junior. Avec lui sont arrivés au pouvoir des hommes, les néo-conservateurs, qui veulent à toute force en découdre avec le dictateur irakien. Ils ont aussi à cœur de terminer le travail que George Bush senior n'avait pas voulu achever : se débarrasser de Saddam Hussein et faire totalement main basse, par la même occasion, sur les ressources en pétrole de l'Irak. L'un des néo-cons les plus éminents, Dick Cheney, le vice-président états-unien, était très lié à l'industrie pétrolière, tout comme la famille Bush.

Pourtant, grâce à l'accord « pétrole contre nourriture » imposé par l'ONU, les sociétés américaines n'étaient pas les moins bien servies puisqu'elles pouvaient acheter le pétrole irakien et même contrôler sa production. Or, avant la guerre du Golfe, ces compagnies n'avaient jamais eu accès au pétrole de Bagdad dont l'exploitation était dans les mains d'acteurs non américains. C'est pourquoi sous les deux présidences Clinton, Washington a privilégié le statu quo et n'a guère semblé pressé de s'en prendre directement à Saddam Hussein. D'autant que le dictateur irakien restait un épouvantail bien utile, obligeant les États du Golfe à s'abriter sous le parapluie états-unien.

Aussi, pour toutes ces raisons, avant que Bush junior n'arrive à la Maison Blanche, la question de l'existence des ADM ne semble pas forcément prioritaire pour le petit monde des experts et autres spécialistes militaires. On ne sait pas ou l'on ne veut pas vraiment savoir. D'autant que ces hommes sont nombreux à estimer que l'Irak ne représente plus une menace parce qu'il ne possède plus d'ADM en quantité suffisante. C'est le cas de Scott Ritter, cet Américain qui a dirigé les missions d'inspection de l'ONU tout en se livrant à quelques missions d'espionnage. L'ancien Marine estime que Saddam Hussein ne possède plus de stocks d'ADM susceptibles de représenter une menace. Or, on ne peut pas soupçonner Ritter, républicain convaincu, d'être un suppôt de Saddam Hussein. L'homme est bien placé pour savoir que des quantités considérables d'ADM, tant chimiques que biologiques, ont été détruites par les experts de l'ONU. Cet ancien inspecteur de l'Unscom, proche de la CIA, a naturellement transmis son expertise à l'agence états-unienne. Les services de renseignement occidentaux en général, et la CIA en particulier, disposent aussi d'informations qui vont dans le même sens.

Un ingénieur nucléaire irakien, le Dr Khidhir Hamza a déserté l'Irak au milieu des années 90, pour venir s'installer aux États-Unis, avec l'aide du CNI, une organisation d'opposants à Saddam Hussein. Dès son arrivée, les services états-uniens mais aussi les experts de l'ONU s'intéressent à lui. Hamza publie d'ailleurs avec un ancien inspecteur de l'ONU un livre sur l'Irak et la bombe atomique, dans lequel il recense toutes les raisons qui expliquent pourquoi son pays n'a pu se doter de l'arme nucléaire. Contre toute attente, cet ouvrage rencontre peu de succès : le chercheur irakien ne fait pas les révélations fracassantes qu'on espère. Si, au contraire, il avait affirmé que l'Irak était à deux doigts de posséder la bombe, son livre aurait connu autrement plus de retentissement.

Aussi le chercheur décide-t-il de publier un second ouvrage plus accrocheur : il y explique que l'Irak a été tout près de produire sa première bombe. Il ajoute que Saddam Hussein n'a nullement renoncé à la construire. Les faucons états-uniens trouvent dans ces propos la preuve de la dangerosité du dirigeant irakien. Ce que raconte Hamza comble les espérances des néo-conservateurs qui, dès le début de la présidence de Bush Junior, ont décidé que leur cible prioritaire serait Saddam Hussein, avant même Ben Laden.

Pourtant, Khidir Hamza s'avère peu crédible. Par-delà ses revirements, la meilleure preuve en sera donnée lors de son retour en Irak après la guerre. D'abord chargé par les autorités provisoires des affaires nucléaires, il a été rapidement remercié pour incompétence. On ne peut donc sérieusement accorder foi à ses pseudo-révélations.

Les services de renseignements avaient d'autres bonnes raisons d'être circonspects. Deux dignitaires du régime irakien avaient fait défection au milieu des années 90. Il s'agit des frères Kassel, les gendres de Saddam Hussein. Après leur désertion, ils se réfugient en Jordanie. L'un d'eux, Hussein, est le responsable des programmes de développement des ADM. Il est sorti d'Irak avec une masse de documents sur ces programmes. Des agents états-uniens et des inspecteurs de l'ONU, alléchés par les secrets que ces hommes pourraient détenir, se déplacent pour interroger les deux transfuges et examiner leurs documents. Mais, étrangement, les uns et les autres n'en tirent pas les mêmes conclusions.

Le fait que ces précieux documents aient échappé aux recherches des inspecteurs de l'ONU constitue pour les Américains une nouvelle démonstration de l'inefficacité de ces derniers. Mais, plus intéressant encore pour Washington, se trouve dans ces papiers la preuve formelle que Saddam Hussein a ordonné la fabrication de plus de trente tonnes de bacille de charbon.

Du côté des inspecteurs de l'ONU, on penche pour une interprétation différente. Les fonctionnaires internationaux prennent en compte une curieuse déclaration des frères Kassel : ils affirment que leur beau-père a donné l'ordre de détruire le maximum d'armes chimiques et biologiques. Ces destructions ont eu lieu avant l'arrivée en Irak des inspecteurs de l'ONU, parfois même avant 1991 et la première guerre du Golfe.

Cependant, les Kassel n'apportent aucune preuve de ce qu'ils avancent. Lorsqu'ils reviendront en Irak, Saddam Hussein leur ayant promis sa clémence, les deux frères seront assassinés, en dépit du fait qu'ils étaient les époux de deux filles du Raïs.

Plusieurs années plus tard, leur témoignage sera corroboré par un autre, tout aussi essentiel ; il émane d'un physicien irakien qui a fui son pays aussitôt après la chute de Bagdad en 2003 pour se réfugier dans les Émirats arabes unis. Cet homme, Jafar, a dirigé le programme nucléaire irakien dans les années 80. De surcroît, son frère était le directeur d'une grosse compagnie d'énergie. Jafar se livre à des déclarations surprenantes. Aux agents américains et britanniques qui sont allés l'interroger, il confirme en partie ce qu'ont déjà dit les frères Kassel ; il révèle en outre qu'au lendemain de la première guerre du Golfe, Saddam Hussein a ordonné aux chefs militaires de ne rien cacher aux inspecteurs de l'ONU.

Il y a certes eu quelques accrochages, voire des refus d'autoriser les inspecteurs à entrer dans certains bâtiments, essentiellement les palais présidentiels. Mais ils s'expliquent par le fait que Saddam Hussein, drapé dans son orgueil, aurait très mal supporté ces visites intempestives. Plus vraisemblablement, le dictateur bluffait. Il a joué une partie très dangereuse, susceptible de se retourner à tout moment contre lui.

Saddam Hussein se révèle tantôt conciliant, tantôt intraitable dès lors qu'il s'agit de percer le secret de ses palais présidentiels, de sorte que l'on persiste à croire qu'il a toujours des choses à cacher. Les souterrains de ces mystérieux palais auxquels aucun étranger n'avait accès auraient pu abriter des installations clandestines de production d'armes chimiques ou bactériologiques, par exemple. On peut même imaginer que pendant les quatre ans – de 1998 à 2002 – où Saddam Hussein a refusé la visite des inspecteurs de l'ONU, le dictateur aurait pu à nouveau fabriquer des ADM. Certains, parmi les moins bien disposés à l'égard du leader irakien, n'ont pas hésité à l'affirmer.

On ne fabrique pourtant pas ce type d'armes dans une cuisine, sur un coin de paillasse. Il faut des matériels sophistiqués et beaucoup de produits chimiques. Or, l'Irak était alors soumis à un embargo sévère. Toute importation suspecte aurait été vite détectée.

Néanmoins, il est incontestable que Saddam Hussein a commis des cachotteries. D'après les comptes des experts de l'Unscom, il manquait à l'appel des milliers d'ogives chimiques, des armes produites par l'Irak mais qui n'ont pas été trouvées. Auraient-elles pu être dissimulées dans les palais ? Cependant, lorsque les inspecteurs seront à nouveau autorisés à revenir en Irak, ils s'apercevront qu'il n'en était rien.

En réalité, ces ADM ont été utilisées au cours de la guerre Iran-Irak. Les armées irakiennes ont fait un usage massif des armes chimiques, beaucoup plus que Saddam Hussein n'avait bien voulu le reconnaître. Autant de crimes de guerre dont le dictateur irakien ne voulait pas avouer l'ampleur.

Cependant, cet énorme mensonge relève d'abord d'une stratégie du tyran : le dictateur irakien ne pouvait pas admettre qu'il était désormais un roi nu. Censé toujours posséder des armes de destruction massive, il demeurait puissant et pouvait inspirer la peur, à ses voisins mais aussi à sa propre population comme à tous les officiers félons susceptibles de comploter contre lui. S'il cessait de faire peur, il devenait vulnérable. Il tombe ainsi dans un piège qu'il s'est lui-même tendu et il est condamné à s'enfermer dans ses propres mensonges. C'est ainsi qu'il alimente involontairement la campagne engagée contre lui par les faucons de Washington. Au cœur de ce dispositif, le mystérieux Curveball est une pièce de première importance, un véritable coucou et l'arme secrète de l'OSP, en français, le Bureau des plans spéciaux.

L'OSP a été créé au lendemain du 11-Septembre. Cet organisme excessivement discret est chargé d'informer directement le président. Rapidement, il court-circuite la CIA et les autres services de renseignements des États-Unis. Cette officine parallèle et particulièrement influente cultive la politique du secret, à tel point qu'entre eux, ses membres ne la nommeront que « la cabale ».

Tous ses membres sont des néo-conservateurs, tels Paul Wolfowitz ou Douglas Feith. Naturellement, ils marchent de concert avec le vice-président Dick Cheney et le secrétaire d'État à la Défense, Donald Rumsfeld. Les durs de la Maison Blanche ne font pas confiance aux agences de renseignements, du simple fait qu'elles ne leur fournissent pas les renseignements qu'on attend d'elles. Les néo-conservateurs qui cornaquent l'OSP veulent en premier lieu obtenir des preuves de l'existence des armes de destruction massive en Irak. Ils souhaitent aussi mettre en évidence les liens qui uniraient Saddam Hussein à Al-Qaïda. Or, comme la CIA est dans l'impossibilité d'apporter ces preuves, ils en concluent qu'elle est incapable. De la même façon, tous ceux qui ne sont pas convaincus de la véracité de leurs soupçons sont considérés comme des traîtres.

Au sein de ce petit groupe, quelques fanatiques sont réellement persuadés que Saddam Hussein est une nouvelle incarnation de Satan. Quant aux autres, des hommes comme Rumsfeld ou Wolfowitz, ils savent exactement ce qu'ils font. Puisque les preuves n'arrivent pas, ils vont les fabriquer.

L'OSP se sert d'abord des renseignements fournis par les exilés et transfuges irakiens. La plupart de ces informations ou pseudo-informations seront délivrées par des proches du Congrès national irakien d'Ahmed Chalabi, un personnage qui n'a eu de cesse d'intoxiquer les Américains en leur affirmant qu'un rien suffirait à ébranler le pouvoir de Saddam Hussein. Selon lui, le dictateur ne disposerait d'aucun soutien populaire.

Les exilés irakiens ne poursuivent qu'un objectif : faire en sorte que les États-Unis interviennent militairement dans leur pays, pour revenir en Irak dans les fourgons de l'armée états-unienne. Quoi qu'il en soit, les tuyaux fournis par cet opposant permettent à l'OSP de composer un dossier relativement consistant, même si les vrais professionnels du renseignement le jugeront très contestable, voire complètement mensonger.

L'OSP réussit donc à doubler les grandes agences de renseignement états-uniennes et même à décourager leurs agents les plus lucides : cette petite cellule conspirative, grâce aux prétendues révélations fournies par les transfuges irakiens, ne cesse d'enrichir son dossier, pour arriver à la révélation que Saddam Hussein, pour tromper les inspecteurs de l'ONU, a mis au point des laboratoires bactériologiques et chimiques mobiles. C'est là qu'intervient la mystification Curveball.

En 1995, un ingénieur en chimie irakien, Rafid Ahmed Alwan-Janabi, déserte l'Irak. C'est un musulman non pratiquant d'une trentaine d'années. On ne sait pas exactement ce qu'il fait au début de son exil mais, en novembre 1999, muni d'un visa de tourisme, il atterrit à l'aéroport de Munich où il demande immédiatement aux autorités allemandes le statut de réfugié politique. Il laisse entendre qu'il est menacé. Il est vrai que les services de sécurité irakiens traquent les exilés qui pourraient rejoindre les rangs des organisations opposées au régime de Saddam Hussein. Avant que l'on statue sur son cas, il est envoyé au camp de regroupement de Zirndorf, près de Nuremberg, où l'on rassemble les réfugiés demandeurs d'asile.

Alwan-Janabi trouve le temps long; les conditions de vie dans le camp, même si elles sont décentes, commencent à lui peser. Au bout de quelques semaines, il demande à rencontrer un agent du BND, le service de renseignements allemand. Cela lui est relativement facile car le BND, qui s'intéresse à tous les exilés politiques, particulièrement ceux qui sont issus du Proche et Moyen-Orient, dispose d'une antenne dans le camp.

Mis en contact avec cet agent allemand, Alwan-Janabi déclare qu'il a étudié à l'université technique de Bagdad dont il est sorti dans les premiers. Spécialiste en armement, il a ensuite travaillé pour la Commission industrielle militaire du régime irakien, chargée en particulier de la mise au point des armes « nouvelles ». Alwan-Janabi affirme y avoir occupé d'importantes fonctions.

Le siège du BND, situé à Pullach, en Bavière, est aussi alerté. La moisson risque d'être fructueuse et les espions du service espèrent en apprendre un peu plus sur ces fameuses ADM que Saddam Hussein est réputé posséder. À l'époque, en 1999, les inspecteurs des Nations unies ont été renvoyés d'Irak si bien que beaucoup d'experts occidentaux soupçonnent que Saddam Hussein a recommencé à fabriquer des armes chimiques ou bactériologiques dans le secret des souterrains de ses palais présidentiels. Si Alwan-Janabi possède des informations sérieuses, son témoignage arrive à point nommé. Le BND lui envoie un officier expérimenté et ambitieux, que ses collègues appellent « le Docteur » parce qu'il est biologiste de formation. Spécialisé dans l'étude des programmes d'armements nucléaires, biologiques et chimiques irakiens, il travaille déjà depuis plusieurs années pour le BND.

Aussi « le Docteur » se rend-il dans ce camp de réfugiés politiques afin de recueillir les informations que peut livrer Alwan-Janabi. Le point d'orgue des propos de l'Irakien est la révélation de l'existence de laboratoires mobiles, dissimulés dans des semi-remorques géants, de vrais labos sur roues qui peuvent se déplacer à travers tout le pays. Cette affirmation permet d'expliquer pourquoi les inspecteurs de l'ONU n'ont jamais trouvé trace du programme ultra-secret de fabrication d'ADM de Saddam Hussein. Le transfuge n'apporte pas de preuves formelles si ce n'est des précisions intéressantes, sinon absolument convaincantes. Il raconte par exemple qu'avant de quitter l'Irak, il a vu l'un de ces camions et a appris que six autres unités étaient en construction dans une usine située à Djerf al Naddaf. Cet établissement industriel comporte un hangar fermé par un énorme portail d'où peuvent rentrer et sortir les camions-laboratoires.

Rafid Alwan-Janabi révèle aussi qu'en 1998 un accident se serait produit lors de la production d'armes chimiques. Douze chercheurs auraient trouvé la mort à cette occasion. En outre, l'ingénieur irakien dessine des croquis. Il représente les camions mais aussi le cinquième étage très secret de la centrale chimique de Bagdad.

Bien entendu, « le Docteur » et ses collègues du BND tentent de recouper ces informations, mais en vain : les inspecteurs de l'ONU sont en effet encore persona non grata en Irak. Cependant, même en l'absence de preuves permettant d'accréditer les révélations d'Alwan-Janabi, les responsables du service secret allemand ont la conviction qu'ils sont tombés sur l'oiseau rare. Pour la première fois, un service occidental a mis la main sur un acteur important du programme irakien d'armement clandestin.

Les hommes du BND se réjouissent d'autant plus qu'ils traversent une mauvaise passe, accusés par leurs collègues occidentaux de ne pas avoir débusqué ni surveillé la cellule islamiste de Hambourg, le groupuscule dirigé par Mohammed Atta, l'un des pilotes des attentats du 11-Septembre. Les révélations de Rafid Alwan-Janabi permettront au service allemand de se refaire une virginité.

Le BND informe les autres services occidentaux et en premier lieu les Américains. La DIA, l'Agence de renseignement militaire des États-Unis, solidement implantée en Allemagne, a reçu la primeur des révélations fournies par Alwan-Janabi ; elle lui attribue son nom de code, Curveball, appellation dont on ne saisira le sel – la balle trompeuse – que plus tard, voire trop tard.

En toute logique, les agents états-uniens demandent à être mis directement en contact avec Curveball. Toutefois ils se voient opposer un refus. Le prétexte invoqué officiellement par le BND tient dans la haine viscérale que Curveball éprouverait pour les Américains. Plus vraisemblablement, les Allemands n'ont pas envie de partager leur trouvaille classée « bleue », c'est-à dire ultra-secrète.

Il n'empêche qu'entre 1999 et le début de 2003, plus d'une centaine de rapports sont envoyés par le BND à ses homologues occidentaux. Plus le temps passe, et plus le ton des rapports est catégorique : Curveball est crédible.

Mais les services de renseignements essaient malgré tout de s'assurer de l'authenticité des informations obtenues de Curveball. Les Américains les premiers sont à la manœuvre. Grâce à leur réseau de satellites, ils obtiennent des photos de l'usine de Djerf al Naddaf où seraient construits les laboratoires mobiles. Or, les documents montrent clairement qu'un mur de béton de trois mètres protège la porte principale du hangar, constituant un obstacle qui rend impossible toute entrée ou sortie d'un gros véhicule. Pourtant les agents du BND ne s'embarrassent pas de ce détail et y trouvent une réponse : il s'agit bel et bien d'un camouflage. D'autres écueils surviennent : en 2000, un émissaire du Pentagone, à force d'obstination et de démarches compliquées, réussit à rencontrer Alwan-Janabi durant quelques heures. Il en retire l'impression que l'homme n'est pas très sérieux. Curveball a une solide gueule de bois et empeste l'alcool.

Alwan-Janabi ne réside plus dans le camp de réfugiés mais vit désormais très confortablement sous la protection d'agents du BND. Nouveau doute en 2001 : un expert britannique du SIS, l'ancien MI6, parvient à son tour à rencontrer Curveball. Sa conclusion est brutale : le comportement du transfuge irakien est « *typiquement celui d'un escroc au renseignement* ». Une autre alerte se produit en 2002, à Washington : Tyler Drumheller, directeur des opérations de la CIA en Europe, déjeune dans un restaurant huppé avec l'officier de liaison du BND aux États-Unis. Ils en viennent naturellement à parler de Curveball. Au grand étonnement de l'homme de la CIA, l'Allemand ne semble pas partager l'enthousiasme d'August Hanning, son patron, pour Curveball. L'Irakien lui semble « *psychologiquement instable* ». De quoi nourrir des réserves sur la valeur des renseignements fournis depuis trois ans aux services états-uniens.

Bientôt, le BND se trouve sur la sellette. En novembre 2002, la Commission des Affaires étrangères du parlement allemand se réunit à huis clos pour entendre August Hanning, le président du BND et les experts en ADM qui ont eu à connaître du dossier Curveball. « Le Docteur » en est. Hanning se garde bien de donner trop de précisions sur sa source secrète mais admet que les informations recueillies n'ont pu être vérifiées.

Dans le même temps, les services états-uniens ne cessent d'insister pour voir et interroger Alwan-Janabi. George Tenet, le patron de la CIA, voudrait même qu'il puisse être interviewé par une chaîne de télé américaine. Cette demande donne lieu à une rencontre au sommet de l'État allemand entre le chancelier Schröder, les ministres de la Défense et des Affaires étrangères et le coordinateur des services secrets.

Les dirigeants allemands paraissent visiblement embarrassés. Ils n'ignorent pas que l'interview de Curveball servira la cause des faucons américains qui veulent à tout prix en découdre avec Saddam Hussein. Or ils sont opposés à une invasion de l'Irak. Cependant, d'un autre côté, ils ne veulent pas froisser l'allié états-unien, surtout si les informations de Curveball s'avèrent exactes. Hanning, le président du BND, est donc chargé de livrer une réponse ambiguë aux Américains.

Dans une lettre envoyée à la CIA fin novembre 2002, il réaffirme que les révélations de Curveball sont «*plausibles et convaincantes*» tout en soulignant que rien ne peut les confirmer. Si Tenet insiste malgré tout pour les rendre publiques, Hanning lui demande de ne pas dévoiler l'origine de ses sources. De la sorte, il se décharge de toute responsabilité.

Aux États-Unis, on ne tarde pas à réagir. George Bush donne le ton ; dès le 28 janvier 2003, dans son discours sur l'état de l'Union, il déclare à peu près ceci : Saddam possède des quantités d'armes biologiques et chimiques capables de tuer des millions d'hommes. Et le président états-unien de faire état de l'existence des fameux laboratoires mobiles. Il ajoute ainsi foi aux révélations de Curveball, sans toutefois le citer.

Quelques jours plus tard, le 5 février, Colin Powell prononce un discours devant le Conseil de sécurité de l'ONU. Mal à l'aise, il tente pourtant de convaincre la communauté des nations du bien-fondé du dossier à charge patiemment rassemblé par l'administration états-unienne pour justifier une opération militaire imminente contre l'Irak de Saddam Hussein. Il prend la parole en affirmant qu'il s'appuie sur des informations très solides, le clou de son exposé étant la présentation illustrée des capacités mobiles de production d'ADM, autant d'armes que le dictateur irakien a cachées au monde. Pendant plus d'une heure, à l'aide de diagrammes, de photos et même d'échantillons de poison qu'il manipule devant les caméras, le chef de la politique étrangère des États-Unis affirme que l'Irak de Saddam Hussein continue à produire des armes de destruction massive qui menacent ses voisins et même l'Occident.

Le secrétaire d'État se contente de citer un témoin oculaire, un ingénieur chimique irakien ayant travaillé dans une usine de Djerf al Nadaff où les camions-laboratoires étaient convertis en laboratoires mobiles d'ADM, sans nommer directement Curveball lui non plus.

Pourtant, dans la nuit précédant cette séance du Conseil de Sécurité, a eu lieu une rencontre qui aurait dû inciter Colin Powell à la plus grande prudence. Tyler Drumheller, l'agent de la CIA qui a déjeuné avec cet officier du BND émettant des doutes sur le comportement de Curveball, est associé à la rédaction du discours de Colin Powell ; il insiste jusqu'au dernier moment pour que les révélations de Curveball soient traitées avec la plus grande prudence et en informe son patron, George Tenet. Persuadé, comme d'autres à la CIA, que l'exilé irakien est un mythomane, il demande finalement à Powell de supprimer de son fameux discours le paragraphe sur l'existence des laboratoires mobiles.

Fort de ses arguments, Drumheller pense avoir réussi à convaincre Powell. Quelle n'est pas sa surprise le lendemain, quand, écoutant Powell à l'ONU, il découvre que les lignes biffées ont été réintroduites ! L'initiative émane de la Maison Blanche et des plus proches conseillers de George Bush qui tiennent à leur guerre.

La suite est connue : six semaines plus tard, l'armée états-unienne envahit l'Irak. Saddam Hussein est vaincu en quelques jours et doit fuir Bagdad. Dès que les militaires de la coalition conduite par les États-Unis sont maîtres du terrain, la chasse aux ADM commence. La CIA mobilise des centaines de contrôleurs pour lesquels le chef de ces équipes, David Kay, peut dépenser sans compter.

Pourtant, nulle trace d'ADM n'est repérée. Après huit mois de recherches infructueuses, Kay doit se résoudre à ce constat décevant ; convaincu de s'être laissé manipuler, il finit par démissionner avec fracas en janvier 2004.

Quant aux fameux camions, deux d'entre eux sont retrouvés : il ne s'agit aucunement de laboratoires de fabrication d'armes chimiques ou biologiques mais de véhicules conçus pour produire de l'hydrogène à usage des ballons météorologiques.

Aussi Curveball a-t-il menti, sur tous les points évoqués ou presque. En ce qui concerne, par exemple le prétendu accident qui aurait causé la mort de douze chercheurs, nulle confirmation ne viendra accréditer ses dires. Pourtant les mensonges ont la vie dure. Début 2004, malgré l'évidence, George Bush junior cite de nouveau le dernier rapport de David Kay pour évoquer la menace des ADM irakiennes. Le rapport est certes vide, mais peu importe ! Le président américain croit à ces ADM, puisque leur existence a légitimé sa guerre.

Pourtant l'heure du bilan a sonné. David Kay dégaine le premier. Entendu par le Congrès, il dénonce la faillite du renseignement états-unien dont, dit-il, toutes les agences se sont trompées en croyant à la supposée reconstitution de l'arsenal de Saddam Hussein après sa destruction au début des années 90. C'est ensuite Colin Powell qui réagit. Lui qui est monté en première ligne en intervenant solennellement devant le Conseil de Sécurité a l'impression d'avoir été ridiculisé. Humilié, il doit reconnaître qu'il a été délibérément trompé afin de justifier devant le monde entier l'urgente nécessité de chasser Saddam Hussein. Il l'affirme d'ailleurs sans ambages : « *Si j'avais su qu'il n'existait peut-être pas d'ADM, je ne suis pas sûr que j'aurais recommandé d'intervenir en Irak*». Enfin, les services secrets occidentaux règlent leurs comptes. Pour les Américains, le BND a été tout simplement malhonnête et non professionnel.

Les Allemands ont beau jeu de dire que leurs agents ont uniquement transmis, sans les analyser ni même les recouper, les informations de Curveball. Les services états-uniens sont donc seuls responsables de l'utilisation qu'ils ont faite de ces renseignements.

Pourtant, en dépit des conseils de prudence qu'ils ont prodigués à leurs homologues occidentaux, les gens du BND ont quand même donné l'impression qu'ils avaient mis la main sur une source incomparable d'informations sur l'arsenal irakien.

Les uns après les autres, les services de renseignements de l'OTAN doivent reconnaître qu'ils ont été floués. C'est le cas, par exemple, des Britanniques. Dans un rapport publié en juillet 2004, ils admettent qu'ils ont été trompés. Le fait est d'importance car Tony Blair a été l'un des dirigeants politiques le plus ardent à vouloir entrer en guerre contre l'Irak, en recourant à des procédés souvent douteux pour abuser son opinion publique.

Le patron de la CIA, George Tenet, ne peut faire autrement que de démissionner. Quant à Alwan-Janabi, alias Curveball, il doit reconnaître en 2004 devant une délégation officielle de la CIA qu'il a tout inventé, jusqu'à son propre parcours. S'il a effectivement suivi des cours à l'université technique de Bagdad, il n'en est jamais sorti dans les premiers, comme il l'a prétendu, mais plutôt dans les derniers ; il a par la suite quitté son poste et son pays en 1995, parce qu'il était impliqué dans une fraude financière qui devait le conduire en prison. Autre aveu de l'imposteur : il ne détestait pas du tout les États-Unis. Bien au contraire, il souhaitait y émigrer. Il a refusé de rencontrer des agents de la CIA tout simplement par peur d'être démasqué par ces agents dont il pensait qu'ils seraient certainement plus perspicaces que leurs collègues du BND et réaliseraient assez vite qu'il mentait.

Il reste que la fable de l'existence des laboratoires mobiles est une sorte de coup de génie et devrait lui valoir la première place dans le classement des escrocs au renseignement.

Après ses révélations, il quitte le camp de réfugiés pour s'installer dans un bel appartement d'Erlangen en Bavière, un appartement entretenu par le BND. En 2007, les Allemands, bons princes, lui accordent la naturalisation. Malgré ses mensonges et les dégâts qu'il a causés, il continuerait à vivre sous la protection du BND. Mais, menteur invétéré, Alwan-Janabi n'a apparemment pas renoncé à se moquer du monde. Il n'y a pas si longtemps, en février 2011, il a accordé une interview exclusive au journal britannique *The Guardian*, dans laquelle il a osé prétendre que s'il avait constamment trompé le BND, c'était pour sauver son pays du dictateur Saddam Hussein, en provoquant l'intervention militaire en Irak. En somme, si on ajoute foi à ce dernier mensonge, c'est lui qui a renversé Saddam Hussein !

Mes remerciements à Catherine Pesnot, Rébecca Denantes et Pierre Firtion, pour leur quête documentaire.

Table des matières